"中国治理的逻辑"丛书
丛书主编◎唐亚林

城市治理的逻辑
城市精细化治理的理论与实践

THE LOGIC OF URBAN GOVERNANCE
Theory and Practice of Precision Urban Governance

唐亚林 王小芳
钱 坤 黄钰婷
著

复旦大学出版社

人心政治：探寻中国治理的奥秘
（丛书总序）

复旦大学　唐亚林

一

大约五年前，一个朋友从美国访学归来，我们一起小聚。言谈中，他提到了网络上流传甚广的关于中美生活环境对比的"对联"：上联是关于美国的，即"好山好水好无聊"；下联是关于中国的，即"又脏又乱又快活"。虽然是逗趣，也有点以偏概全，可也形象地说明了中美生活环境的各自优点与不足。

那天，笔者喝了点酒，脑子正处于兴奋状态，突然一下子冒出了给这副对联做个"横批"的想法，而且横批的内容也一下子从脑海里冒了出来，即"美中不足"四个字。这是个双关语横批，即指中美生活环境都既有好的一面，又有不好的一面，而"美中不足"很贴切地表达了中美双方的各自特点，而且"美"可以指代"美国"，"中"可以指代"中国"，"美中不足"本身还是一个成语，通俗易懂。当时，朋友们听了，都说好，属于"绝配"。

这副看似戏谑的民间流传的对联，实际上深刻地揭示了中美两国民众对于生活本质理解的深层次差异。2017年1月，笔者在时隔15年后重访美国，相继参访了纽约、亚特兰大等地。在重新审视以往教科书与专著上所言的美国与现实生活中的美国，比较了以前怀着阅读心情考察时的美国与如今带着重新评估心情考察时的美国之后，笔者真切感受到"美国虽然还是那个美国，可却换了人间般"。何故？根本原因在于美国虽享有极其广袤富饶且得天独厚的自然环境，而且还拥有长久发展的能力，可这个国家从上到下、从左到右已然失去了创造关系、创造情感、创造日子的能力，立基于个人主义的完全原子化社会把美国社会分割成了大大小小的功能区隔性单元，并通过滚滚的汽车洪流，让合作主义失去了社会根基，出现了笔者谓之的"基于个人主义的汽车国度运不来合作主义现象"。

2019年暑假，笔者再次前往美国。其间，笔者专门从美国中南部到东南部转了一圈，感觉如同2017年一样，地大物博，人烟稀少，得天独厚，这是上天赐给美国最宝贵的东西。可在这片空旷的土地上，其存在的问题也越来越明显：国家上下没有贯通，左右没有联结。虽然美国有巨大的发展活力，但立基个人主义的单打独斗式发展模式终究是竞争不过全国上下齐心、左右联合的中国发展模式的，其中最为核心的，还是美国没有像中国那样，有幸拥有一个像中国共产党这样强大的政党组织来领导国家的发展。

遥想近190年前（1831—1832年），法国思想家托克维尔与友人一起到美国考察，停留了9个多月后，回国写了洋洋洒洒的两大卷《论美国的民主》，热情讴歌深嵌于美国社会的追求平等的观念、反对多数人暴政的原则、自由结社的艺术、新英格兰的乡镇自治精神等美好画卷，而如今的美国又呈现出一幅什么样的画面呢？

自20世纪30—40年代开始，由工业化和城市化双重动力推进的美国社会进入大都市圈（区）时代。大量的中产阶级居住在大城市的郊区，纷纷搬进了一家一户的独栋别墅，即居住空间"house"化，[①] 其意外的后果是开始摧毁美国人引以为傲的社会交往与结社的根基，主要表现在城市空间布局的功能化，生产与生活空间分

---

① 这种house多半两三层，开放式格局，前后有花园，主要用木材搭建，采用标准件方式构建，易建造，易装修，冬暖夏凉。

离，服务设施与民众生活的"功能区隔化"，人与人的交往疏离化。比如，人们购物、餐饮大多进郊区的大型shopping mall（如今大多是super mart），其中各类功能性品牌门店林立（如Wal-mart、Nike、Gap之类），人来人往，没有交集；封闭的居住小区，逐渐呈现相互隔开的富人区与穷人区并存状态，物以类聚，人以群分；小区空间分布不再以教堂、邮局、学校等为中心，而是呈现由圈到线、由线到排的并排状态，各自一统，互不往来；人与人之间失去交往信任，健身遛狗成为时尚，还美其名曰是亲近自然。

与中产阶级居住郊区化紧密相连的是美国"三化社会"的全面降临：一是"生活功能区隔化"，如购物大卖场化、餐饮集中化、小区贫富分化；二是"社团服务门槛化"，如社会福利性社团穷人化、政治性社团精英化、宗教性社团保守化；三是"个人生活原子化"，如居家生活宠物化、业余生活电视化、交往生活自然化。此外，当初推动美国国力强盛、汇聚民心意志的移民的创造活力，在美国国家现代化进入政治生活资本化、财富分配两极化、金融生活大鳄化、社会福利寄生化、公共安全焦虑化、身份流动固定化等诸多因素交织的后现代化时代，反而日渐退化，整个美国社会兴起了对资本的贪欲崇拜与生活奢靡消费之风，这不断地侵蚀着美国当初的立国精神——"人人生而平等""每个人都是自己命运的主宰（机会平等）"。其结果是出现了美国社会民情的根本性转变，正如帕特南所著一书的书名所言——《独自打保龄球：美国社区的衰落与复兴》(*Bowling Alone: The Collapse and Revival of American Community*)。人们不再关注公共事务，不再以社会交往平台为参与公共生活的有机载体，而是热衷于亲近自然、锻炼身体、豢养宠物、与动物交朋友……美国社会民情的根本性转变，直接导致社会资本遭到削弱，民众对政府信任度下降，选举投票率徘徊不前，人情淡薄，生活无聊，因此，有人不得不哀叹"好山好水好无聊"了！

二

反观中国,却是另外一番景象。

中国是一个崇尚团体生活、讲究集体主义精神、有着悠久历史文化传承的东方大国。梁漱溟先生认为,中国社会与西洋社会构造演化不同,以非宗教的周孔教化为中心,以伦理为本位,通过家庭家族生活来有机绵延"彼此相与之情者"的中国文化精神。① 费孝通先生亦认为,中国社会是一个以己为中心,并由里向外推所形成的网络状"差序格局"社会,每个人的社会关系犹如一块石头丢在水面上所发生的一圈圈推出去的波纹,愈推愈远,也愈推愈松散,其核心在于以己为中心的亲疏远近关系的建构。②

中国人对于人生、生活、国家、世界的理解,深深扎根于中国人对生命奥秘的洞察。如果用一句话来总结中国人千百年来凝结下的美好生活愿望,就是"天下太平,过上好日子"。正是基于这样的美好生活愿望,中国人铸就了三大品性:一是勤劳。只有通过勤劳的双手,才能创造美好的生活,这是中国人笃信不疑的生活信条。虽说哪里的人民都可能具备勤劳的特性,但是中国人的勤劳特性却往往是与劳累和牺牲自己,一心为家庭家族的美好生活和兴旺发达而工作的品性联系在一起的。二是忍耐。中国人的忍耐精神是闻名于世的,无论是在天寒地冻的北方,还是炎热酷暑的南方,无论是在人生地不熟的异乡乃至国外,还是在条件艰苦、资源有限的不毛之地,只要是适合人类生存的地方,只要能够从土里刨出食来,中国人都可以拖家带口地开荒播种、收获交易、扎根繁衍,最终活生生地闯出一片天地来。三是变通。中国人深谙以和为贵、和气生财、家和万事兴的和合之道,其精髓在于变通,如《周易》所

---

① 梁漱溟:《中国文化要义》,上海人民出版社2011年版,第50—51页。
② 费孝通:《乡土中国 生育制度 乡土重建》,商务印书馆2011年版,第27—32页。

言:"穷则变,变则通,通则久。"也就是说,中国人干什么事情,都会争取获得最佳效果。只要是认准的事情和事业,有比当下状况更好的光明前景,即使受制于各方面条件,中国人也会想尽一切办法,没条件也要创造条件上,绝不会轻易地放弃和认输,甚至"不到黄河心不死";中国人按照"绩法理情势"的原则,在时势都具备时,会动用一切资源和人脉,大干快上,在紧紧掌握主动权的同时,尽可能地创造出让更大的群体共享的美好成果。当然,中国人的做事和过日子的"变通"品性,既具有积极向上、开拓创新的正向激励作用,也内蕴明哲保身、"人在屋檐下,不得不低头"的负向沉沦效应。

基于追求美好生活而铸就的中国人的勤劳、忍耐与变通三大品性,源于中国人独特的圈层包容共生式"四层次三十二字"需求观。这种需求观不像马斯洛所言的基于纯粹个体选择、不受其他条件约束的阶梯式需求观(见图 丛书总序-1),即生理需求、安全需求、归属和爱的需求、自尊需求、自我实现需求依次满足基础上的逐层提升。

马斯洛一方面承认基本的需求得到满足后,又有新的(更高级的)需求出现,依次类推,形成一个个相对优势的层次,即按优

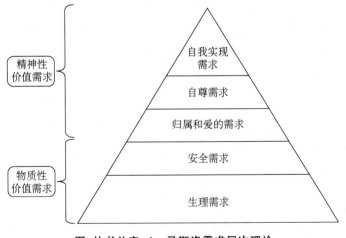

图 丛书总序-1 马斯洛需求层次理论

势或力量的强弱排出等级,"相对的满足平息了这些需求,使下一个层次的需求得以出现,成为优势需求,继而主宰、组织这个人";另一方面他也承认"高级需求也许不是在低级基本需求的满足后出现"这种例外情况,是可以在诸如禁欲主义、理想化、排斥、约束、强迫、孤立等场景中产生的,且这种情况"据说在东方文化中是普遍的"。这就意味着这种基于个体从低到高逐层满足的需求观,并非是人类社会需求观的"唯一源泉",[①] 而且存在忽视个体需求观与家庭、家族和国家的需求观的有机连接和嵌套复合之不足。从此意义上讲,马斯洛基本需求观的层次论蕴含着无可弥补的缺陷,更与东方社会个体需求观与家庭、家族和国家需求观内在统一的特质相距甚远,即使其能成为西方社会基于个人主义的个体需求观模式,但构不成作为社会整体动力理论的人类社会的普遍需求观模式。

中国人的需求观是一种圈层包容共生式"四层次三十二字"需求观,是历经千百年演化、建立在农耕时代宗法社会特质基础之上、基于中国人特有的"生不过百年""生有涯"的生活与生命哲学。它也是一种基于血缘关系和族群关系而建构的对个体、家庭、家族、国家与世界的生存、延续、发展、共荣的使命担当,包含了中国人对于成功人生标准的认知,体现了中国人的家国情怀和历史使命。简单地讲,对于普通人来说,这种情怀和使命体现在"耕读传家"的传统理念中,也体现在儒家对士人的"修身齐家治国平天下"之"个体家庭家族国家天下"依次递进的教义要求上。

这种圈层包容共生式"四层次三十二字"需求观的内涵,最根本地体现于相互依赖、嵌套复合并一体化贯通的四大层次需求观体系(见图 丛书总序-2):[②] 一是保障个体生命的存活,这是一切生

---

① [美]亚伯拉罕·马斯洛:《动机与人格》(第三版),许金声等译,中国人民大学出版社2007年版,第18—42页。
② 唐亚林:《中国式民主的内涵重构、话语叙事与发展方略——兼与高民政教授、蒋德海教授商榷》,《探索与争鸣》2014年第6期。

命得以存续的前提，体现为生存需求，其基本内涵在于"丰衣足食、安居乐业"；二是保障家庭血脉的延续，这是个体物理生命与精神生命的双重传承，体现为交往需求，其基本内涵在于"出入相友、守望相助"；三是保障家族与国家的繁荣，这是群体共同体生活的价值所在，是各族群共同栖居在同一片土地上的生生不息的动力源，体现为一种家国同构的发展需求，其基本内涵在于"国泰民安、政通人和"；四是保障国家和世界的和平共处与共同发展，体现为共荣需求，其基本内涵在于"天下为公、四海一家"。这种相互依赖、嵌套复合并一体化贯通的四大层次需求观体系，基于农耕社会的发展特质，往往还与对自然界"风调雨顺"的期盼紧密地联系在一起。不过，基于农耕社会的个体与家庭的需求，往往是简单的、以自给自足自然经济为特征的，而人与家庭需要获得更大更高质量的发展，就必须超越家庭这种简单的组织形态，进入到以社会大分工、社会大生产、社会大交往为特征的高级组织形态，从而获得更高层次的发展。

这种中国人的圈层包容共生式需求观始终将个体的生存与家庭

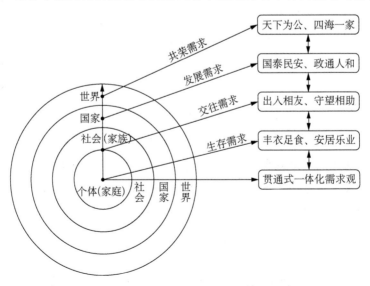

图 丛书总序-2 圈层包容共生式需求观模型

的延续、家族与国家的发展、世界的共荣捆绑在一起,并一体化贯通于中国人的生命与生活共同体之中,体现为由物质到精神再到人与人、人与社会、人与国家、人与世界和谐相处的层层递进关系,这四大层次的需求观体系有机统一于天下为公、大同世界的"和合图景"之中。中国人的圈层包容共生式需求观是将个体、家庭、家族、民族、国家和世界紧密相连的美好生活需求观体系,是将个体生命的存活与家庭血脉的延续、家族和国家的繁荣、世界的共荣发展有机连接、相互交融且内在一体化贯通于生命与生活共同体的独特生活与生命体验。与马斯洛的需求层次理论只以个体为单位和根基,只关注个体的需求多样性与递进性相比,中国人的这种需求观与其有着天壤之别,更具备穿越历史时空并放之四海而皆准的独特魅力。

斯塔夫里阿诺斯在《全球通史》中曾经对于不同文化背后的社会控制机制的差异作了精彩论述:"为什么理想社会发展模式与现实之间出现了如此大的反差,并且这种反差在不断扩大呢?答案要从文化中去寻找。所有民族的所有文化都由为规范社会成员的行为而设置的控制机制构成。构成各种社会文化的社会标准被认为增强了社会的结合和生存。因此,通常体现在诸文化中的社会标准有利于最大限度地繁衍以保证种族的永存,最大限度地生产以保证经济的维持,最大限度地加强军事力量以保证实际的生存。"[1]"一方水土养一方人。"斯氏认为,同样的政治、经济与社会发展模式,往往因为历史-社会-文化条件的不同,会呈现完全不同的发展走向,产生不同的实际效果,而规范社会成员行为的文化控制机制往往起到了非常重要的作用。这种特定社会的文化控制机制又因需求观的不同,产生了不同的治理目标、治理主体、治理使命、治理制度与治理文化等。

---

[1] [美]斯塔夫里阿诺斯:《全球通史:从史前史到21世纪》(第7版修订版),吴象婴等译,北京大学出版社2006年版,第790页。

人心政治：探寻中国治理的奥秘（丛书总序）

这种在中国大地上生长出来的圈层包容共生式需求观，在作为使命型政党①的中国共产党的领导下，孕育出了基于人心政治的中国的独特治理观。

三

基于人心政治的中国的独特治理观，首先，强调中国共产党是一种治理国家和社会的主导性组织力量。

中国共产党是马克思主义政党，其最高理想和最终目标是实现共产主义。中国共产党作为中国工人阶级的先锋队和中国人民、中华民族的先锋队，是一种先进的政治组织。中国共产党作为中国特色社会主义事业的领导核心，代表中国先进生产力的发展要求，代表中国先进文化的前进方向，代表中国最广大人民的根本利益，是

---

① "使命型政党"（mission-oriented party）、"使命型政治"（mission-oriented politics）等学术概念由笔者 2010 年与同事朋友一起进行研讨时首次提出，而后在不同学术研讨会场合及微博、微信等社交媒体上笔者又反复提及。笔者在 2014 年第 6 期《探索与争鸣》上发表《中国式民主的内涵重构、话语叙事与发展方略》一文，从政党功能等复合视角对使命型政党的内涵进行了说明："中国共产党不仅承担着普通政党所承担的代表与表达两大常规功能，而且还承担着作为长期执政的政党所承担的整合、分配和引领三大新功能，融性质、价值、地位、功能、使命于一体的中国共产党已经成为一种使命型政党，其所致力于建构的政治已经成为一种使命型政治。而且，这种使命型政党所建构的使命型政治，初步体现了经济建设、社会建设、文化建设、政治建设与生态建设'五位一体'的治理绩效。"
所谓使命型政党，是指建立在超越资本、利益、地方、党派、泡沫民意等，以"为人民服务"为根本宗旨的党性人（组织）假设基础之上，体现先锋队性质，具备领导国家和社会的地位，承担代表与表达、分配与整合、服务与引领等复合角色与功能，发挥建设和领导现代化国家的作用，以实现人的全面自由发展和人类最终的解放为使命，将政党发展、国家发展和世界发展密切结合，历经"党建国体制"到"党治国体制"再到"党兴国体制"的体制变迁，将政党工具理性、价值理性与主体理性三者有机统一及党性（良心）、制度（良制）与治理（良治）三者有机结合的新型政党。使命型政党的特点集中体现在由马克思主义指导，充分认识共产党执政规律、社会主义建设规律和人类社会发展规律，具备自我革命品质与引领国家与社会发展特质的中国共产党身上。
相关文献可参阅笔者的如下著述：《中国式民主的内涵重构、话语叙事与发展方略》，《探索与争鸣》2014 年第 6 期；《使命-责任体制：中国共产党新型政治形态建构论纲》，《南京社会科学》2017 年第 7 期；《从党建国体制到党治国体制再到党兴国体制：中国共产党治国理政新型体制的建构》，《行政论坛》2017 年第 5 期；《论党领导一切原理》，《学术界》2019 年第 8 期；《新中国成立 70 年来中国共产党领导的制度优势与成功之道》，《复旦学报》（社会科学版）2019 年第 5 期；《新中国 70 年：政府治理的突出成就与成功之道》，《开放时代》2019 年第 5 期；《当代中国政治发展的逻辑》，上海人民出版社 2019 年版。

全心全意为人民服务的政党。

以往源自西方的经典政党理论都忽视了政党在一国治理中的核心作用,只是把政党当作连接国家与社会的工具,认为政党只是起到代表和表达的作用,甚至也只是沦为一种负责职位分配、争夺执政权、代表部分群体和资本集团利益的组织。恰恰中国共产党是与众不同的使命型政党,代表着最广大人民的利益,没有自己的私利,不仅具备代表与表达的功能,而且具有整合与分配、服务与引领的功能;既承担着为中国人民谋幸福、为中华民族谋复兴的历史使命,又承担着实现人的全面自由发展和人类最终解放的重大责任。

在领导国家和社会实现社会主义现代化目标的过程中,中国共产党作为一种主导性组织、中国特色社会主义事业的领导核心和最高政治领导力量,展现了高度自主的主体理性特征,即:体现为一种组织的自我认知、自我塑造、自我期许、自我实现的能动力;体现在国家和社会的发展模式上,就是政党对理论、道路、制度、文化的自我选择、自我塑造、自我建构、自我实现的能动力;同时表现为政党领导和参与国家建设的能级与能量,以及政党将工具理性、价值理性与主体理性相结合的能动力。

其次,强调中国共产党是一种建构国家和社会有序发展的秩序力量。

任何一个政治体系的发展,都需要在一个稳定开放、和平安宁的发展环境中进行,而建构系统理性、自主协调、适应变革的制度体系,是保障一国现代化发展的基础性条件。在"千年未有之大变局"之大变革时代,一国政治体系面临经济发展、政治参与、社会转型、文化变迁、国家统一、大国复兴、国际格局变动等多重因素的影响,而这些重要变量的发展次序选择与时空历史方位考量,不仅存在相互冲突的可能,而且存在特定时空与资源约束条件下多目标优先次序满足与多发展领域重要性选择的权衡问题。

这就需要执政党既要考虑改革、发展、稳定这三者的关系问题,把改革的力度、发展的速度和社会可承受的程度有机统一起来,建构稳定的社会秩序;又要考虑党治、民治、法治这三者的关系问题,将坚持党的领导、人民当家作主、依法治国有机统一于中国社会主义民主政治的发展实践,建构有序的政治秩序。

稳定的社会秩序与有序的政治秩序的有机结合,赋予了中国共产党一项独特的使命,即执政党必须以一种"压舱石"的秩序力量,为国家发展、社会发展与执政党自身发展注入掌握航向、保持定力的动力,从而为社会主义现代化建设赢得安定的发展秩序和持久的发展空间。

再次,强调中国共产党是一种体现情感治理模式的仁爱力量。

现代政治的运作,是讲究规则首位、程序第一、照章办事的,可也容易导致失去了基本的人情和温情,即立基层级化、专业化、理性化(去人格化)等现代法理规则与程序而构建的科层制体制,容易在工作中出现让身在体制内的人被动地照章办事,进而导致程序至上而缺乏变通、繁文缛节而运作死板、规则第一而没有人情味等现象比比皆是,更谈不上身在体制内的人为行政相对人提供主动服务、靠前服务、暖心服务、以心换心服务了。

一个社会如果仅靠冷冰冰的制度和规则体系来维持运转,不仅整个社会运行成本巨大,而且如机器人般公事公办的环境会让人与人之间、组织与组织之间失去基本的信任和温情,恰恰自古以来中国社会所内蕴的"仁者爱人""推己及人"的思想以及道德教化与道德感召的情感力量,让整个社会充满了温情,更充满了希望。因此,政治体系的生命力,不仅体现在制度缔结的规则力量上,而且体现在制度所激发的人性光辉与组织温暖上,也就是制度所内蕴的情感力、仁爱力和自信力。

这种仁爱的力量体现在中国共产党治理国家和社会方面,就是充分发挥"全心全意为人民服务"的宗旨,将情感治理全面融入国家和社会治理的过程之中,通过"微笑服务"、"结对子"、"送温暖"、"无讼社区"、谈心、调解、对口支援、扶贫脱贫、共同富裕等情感治理方式，将以德治国与依法治国有机结合，创造性地开创出包括制度力、执行力、情感力、仁爱力和自信力等在内的新型人心政治形态。

复次，强调中国共产党是一种推动国家与世界和平发展的共荣力量。

现代社会是一个由多元主体组成的社会，各守其土，各司其职，相互配合，相互协调，发挥合力，是一个和谐社会生生不息的追求。由于不同的人、不同的群体、不同的组织、不同的区域、不同的国家在国家和世界发展格局中所占据的地位不同，所拥有的资源不一，所面临的问题各异，所持有的价值观迥异，如何求同存异，如何实现先富带后富并最终走向共同富裕，如何通过对话协商、共建共享以推动合作共赢、和平发展的历史进程，始终是人类社会面临的最大挑战之一。

中国共产党基于社会主义社会的本质特征和中国的和平发展本性，在国内建构"全国一盘棋"，在国际上建构"人类命运共同体"，其根本目标在于彻底打破各种先天与后天不平等的羁绊，在效率与公平之间找到有效平衡点，通过渐进的以先富带共富、以和平发展促共同繁荣的方式，最终走向人类和平共处、和谐共荣的理想状态。

最后，强调中国共产党是一种展现人类社会发展的光明图景的绵延力量。

任何政治体系都是关于人生、人口、人民与人心"四人"的制度安排与价值取向的复合。政治体系关于人生的追问，关涉人的不同成长与发展阶段的需求及其满足问题；政治体系关于人口的思考，关涉人的不同种族平等权利的保护、规模化人口发展需求的满足以及规模化国家在发展过程中众多发展目标次序的优化平衡与组合选择问题；政治体系关于人民的终极关怀，关涉国家发展的目的、人的主体尊严和群体的共荣发展问题；政治体系关于人心的真切关注，关涉人对政权的向心力、价值认同和共同体生活的最终皈依问题。

人心政治：探寻中国治理的奥秘（丛书总序）

无论是人生问题、人口问题，还是人民问题、人心问题，都涉及政治体系是否可持续地绵长发展问题，其核心奥秘在于执政党是否从人民、民族、国家和世界的需求出发，有机平衡眼前利益与长远利益、近期目标与长远目标、本国与世界的关系，这既牵涉一个国家有尊严地立足于民族国家之林的"国格"问题，又牵涉一个国家在地球上发展的"资格"问题。这就需要中国共产党一是继续加强其全面卓越的领导，创造先进的制度文明；二是继续坚持改革开放，建构不断推进自我革命的宏观大格局，创造绚丽的精神文明；三是继续带领全国上下齐心协力谋发展，创造优越的物质文明，从而为开创人类社会"良心＋良制＋良治"的新型文明发展道路，奠定制度力、精神力和物质力的复合动力体系。

四

正是基于中国人的圈层包容共生式需求观和中国共产党"使命型政党"的独特使命综合而成的中国治理观，笔者近年来围绕区域治理、社区治理、城市治理、文化治理、政府治理、政党治理这六大领域，开始了持续跟踪的实地研究与理论研究，并和学生们一起合作，撰写了"中国治理的逻辑"丛书——《区域治理的逻辑：长江三角洲政府合作的理论与实践》（唐亚林著，已出版），《社区治理的逻辑：城市社区营造的实践创新与理论模式》（唐亚林、钱坤、徐龙喜、王旗著，已出版），《城市治理的逻辑：城市精细化治理的理论与实践》（唐亚林、钱坤、王小芳、黄钰婷著），《文化治理的逻辑：城乡文化一体化发展的理论与实践》（唐亚林、朱春著，已出版），《政府治理的逻辑：自贸区改革与政府再造》（唐亚林、刘伟著，已出版），《政党治理的逻辑：中国共产党治国理政的理论与实践》（唐亚林著）。

其中，《文化治理的逻辑：城乡文化一体化发展的理论与实践》乃笔者承担的2012年度国家社会科学基金重大项目"包容性公民文化权利视角下统筹城乡文化一体化发展新格局研究"（12&ZD021）的阶段性成果，《城市治理的逻辑：城市精细化治理的理论与实践》乃笔者承担的 2017 年度国家社会科学基金重大专项"大数据时代超特大城市精细化管理的体制机制创新及其关键技术应用研究"（17VZL020）的阶段性成果，在此向给予我们大力支持的有关专家、各级管理部门致以诚挚的谢意！

我们期待这套"中国治理的逻辑"丛书的出版能够为建构当代中国政治学与行政学学科知识体系、制度体系、价值体系、话语体系贡献我们的绵薄之力！更期待来自各方面的批评和指正！

（2019 年 6 月初稿，2020 年 2 月二稿，2020 年 6 月三稿）

目 录

导论 像绣花一样推动城市治理的精细化进程 / 001
    一、城市发展新阶段：城市发展进入基于新理念和新技术的管理与服务并重的阶段 / 003
    二、城市治理新挑战：城市治理模式提出服务与秩序并重的新要求 / 006
    三、城市现代化新使命：城市现代化成为国家现代化建设的重要引擎和新型战略平台 / 008

第一章 新时代中国城市发展与城市治理的战略主题转型 / 011
    一、新时代中国城市发展的基本特征 / 012
    二、新时代中国城市治理的战略主题转型 / 024
    本章小结：用城市发展与治理的新型战略主题指引和助推城市精细化治理进程 / 026

第二章 从碎片式管理到整体性治理：城市精细化治理研究综述 / 028
    一、城市管理与精细化：历史与现实 / 028
    二、城市精细化治理：内涵与体系 / 036
    三、城市精细化治理的研究进路：制度、行动者与技术 / 041
    四、城市精细化治理的战略选择与实现路径 / 045
    五、研究述评与研究展望 / 048
    本章小结：超越碎片式管理，迈向城市整体性治理之路 / 049

第三章　集管理、服务、秩序于一体：超大城市精细化治理的理论与实践分析框架 / 051

一、基于日常生活实践的城市精细化治理的内涵界定 / 051

二、融管理、服务与秩序于一体的超大城市精细化治理的逻辑框架 / 054

三、超大城市精细化治理的实质：党建引领下城市管理的关系重构逻辑 / 063

本章小结：创建以整体性治理为导向的超大城市精细化治理新型理论范式 / 067

第四章　城市精细化治理的三大"补短板"领域创新 / 069

一、区域环境综合治理：以"五违四必"为例 / 070

二、交通综合整治 / 079

三、中小河道综合治理 / 082

本章小结：以城市治理短板领域的创新提升城市精细化治理的秩序力 / 090

第五章　城市精细化治理的三大体制改革制度创新 / 092

一、城市管理综合执法体制改革 / 092

二、基层市场综合监管体制改革 / 112

三、社会治安综合管理体制改革 / 134

本章小结：以城市基层治理体制创新提升城市精细化治理的管理力 / 150

第六章　城市精细化治理的三大综合平台机制创新 / 152

一、城市网格化管理 / 153

二、政务服务管理 / 155

三、区域化党建 / 160

本章小结：以综合性平台的搭建提升城市精细化治理的组织力 / 165

目 录

第七章　城市精细化治理的三大民生服务模式创新 / 167
　　一、生活垃圾分类 / 167
　　二、社区智慧大脑建设 / 178
　　三、老旧小区社区营造 / 185
　　本章小结：以城市居民的美好生活向往为追求提升城市精细化
　　　　　　　治理的服务力 / 194

结语　党建引领城市基层治理创新：一种新型城市治理范式的成长 / 195
　　一、城市精细化治理时代的基层治理创新 / 195
　　二、党建引领下的城市基层治理创新 / 198

附录 / 203
　　附录一　中国各大城市精细化治理的实践探索与经验总结 / 205
　　附录二　超大城市交通精细化治理的问题与对策 / 216

主要参考文献 / 222

后记　催生城市光荣与梦想并行、血与火交织的力量 / 229

导　论

像绣花一样推动城市治理的精细化进程

城市是文明的重要象征，一部世界历史同时是一部城市兴衰史。看似单薄的城市史内容，却容纳了世界城市上下五千年的发展历史，"神圣、安全、繁忙"三大价值要素高度概括了所有城市的共同特征。[①] 城市的兴起与成长是人类社会的巨大进步。城市自诞生之日起，就贯穿着对城市治理进行有效探索这一基本命题。

近代以来，各国现代化进程不断加速，城市化水平的高低越来越成为全世界衡量现代化水平高低的重要标志。与人类社会早期的城市相比，现代城市不仅在规模上大为扩展，而且由于这种人口、资源、产业等的集聚效应，城市的内涵也极大地得到丰富，城市越来越成为一个复杂的巨系统。随着社会开放程度的加深和流动速度的加快，城市复杂的巨系统产生越来越复杂而深刻的变化，城市治理相应面临越来越复杂的事务处置及愈加多样化的公众需求等压力。城市治理能力的不足与日益增多的治理需求间的张力，已成为困扰城市有序发展的核心矛盾。

国家统计局 2021 年 2 月公布的数据显示，截至 2020 年年底，中国常住人口城镇化率超过 60%，[②] 这昭示着城市（群）中国时代

[①] ［美］乔尔·科特金：《全球城市史》（修订版），王旭等译，社会科学文献出版社 2010 年版，第 6 页。
[②] 《中华人民共和国 2020 年国民经济和社会发展统计公报》（2021 年 2 月 28 日），国家统计局网站，http://www.stats.gov.cn/ztjc/zthd/lhfw/2021/lh_hgjj/202103/t20210301_1814216.html，最后浏览日期：2021 年 3 月 15 日。

已然来临,城市发展带动经济社会发展、城市建设成为现代化建设的重要引擎已成为普遍共识。① 特别是随着长三角城市群、津京冀城市群、珠三角城市群(粤港澳大湾区)三大世界级城市群,以及川渝城市群、中原城市群等国家级城市群之发展战略的提出,中心城市、城市圈与城市群已成为驱动当代中国现代化进程及经济社会协同发展的重要支柱。

长期以来,与快速城市化进程相对的是,中国城市治理受到粗放式管理思维的影响,惯于运用笼统而模糊的管理方式,缺乏系统精细的治理思维与整体有效的治理模式,具体表现在城市管理浮于表面、标准化程度低、精准化治理和精确化服务程度不够等方面。各级城市政府虽然投入了大量的治理资源,耗费了大量的治理成本,却无法收获预期的治理效果。②

总的来说,中国政府在社会管理层面仍然过于粗糙,缺乏"过程意识";各级管理者虽然工作勤奋,但往往依赖于以往积累的施政经验,缺乏规范性、灵活性、精确性的治理技术,这导致政府管理活动的随意性过强,政府管理工作的连续性无法得到有效保障。③ 粗放式管理已经成为限制当前中国城市治理水平提升的症结所在,低下的城市治理水平与不断扩张的城市规模及不断复杂的城市治理需求之间的张力越来越大。中国亟须提升城市精细化治理的水平,促使城市发展在"量"(规模扩张)和"质"(有效治理)上协同推进,从而推动中国城市化向更高水平发展。

自 2015 年开始,上海、北京、广州等特大城市围绕城市管理现代化目标做出了如下努力:一方面,开展了以环境综合整治、交通综合整治、基层综合执法体制改革为核心的"补短板"行动;另一

---

① 唐亚林:《"所有的道路都通向城市"的中国之道》,《探索与争鸣》2016 年第 12 期,第 35—37 页。
② 唐皇凤:《我国城市治理精细化的困境与迷思》,《探索与争鸣》2017 年第 9 期,第 92—99 页。
③ 蒋源:《从粗放式管理到精细化治理:社会治理转型的机制性转换》,《云南社会科学》2015 年第 5 期,第 6—11 页。

方面,探索在城市市政管理、城市环境管理、城市交通管理、城市应急管理、城市规划实施管理等城市管理专业领域,以及城市基层社会治理等城市管理综合性领域的"深度精细化治理"创新活动,从而让"城市精细化治理"成为政策研究与学术研究的热点话题。①

2017年"两会"上,习近平总书记在参加上海代表团审议时强调,走出一条符合超大城市特点和规律的社会治理新路子,是关系上海发展的大问题。他指出,"上海这种超大城市,管理应该像绣花一样精细"②。"城市管理应该像绣花一样精细"论断,使得精细化治理成为新时代城市管理的新议题、新任务和新目标。从世界城市发展经验来看,城市治理的精细化水平是衡量城市治理质量和效能的重要标志。③ 如何进一步提升城市精细化治理水平,转变城市发展方式、完善城市治理体系、提高城市治理能力、解决大城市病等突出问题,打造更加和谐宜居、活力和秩序兼具的城市发展环境,是当前需要研究和解决的重要课题。

透视城市精细化治理转型的背后秘密,是当代中国发展已经进入"三新"发展时期这一基本背景,即城市发展进入新阶段,城市治理模式面临新挑战,城市现代化承担着新使命。

一、城市发展新阶段:城市发展进入基于新理念和新技术的管理与服务并重的阶段

改革开放以来,中国经历了世界历史上规模最大、速度最快的城镇化进程。城市发展波澜壮阔,取得了举世瞩目的成就。当代中

---

① 唐亚林:《基于管理、服务与秩序的超大城市精细化管理:一个分析框架》,载唐亚林、陈水生主编:《城市精细化治理研究》,上海人民出版社2018年版,第1—16页。
② 马闯:《[习声回响]习总记两会时刻——城市管理应该像绣花一样精细》(2017年3月5日),央广网,http://china.cnr.cn/gdgg/20170305/t20170305_523637522.shtml,最后浏览日期:2019年3月16日。
③ 王郁、李凌冰、魏程瑞:《超大城市精细化管理的概念内涵与实现路径——以上海为例》,《上海交通大学学报》(哲学社会科学版)2019年第2期,第41—49页。

国已经进入一个全新的城市（群）中国时代，城市发展带动了整个经济社会发展，城市建设成为现代化建设的重要引擎。中国常住人口城镇化率已经超过60%，过去狂飙突进式的城市化进程将暂告一段落。今后，城市化进程必将进入一个新的发展阶段，即从过去40年高速增长阶段转入增长速度相对放缓、发展质量稳定提高的新阶段。在此阶段，推进中国城市化的任务有"虚"有"实"，"虚"为"实"服务，应通过"虚""实"结合积极稳妥地推进城市化，完善城市化的发展机制，调整城市化的方针政策，认真"做实"城市化。[①] 这意味着城市发展开始从高速的规模扩张向更加重视城市发展质量转变。城市发展需要新理念的指引，也需要积极引入各种先进技术，借助技术推力实现更好更高质的发展。由全球经济地域分工及城市发展制度环境重塑所推动的中国经济的高速增长，在地方政府中滋生了增长主义的城市发展战略。但随着当前城市经济、社会、生态等多方面的隐性危机逐渐进入显性化阶段，增长主义必须也必将终结。[②] 一种在更加全面、更加均衡的发展观指引下的城市发展观的生长与确立，是中国城市发展进入新阶段后的必然要求和根本指引。

2012年之后，当代中国的经济发展走向稳增长、调结构、抓创新、促开放的"经济新常态"，政治发展走向反腐败、讲规矩、履责任、重法治的"政治新格局"，社会发展走向固保障、求质量、讲公平、重生态的"生活新期待"，城市发展也开始从以"卖土地""造新城""盖楼房"为重点的"摊大饼"式规模化建设进入以"补短板"为重点的"精细化"式内涵化治理的新阶段。[③] 城市管理与服务是城市工作的重心所在，是城市治理能力亟须提高的两个关键领域，也是城市发展进入新阶段后需要重点加强的方面。城市政府

---

① 陈甬军：《中国城市化发展的新阶段与新任务》，《社会科学研究》2012年第1期，第34—37页。
② 张京祥、赵丹、陈浩：《增长主义的终结与中国城市规划的转型》，《城市规划》2013年第1期，第45—50页。
③ 唐亚林：《"所有的道路都通向城市"的中国之道》，《探索与争鸣》2016年第12期，第35—37页。

向城市居民及其他主体提供管理与服务的能力，在很大程度上反映了城市治理的水平和质量。

2015年，中央城市工作会议在时隔37年后再次召开。会议提出，要贯彻创新、协调、绿色、开放、共享的发展理念，坚持以人为本、科学发展、改革创新、依法治市，转变城市发展方式，完善城市治理体系，提高城市治理能力，着力解决城市病等突出问题，不断提升城市环境质量、人民生活质量、城市竞争力，建设和谐宜居、富有活力、各具特色的现代化城市，提高新型城镇化水平，走出一条中国特色城市发展道路。会议指出，政府要创新城市治理方式，特别是要注意加强城市精细化治理。不难看出，随着中国的城市化达到一个较高发展水平，城市治理能力这个"短板"已经成为下一阶段需要着力补强的部分，"精细化"目标则是国家在城市治理方面的总体努力方向。

上海等超特大城市已经开始全面推进以"五违四必"① 生态环境综合治理为代表的城市精细化治理探索，下一步的努力方向则需要在深化城市基层执法体制改革、推进城市综合治理标准体系建设、加强现代信息技术手段的运用、建立健全源头治理机制、建立城市治理决策执行监督全过程参与制度等方面下功夫。②

城市基层治理是城市治理的基础和关键领域，新的城市发展阶段对城市基层治理机制创新提出新要求，国家亦推动了一系列旨在提高城市基层治理水平和治理能力的综合改革。其中，在城市管理综合执法体制改革、基层市场综合监管体制改革、社会治安综合管理体制改革三大领域，各地相继开展以执法重心下移、机构合并、大联勤大联动机制建构为主的体制机制创新工作。在城市综合管理

---

① "五违四必"指对违法用地、违法建筑、违法经营、违法排污、违法居住"五违"现象，按照安全隐患必须消除、违法无证建筑必须拆除、脏乱现象必须整治、违法经营必须取缔的"四必"要求，强力推进区域生态环境综合整治。
② 唐亚林、钱坤：《城市精细化治理的经验及其优化对策——以上海"五违四必"生态环境综合治理为例》，《上海行政学院学报》2019年第2期，第43—52页。

领域,以城市网格化管理、政务服务管理与区域化党建为核心,各地开展一体化运作模式、流程化改革、纳入社会信用管理体制等治理方式方面的创新工作。以基于云服务的智慧社区建设与基于移动互联网的"一站式"掌上服务平台"社区通"为代表的新一代信息技术的应用为基础,众多城市街镇和社区进行了包括社区公共服务供给能力、社区信息化应用能力、社区居民参与能力在内的治理能力建构。这一系列体制机制、平台、技术应用等方面的改革创新,极大地提升了城市基层治理能力,在一定程度上缓解了城市发展进入新阶段后治理需求与治理能力之间的张力。中共十九大报告明确提出,"中国特色社会主义进入新时代,我国社会主要矛盾已经转化为人民日益增长的美好生活需要和不平衡不充分的发展之间的矛盾"[1]。中国社会主要矛盾的变化必然会对城市发展新阶段的城市治理能力提出更高要求。

二、城市治理新挑战:城市治理模式提出服务与秩序并重的新要求

中国经济的快速增长、市场的快速发育、城市规模的迅速扩大、流动人口的大幅度转移、治安形势的复杂化,使得城市治理的难度大大提高。[2] 毋庸讳言,以往的城市发展模式遭遇了很大的发展困境,将重点都放在以"卖土地""造新城""盖楼房"为重点的"摊大饼"式城市建设之上,并没有将重点放在城市内部治理之上。[3] 快速扩张的城市规模与有限的城市治理能力之间的张力越来越大,特别是以城

---

[1] 习近平:《决胜全面建成小康社会 夺取新时代中国特色社会主义伟大胜利——在中国共产党第十九次全国代表大会上的报告》(2017年10月27日),新华网,http://www.xinhuanet.com//politics/19cpcnc/2017-10/27/c_1121867529.htm,最后浏览日期:2021年11月17日。
[2] 李步超、周玫、赵崇四:《政府应当推行城市管理精细化》,《求实》2006年第10期,第58—59页。
[3] 唐亚林:《"所有的道路都通向城市"的中国之道》,《探索与争鸣》2016年第12期,第35—37页。

市交通拥挤、城市积水,以及雾霾、生态环境恶化为突出特征的"大城市病"等挑战,倒逼城市发展方式实现转变。①

我们不得不正视城市中国时代所面临的诸多难题的累积和交织等问题。首先,当代中国城市化进程脱胎于城乡二元(城市与农村、市民与农民)区隔体制,混杂着城市化发生、发展与成熟三个阶段并存的特性,即有的地区开始进入城市化成熟阶段,而有的地区尚处于城市化初始阶段。其次,当代中国城市治理所面临的难题鲜明地体现了"城市病""农村病"和"区域病"的三重叠加困境。最后,当代中国的城市治理在已有流动性的基础上,还将继续面临诸如城乡流动性、阶层流动性、公共服务流动性、公民权利流动性等多重流动性的冲击。② 快速的城市化带来一系列重大挑战,包括能源和交通的压力、宏观经济政策的挑战、金融系统健康发展的挑战、环境保护的挑战、社会保障制度的挑战、国家财政管理体制的挑战、城市规划和城市管理带来的挑战等。③ 城市中国时代的治理挑战是既有的城市治理体系和能力面临的最大挑战,必须通过推动实现城市治理体系和治理能力现代化来解决。能否回应城市发展进入新阶段后的治理需求,迎接城市治理面临的重大挑战,是中国城市化和现代化进程的关键所在。

习近平总书记在2015年中央城市工作会议上明确指出,"抓城市工作,一定要抓住城市管理和服务这个重点,不断完善城市管理和服务,彻底改变粗放型管理方式,让人民群众在城市生活得更方便、更舒心、更美好"④。城市精细化治理,是党和政府围绕服务城市居民、造福城市居民、创建城市美好生活与城市美好社会这一根

---

① 李程骅:《新型城镇化战略下的城市转型路径探讨》,《南京社会科学》2013年第2期,第7—13页。
② 唐亚林:《"所有的道路都通向城市"的中国之道》,《探索与争鸣》2016年第12期,第35—37页。
③ 王大用:《中国的城市化及带来的挑战》,《经济纵横》2005年第1期,第4—8页。
④ 《中央城市工作会议在北京举行》,《人民日报》,2015年12月23日,第1版。

本出发点和落脚点,以部件管理与事件管理为工作重心,通过网络化综合管理服务平台的打造,将城市专业化管理与基层综合性管理有机对接,形成"用'服务'肩挑'管理'与'秩序'格局",进而将强化城市治理功能与提供城市治理秩序有机地结合起来,最终实现"创建党建引领与政府主导下多元主体共治格局、有效提升城市政府服务水平、切实增强城市居民的获得感、满意度和幸福感"的发展目标。[①] 随着中国城市发展进入新阶段,城市治理也处于从"单一控制式"向"共治共管式"转型之中。[②] 城市发展理念的转变,即从强调规模扩张的增长主义转向注重城市管理与服务的水平及能力的内涵式发展,是中国城市发展进入新阶段必然会面临的挑战,也必将给城市管理者提出新要求。

当前的城市治理面临的难题,是在城市发展的新阶段如何回应城市治理新模式带来的对于服务与秩序并重的新挑战。国家的总体方略是通过城市精细化治理,不断细化完善城市治理制度,优化城市治理体制机制,全面提升城市治理能力,在实践中更加精细化和精准化地回应城市居民对美好生活的需求。面对城市治理的新挑战,我们必须抓住"管理"与"服务"这两个"牛鼻子",着力提升城市管理和服务的能力与水平,并以此为基础推动各领域、各层面的城市治理创新进程。

三、城市现代化新使命:城市现代化成为国家现代化建设的重要引擎和新型战略平台

中共十八届三中全会通过的《中共中央关于全面深化改革若干

[①] 唐亚林:《基于管理、服务与秩序的超大城市精细化管理:一个分析框架》,载唐亚林、陈水生主编:《城市精细化治理研究》(《复旦城市治理评论》第3辑),上海人民出版社2018年版,第1—16页。

[②] 刘红波、王郅强:《城市治理转型中的市民参与和政府回应——基于广州市150个政府热线沟通案例的文本分析》,《新视野》2018年第2期,第94—101页。

重大问题的决定》提出:"全面深化改革的总目标是完善和发展中国特色社会主义制度,推进国家治理体系和治理能力现代化。"① 城市是现代社会发展进步的重要载体,城市建设成为现代化建设的重要引擎和新型战略平台。

对于当代社会中的城市而言,其构成元素是千变万化的图景、应接不暇的资讯和争执不休的利益冲突,而我们可以尝试找出一种秩序,以便把这些纷繁的要素整饬起来。在约翰·伦尼·肖特(John Rennie Short)看来,城市秩序是理解城市的核心密码。② 学者杨宏山等强调指出,公共服务的高度集聚性是理解城市秩序的基因,是城市的本质属性所在,也是推动城市发展的根本动力。③

上述对于城市使命的理解都有各自的道理和一定的内在逻辑。笔者在此试图从国家层面来理解城市的使命,即城市的秩序和城市高度集聚的公共服务固然是城市的重要特点,但将城市定位为"国家现代化建设的重要引擎和新型战略平台",更加符合当前中国国情特点及时代发展要求。在这一根本定位之下,必然要求城市以其秩序为依托,不断提高公共服务的水平。更重要的是,要以国家现代化建设的重要引擎和新型战略平台的定位为导向,在城市规模不断扩张的同时,着力提升城市治理能力,从而最大限度地发挥城市在国家现代化建设中的应有作用。

城市发展进入新阶段、面临新挑战、肩负新使命,要求推动以城市治理现代化为目标的城市治理转型,它既是国家治理现代化的必然要求,又是回应城市居民对美好生活向往的必然路径。有鉴于此,笔者希望通过深入系统地梳理城市治理的演进逻辑,在理论上

---

① 《中共中央关于全面深化改革若干重大问题的决定》(2013年11月15日),中央政府门户网站,http://www.gov.cn/jrzg/2013-11/15/content_2528179.htm,最后浏览日期:2019年3月19日。
② [英]约翰·伦尼·肖特:《城市秩序:城市、文化与权力导论》,郑娟、梁捷译,上海人民出版社2011年版,第3页。
③ 杨宏山、黄文浩:《论城市的性质与治理使命》,《中共中央党校学报》2016年第6期,第64—69页。

更好地理解和分析正在进行之中的城市治理变革，在实践中更好地为中国城市治理发展提供理论指导和经验借鉴，进而为当代中国城市治理现代化探索具有本土特色又兼具世界意义的新型发展之路。

本书主体共分为九大部分。导论着重分析城市治理的新阶段、新挑战和新使命，明确城市治理在整个国家治理中的重要地位及其应发挥的重要作用。第一章探讨当代中国发展的战略主题转型，即城市和城市群成为新的导向，城市治理也面临一些新的发展动向和主题建构。第二章是城市精细化治理的文献综述，主要从研究主题、研究进路、评析与未来展望等维度回顾和分析既有研究，是全书的重要基础。第三章从总体上建构城市精细化治理的理论与实践分析框架，提出城市精细化治理实际上是集管理、服务、秩序于一体的综合治理框架，其实践逻辑在于用管理肩挑服务和秩序的一体化过程。第四章聚焦于以上海为代表的超大城市精细化治理的"补短板"行动，探讨当前城市治理中短板领域以秩序力为核心的治理秩序建构问题。第五章从城市管理综合执法体制改革、基层市场综合监管体制改革、社会治安综合管理体制改革等城市基层制度创新的角度，探讨城市基层治理中以管理力为核心的治理制度体系问题。第六章重点分析城市网格化管理、政务服务管理、区域化党建三大平台创新，探讨城市治理中以组织力为核心的虚实嵌套的网络组织体系建设问题。第七章回归城市治理的本源和根本出发点，以生活垃圾分类、社区大脑建设、社区营造试点三大民生服务实践为例，探讨城市治理中以服务力为导向的城市美好生活的塑造问题。在结语部分，本书提出"党建引领城市基层治理创新"这一新型城市治理范式的建构问题。

此外，本书还将课题组及相关成员在参考各地的实际做法与相关研究者的有益研究经验基础之上总结的有关城市治理经验的案例报告作为附录，放在本书最后，作为对全书内容的补充，供读者进一步参考。

第一章
新时代中国城市发展与城市治理的战略主题转型

自中国特色社会主义进入新时代以来,中国城市发展面临新的挑战与机遇,步入新的发展阶段,体现出国家战略性、相互依赖性、内涵发展性等新的基本特征。超大城市发展战略、城市群发展战略、节点城市发展战略等新型城市战略,体现了新时代中国城市发展的国家战略性;城市群地带、大都市地带、线状绵延带等城市体系的划分,以及一体化交通与城市基础设施体系的建设,都体现了城市间相互依赖性的日益增强;随着城市建设进入从外延式扩张转向内涵式发展的新阶段,中国的城市发展模式开始从以"卖土地""造新城""盖楼房"为重点的"摊大饼"式规模化建设向以"补短板"为重点的精细化、内涵式治理转变。

面对新时代的新要求,中国城市治理亟须确立新的发展动向,以问题与需求为导引,以治理行为与机制为动力,以治理能力与发展目标为依归,以执政根基与城市梦想为价值,提升包括秩序力、管理力、组织力和服务力在内的城市治理能力,塑造城市文化动力,提供多样化城市公共服务,在既有城市治理框架下处理好组织、权力、空间、人员、事务、资源、技术、价值八大要素的优化配置问题,切实推进城市治理现代化进程。

城市治理的战略主题也应当紧扣新时代要求,以"神圣、安全、繁忙"六字方针作为城市的基本价值,打造可持续的城市、可沟通的城市、可宜居的城市，以"创新之城、人文之城、生态之城"为目标，建构包括城市环境秩序、交通秩序、安全秩序、服务秩序、空间秩序在内的五大秩序，完成城市精细化治理的"补短板"任务，实现城市治理现代化发展目标。

一、新时代中国城市发展的基本特征

新时代中国城市发展，一方面需要紧扣时代发展的特征，另一方面需要站在国家战略的高度对城市发展进行统筹规划、有序推进。

（一）国家战略性

1. 超大、特大城市发展战略

2015年12月，中央城市工作会议在北京召开，习近平总书记在会上发表重要讲话。会议指出，改革开放以来，中国经历了世界历史上规模最大、速度最快的城镇化进程，当前，中国城市发展已经进入新的发展时期。

由以世界级城市群为目标的新三大都市圈与以国家级城市群为目标的四大核心城市群共同构筑的当代中国城市发展新形态，标志着以大都市治理范式建构为目标的当代中国国家建设主导范式的正式登场，昭示当代中国国家建设催生以大都市治理为核心的发展新动力，开辟以大都市治理为主战场的发展新空间。[①]

城市是中国经济、政治、文化、社会等方面活动的中心，在党和国家工作全局中具有举足轻重的地位。2014年10月29日，《国务院关于调整城市规模划分标准的通知》规定：城区常住人口500万以上1000万以下的城市为特大城市，城区常住人口1000万以

[①] 唐亚林：《当代中国大都市治理的范式建构及其转型方略》，《行政论坛》2016年第4期，第19—24页。

上的城市为超大城市。① 随着经济全球化与区域一体化的发展，国家、区域之间的竞争越来越集中地表现为城市，尤其是具有一定国际影响力的大城市、特大城市、超大城市之间的竞争。超大城市及特大城市作为各类要素资源和经济社会活动的聚集地，具有相对扎实的发展基础。中国要全面建成小康社会、加快实现现代化，必须抓住超大城市及特大城市"火车头"，充分发挥其规模优势和辐射带动作用，强化城市间的互动与合作，使超大城市、特大城市在推动自身发展的同时带动周边城市实现共同发展。2016年印发的《长江经济带发展规划纲要》指出：要促进各类城市协调发展，发挥上海、武汉、重庆等超大城市和南京、杭州、成都等特大城市的引领作用，发挥合肥、南昌、长沙、贵阳、昆明等大城市对地区发展的核心带动作用，加快发展中小城市和特色小城镇，培育一批基础条件好、发展潜力大的小城镇。② 可见，超大城市及特大城市发展作为未来国家发展的主战场、主动力，对于国家经济社会发展具有重要的战略意义。

2. 城市群发展战略

2018年11月18日，中共中央、国务院发布的《中共中央 国务院关于建立更加有效的区域协调发展新机制的意见》明确指出：以"一带一路"建设、京津冀协同发展、长江经济带发展、粤港澳大湾区建设等重大战略为引领，以西部、东北、中部、东部四大板块为基础，建立以中心城市引领城市群发展、城市群带动区域发展的新模式，推动区域板块之间融合互动发展。以北京、天津为中心引领京津冀城市群发展，带动环渤海地区协同发展；以上海为中心引领长三角城市群发展，带动长江经济带发展；以香港、澳门、广州、深圳为

---

① 《国务院印发〈关于调整城市规模划分标准的通知〉》（2014年11月20日），中央政府门户网站，http://www.gov.cn/xinwen/2014-11/20/content_2781156.htm，最后浏览日期：2019年3月20日。
② 《〈长江经济带发展规划纲要〉正式印发 确立"一轴两翼三极多点"格局》，《四川日报》，2016年9月12日，第3版。

中心引领粤港澳大湾区建设，带动珠江—西江经济带创新绿色发展；以重庆、成都、武汉、郑州、西安等为中心，引领成渝、长江中游、中原、关中平原等城市群发展，带动相关板块融合发展。①

中国已经形成以泛长三角、京津冀、泛珠三角、粤港澳大湾区为代表的四大世界级城市群，以及以成渝城市群、中原城市群、长江中游城市群、哈长城市群、关中平原城市群为代表的五大国家级城市群。这将能以东部、中部、西部联动发展带动全国均衡发展，从而打造立体化战略新格局。

2010年6月7日，国家发展和改革委员会发布《关于印发长江三角洲地区区域规划的通知》（发改地区〔2010〕1243号），这是指导长三角地区未来一个时期发展改革的纲领性文件。文件强调，长江三角洲地区是中国综合实力最强的区域，在社会主义现代化建设全局中具有重要的战略地位和突出的带动作用，其战略定位为"亚太地区重要的国际门户""全球重要的现代服务业和先进制造业中心""具有较强国际竞争力的世界级城市群"。②

2014年3月，中共中央、国务院印发的《国家新型城镇化规划（2014—2020年）》指出：京津冀、长江三角洲和珠江三角洲城市群，是我国经济最具活力、开放程度最高、创新能力最强、吸纳外来人口最多的地区，要以建设世界级城市群为目标，继续在制度创新、科技进步、产业升级、绿色发展等方面走在全国前列，加快形成国际竞争新优势，在更高层次参与国际合作和竞争，发挥其对全国经济社会发展的重要支撑和引领作用。③

---

① 《中共中央 国务院关于建立更加有效的区域协调发展新机制的意见》（2018年11月29日），中央政府门户网站，http://www.gov.cn/zhengce/2018-11/29/content_5344537.htm，最后浏览日期：2019年3月20日。
② 《国家发展和改革委员会关于印发长江三角洲地区区域规划的通知》（2010年6月7日），国家发展改革委网站，https://www.ndrc.gov.cn/xxgk/zcfb/tz/201006/t20100622_964657.html，最后浏览日期：2019年3月21日。
③ 《中共中央 国务院印发〈国家新型城镇化规划（2014—2020年）〉》（2014年3月17日），中央政府门户网站，http://www.gov.cn/gongbao/content/2014/content_2644805.htm，最后浏览日期，2019年3月21日。

第一章 新时代中国城市发展与城市治理的战略主题转型

2015年4月30日,中共中央政治局审议通过的《京津冀协同发展规划纲要》明确提出,京津冀协同发展是一个重大国家战略,其功能定位为"以首都为核心的世界级城市群""区域整体协同发展改革引领区""全国创新驱动经济增长新引擎""生态修复环境改善示范区"。[①]

2019年2月18日,中共中央、国务院印发的《粤港澳大湾区发展规划纲要》指出:改革开放以来,特别是香港、澳门回归祖国后,粤港澳合作不断深化实化,粤港澳大湾区经济实力、区域竞争力显著增强,已具备建成国际一流湾区和世界级城市群的基础条件,因此确定其战略定位为"充满活力的世界级城市群""具有全球影响力的国际科技创新中心""'一带一路'建设的重要支撑""内地与港澳深度合作示范区""宜居宜业宜游的优质生活圈"。[②]

自此,泛长三角、京津冀、泛珠三角、粤港澳大湾区以世界级城市群为建设目标,以带动当代中国经济快速增长和参与国际经济合作与竞争的主要平台为主要任务,正式成为当代中国国家建设的重要内容。通览《长江三角洲地区区域规划》(2010)、《京津冀协同发展规划纲要》(2015)和《粤港澳大湾区发展规划纲要》(2019)可以发现当代中国大都市治理范式转型的突破轨迹,即从统筹区域合作到促进协同发展再到推进区域经济社会文化一体化发展这一制度设计主线,其基本内容体系包括区域规划对接对联、基础设施互联互通、市场体系开放开发、区域制度深度融合、区域经济社会文化一体化发展"五位一体"战略举措。[③]

在国家级城市群的规划和建设上,2015年4月13日,国家发

[①] 《京津冀协同发展领导小组办公室负责人就京津冀协同发展有关问题答记者问》(2015年8月23日),新华网,http://www.xinhuanet.com//politics/2015-08/23/c_1116342156.htm,最后浏览日期:2019年3月21日。
[②] 《中共中央 国务院印发〈粤港澳大湾区发展规划纲要〉》(2019年2月18日),新华网,http://www.xinhuanet.com/politics/2019-02/18/c_1124131474.htm,最后浏览日期:2019年3月21日。
[③] 唐亚林:《当代中国大都市治理的范式建构及其转型方略》,《行政论坛》2016年第4期,第19—24页。

展和改革委员会发布《关于印发长江中游城市群发展规划的通知》（发改地区〔2015〕738号）；2016年2月23日，国务院印发《关于哈长城市群发展规划的批复》（国函〔2016〕43号）；2016年4月15日，国务院批复同意《成渝城市群发展规划》（国函〔2016〕68号）；2016年12月28日，国务院正式批复《中原城市群发展规划》。2018年1月15日发布的《国务院关于关中平原城市群发展规划的批复》（国函〔2018〕6号）提出：要把关中平原城市群打造成内陆改革开放新高地，以建设具有国际影响力的国家级城市群为目标，充分发挥关中平原城市群对西北地区发展的核心引领作用和我国向西开放的战略支撑作用。[1]

自此，成渝城市群、中原城市群、长江中游城市群、哈长城市群、关中平原城市群以建设具有国际竞争力的国家级城市群为目标，以成为支撑全国经济增长、促进区域协调发展、参与国际竞争与合作的重要平台为主要任务，以城市群为主体形态，以推动大中小城市和小城镇协调发展的新型城镇化战略格局为主要战略，开启了统筹推进当代中国城乡一体化发展的新篇章。[2]

3. 节点城市发展战略

国内跨区域的长江经济带发展战略和国际跨国（地区）间的"一带一路"倡议是新时代中国的两大新型国家发展规划。节点城市在其中发挥着重要的辐射带动作用，因此，节点城市发展战略受到国家高度重视。

长江经济带横跨中国东、中、西三大区域，覆盖上海、江苏、浙江、安徽、江西、湖北、湖南、重庆、四川、云南、贵州11省（直辖市），面积约205万平方千米，人口和生产总值均超过全国的

---

[1] 《国务院关于关中平原城市群发展规划的批复》（2018年1月15日），中央政府门户网站，http://www.gov.cn/zhengce/content/2018-01/15/content_5256798.htm，最后浏览日期：2019年3月21日。

[2] 唐亚林：《当代中国大都市治理的范式建构及其转型方略》，《行政论坛》2016年第4期，第19—24页。

40%。长江经济带有着重要的生态地位,发展潜力巨大,已成为中国综合实力最强、战略支撑作用最大的区域之一。从改革开放初期的"一线一轴"战略构想("一线"是指"沿海一线","一轴"是指"长江发展轴")和国土空间"T型"发展战略格局,到20世纪90年代初期国家从战略高度提出要重点发展"长江三角洲及长江沿江地区经济",再到2013年以来长江经济带发展被确立为新时期国家重大战略,无不昭示中国在面临新机遇和新挑战并存的复杂形势之下,努力培育国家经济发展新增长极,在推动经济高质量发展方面做出新型重大战略部署。

2016年3月25日,中共中央政治局审议通过的《长江经济带发展规划纲要》作为推动长江经济带发展重大国家战略的纲领性文件,确立了长江经济带"一轴、两翼、三极、多点"的发展新格局。"一轴"是指以长江黄金水道为依托,发挥上海、武汉、重庆的核心作用,以沿江主要城镇为节点,构建沿江绿色发展轴,推动经济由沿海溯江而上梯度发展。"两翼"是指以沪瑞和沪蓉南北两大运输通道,促进交通的互联互通,增强南北两侧腹地重要节点城市人口和产业集聚能力。"三极"是指以长江三角洲城市群、长江中游城市群、成渝城市群为主体,充分发挥中心城市的辐射带动作用,打造长江经济带的三大增长极。"多点"是指发挥三大城市群以外地级城市的支撑作用,以资源环境承载力为基础,不断完善城市功能,发展优势产业,建设特色城市,加强与中心城市的经济联系与互动,带动地区经济发展。①

国际跨国(地区)间的"一带一路"倡议是中国面对复苏乏力的全球经济形势和纷繁复杂的国际和地区局面而提出的共同发展、合作共赢之路。2013年9月和10月,习近平主席在出访中亚和东南亚国家期间,先后提出共建"丝绸之路经济带"和"21世纪海

---

① 《〈长江经济带发展规划纲要〉正式印发 确立"一轴两翼三极多点"格局》,《四川日报》,2016年9月12日,第3版。

上丝绸之路"(简称"一带一路")倡议,得到国际社会的高度关注。经国务院授权,国家发展改革委、外交部、商务部于2015年3月28日联合发布《推动共建丝绸之路经济带和21世纪海上丝绸之路的愿景与行动》,分别对西北和东北、西南、沿海和港澳台、内陆等地区的节点城市提出新的发展要求。

(1) 西北、东北地区节点城市。发挥新疆独特的区位优势和向西开放重要窗口作用,深化与中亚、南亚、西亚等国家交流合作,形成丝绸之路经济带上重要的交通枢纽、商贸物流和文化科教中心,打造丝绸之路经济带核心区。发挥陕西、甘肃综合经济文化和宁夏、青海民族人文优势,打造西安内陆型改革开放新高地,加快兰州、西宁开发开放,推进宁夏内陆开放型经济试验区建设,形成面向中亚、南亚、西亚国家的通道、商贸物流枢纽、重要产业和人文交流基地。发挥内蒙古联通俄蒙的区位优势,完善黑龙江对俄铁路通道和区域铁路网,以及黑龙江、吉林、辽宁与俄远东地区陆海联运合作,推进构建北京-莫斯科欧亚高速运输走廊,建设向北开放的重要窗口。

(2) 西南地区节点城市。发挥广西与东盟国家陆海相邻的独特优势,加快北部湾经济区和珠江-西江经济带开放发展,构建面向东盟区域的国际通道,打造西南、中南地区开放发展新的战略支点,形成21世纪海上丝绸之路与丝绸之路经济带有机衔接的重要门户。发挥云南区位优势,推进与周边国家的国际运输通道建设,打造大湄公河次区域经济合作新高地,建设成为面向南亚、东南亚的辐射中心。推进西藏在中国与尼泊尔等国家边境贸易和旅游文化合作中发挥积极作用。

(3) 沿海和港澳台地区节点城市。利用长三角、珠三角、海峡西岸、环渤海等经济区开放程度高、经济实力强、辐射带动作用大的优势,加快推进中国(上海)自由贸易试验区建设,支持福建建设21世纪海上丝绸之路核心区。充分发挥深圳前海、广州南沙、珠海横琴、福建平潭等开放合作区作用,深化与港澳台合作,打造粤港澳大湾区。推进浙江海洋经济发展示范区、福建海峡蓝色经济试验区和舟山群岛新区建设,加大海南国际旅游岛开发开放力度。加强上海、天津、宁波-舟山、广州、深圳、湛江、汕头、青岛、烟台、大连、福州、厦门、泉州、海口、三亚等沿海城市港口建设,强化上海、广州等国际枢纽机场功能。发挥海外侨胞以及香港、澳门特别行政区独特优势作用,积极参与和助力"一带一路"建设。

(4)内陆地区节点城市。利用内陆纵深广阔、人力资源丰富、产业基础较好优势,依托长江中游城市群、成渝城市群、中原城市群、呼包鄂榆城市群、哈长城市群等重点区域,推动区域互动合作和产业集聚发展,打造重庆西部开发开放重要支撑和成都、郑州、武汉、长沙、南昌、合肥等内陆开放型经济高地。支持郑州、西安等内陆城市建设航空港、国际陆港,加强内陆口岸与沿海、沿边口岸通关合作,开展跨境贸易电子商务服务试点。①

由此可见,国内跨区域的长江经济带发展战略和国际跨国(地区)间的"一带一路"倡议都对文化、交通、物流、经贸等各方面发展的节点城市提出战略定位和发展要求,这有助于两大国家发展规划高效有序地推进和落实。

(二) 相互依赖性

城市类型学根据三种划分基础对城市体系进行分类,最终形成三种不同的城市体系,分别是基于行政区划的中心城市体系(城市群地带)、基于经济区发展的区域网络城市体系(大都市地带)和基于节点城市的线状城市体系(线状绵延带)。三种城市体系的突出共性在于,均体现了城市之间日益增多的互动合作与相互依赖性。

---

① 《授权发布:推动共建丝绸之路经济带和21世纪海上丝绸之路的愿景与行动》(2015年3月28日),新华网,http://www.xinhuanet.com/world/2015-03/28/c_1114793986.htm,最后浏览日期,2019年3月22日。

1. 基于行政区划的中心城市体系（城市群地带）

以长三角城市群为例，2016年5月发布的《长江三角洲城市群发展规划（2016—2020）》提出构建"一核五圈"的区域协同发展空间格局，要求以上海为长三角核心城市，加快提升上海核心竞争力和全球城市功能，推进与苏州、无锡、南通、宁波、嘉兴、舟山等周边城市协同发展；同时，促进南京都市圈、杭州都市圈、合肥都市圈、苏锡常都市圈、宁波都市圈五个都市圈的同城化发展。随后，苏州、嘉兴、南通、宁波等近沪地区积极响应，各自结合自身发展定位和战略需求，制定"主动对接上海"的发展战略与具体政策体系，成为推动上海大都市圈协调发展与协同治理的积极主体力量。[1]

2. 基于经济区发展的区域网络城市体系（大都市地带）

大都市地带是基于经济区发展的区域网络城市体系。以上海大都市圈为例，2016年8月22日，《上海市城市总体规划（2016—2040）草案》（简称《草案》）向社会公示并征求各界意见。该《草案》首次在规划方案中提出"建立上海大都市圈"的发展目标。按照《草案》的规划，上海大都市圈包括上海、苏州、无锡、南通、宁波、嘉兴、舟山等在内的城市群范围，涵盖除上海以外的江苏浙江部分地区，总面积为2.99万平方千米，总人口约5 400万。[2]

2017年12月15日，经国务院批复同意的《上海市城市总体规划（2017—2035年）》（简称《规划》）在第15条"内涵发展"之"推进城乡一体，引领区域协同"中，强调"优化城乡空间体系，促进城乡间在空间布局、产业经济、公共服务、生态保护、基础设施建设等方面的协调发展……面向区域，合理布局各类空间资源，

---

[1] 唐亚林、于迎：《大都市圈协同治理视角下长三角地方政府事权划分的顶层设计与上海的选择》，《学术界》2018年第2期，第57—68页。

[2] 《上海市城市总体规划（2016—2040）草案公示》（2016年8月22日），"中国上海"政府门户网站，http://www.shanghai.gov.cn/nw12344/20200814/0001-12344_48617.html，最后浏览日期：2019年3月23日。

建立更加有效的区域协调发展新机制,加强跨区域的基础设施和生态环境共建共享"①的重要性。该《规划》还特别提出"以都市圈承载国家战略"的宏观构想,要求充分发挥上海作为都市圈中心城市的辐射带动作用,依托交通运输网络推动90分钟通勤范围内,与上海在产业分工、文化认同等方面关系紧密的近沪地区及周边协同形成同城化都市圈格局,强化上海与周边地区的联动程度。

3. 基于节点城市的线状城市体系(线状绵延带)

线状绵延带是基于节点城市的线状城市体系。以长江经济带为例,2014年9月12日印发的《国务院关于依托黄金水道推动长江经济带发展的指导意见》(国发〔2014〕39号)提出:"以沿江综合运输大通道为轴线,以长江三角洲、长江中游和成渝三大跨区域城市群为主体,以黔中和滇中两大区域性城市群为补充,以沿江大中小城市和小城镇为依托,促进城市群之间、城市群内部的分工协作,强化基础设施建设和联通,优化空间布局,推动产城融合,引导人口集聚,形成集约高效、绿色低碳的新型城镇化发展格局。"② 这标志着长江经济带由城市群内部合作强化阶段走向城市群联动发展阶段,城市之间的联动与协同发展又上了新的台阶。

此外,由铁路建设、高速公路、基础设施建设组成的"铁公鸡"是基于全国与周边地区互联互通的一体化交通与城市基础设施体系。2016年6月印发的《长江三角洲城市群发展规划》提出,要统筹推进交通、信息、能源、水利等基础设施建设,构建布局合理、设施配套、功能完善、安全高效的现代基础设施网络,提升基础设施互联互通和服务水平。在完善城际综合交通网络方面,要依

---

① 《国务院关于上海市城市总体规划的批复(国函〔2017〕147号)》(2017年12月15日),"上海2035"官方网站,https://www.supdri.com/2035/index.php?c=message&a=type&tid=33,最后浏览日期,2019年3月23日。

② 《国务院关于依托黄金水道推动长江经济带发展的指导意见(国发〔2014〕39号)》(2014年9月25日),中央政府门户网站,http://www.gov.cn/zhengce/content/2014-09/25/content_9092.htm,最后浏览日期,2019年3月26日。

托国家综合运输大通道，以上海为核心，南京、杭州、合肥为副中心，以高速铁路、城际铁路、高速公路和长江黄金水道为主通道的多层次综合交通网络。增强京沪高铁、沪宁城际、沪杭客专、宁杭客专等既有铁路城际客货运功能。推进沪宁合、沪杭、合杭甬、宁杭、合安、宁芜安等主要骨干城际通道建设。规划建设上海—南通—泰州—南京—合肥、南通—苏州—嘉兴、上海—苏州—湖州、上海—嘉兴—宁波、安庆—黄山等铁路（含城际铁路），以及上海—南通跨江通道等城际通道建设，提高城际铁路对 5 万以上人口城镇、高等级公路对城镇的覆盖水平。在能源基础设施方面，也要推进互联互通，加快皖电东送、浙江沿海东电西送、江苏北电南送电力输送通道建设，与"西电东送""北电南送"主通道实现互联互通。加快区际区内石油管网建设，推进宁波、舟山等原油储备基地建设，创建国家级石油储备中心，构建清洁快速便捷的油品供应体系。完善天然气主干管网布局，配套建设天然气门站和大型 LNG 调峰站，加快天然气管网互联互通，增加主干线管道双向输送功能。① 交通、能源等各类基础设施的互联互通使得城市之间的联系更加紧密，为进一步的城际合作提供了更坚实的基础。

（三）内涵发展性

多年来，当代中国各地城市发展的重点都放在"摊大饼"式的城市建设之上，并没有将重点放在城市内部治理中，最主要的原因在于，城市建设容易看到主政官员实打实的"政绩"，各地老百姓在缺乏参与和选择的情况下，也不得不认可这种发展政绩，而城市治理却是"侯门深似海"的"无底洞"，看不到边，更创造不了实绩。经过多年的建设，城市发展中"好吃的肉"（在好地块上搞建设）都差不多被吃光了，而"难啃的骨头"（在差地块与复杂社区

---

① 《国家发展改革委 住房城乡建设部关于印发长江三角洲城市群发展规划的通知》（2016 年 6 月 1 日），中央政府门户网站，https://www.ndrc.gov.cn/xxgk/zcfb/ghwb/201606/t20160603_962187.html，最后浏览日期，2019 年 3 月 26 日。

搞发展）分散在城市的各个角落，成为一个个难治的"牛皮癣"式孤岛，被淹没在大都市的喧嚣与繁华之中。①

城市交通拥堵、环境污染、公共服务供给不足、建设规模无序扩张、居住空间贫富分化等"城市病"，凸显了城市公共治理的危机，导致"城市病"成为城市中国时代一个难以绕开的治理难题。长期以来实施的"以农补工"发展战略导致农村基础设施建设投入不足、社会福利体系缺失、集体土地制度改革滞后、农民权利受损等突出问题，城乡发展极度不均衡。"农村病"实质上是城市现代化发展遭遇失败的一种折射，是对以城市为中心的现代化发展战略的一种反讽。"农村病"向城市的转移与集中，既可以被看作一种无奈的补偿，又可以被看作未来城市中国"凤凰涅槃"的新契机。毫无疑问，这一过程无比艰难和痛苦。"区域病"是区域发展不平衡所导致的结果，更是（特）大城市-中等城市-小城镇体系长期发展失衡的后果。"区域病"不仅助推本区域内中小城市、小城镇与农村地区的各类资源向区域中心城市的转移和集中，也助推全国范围内各类资源向特大城市的转移和集中，进而增添特大城市、区域中心城市等"城市病"的集中治理难度。②

当前，中国城市建设已经进入从外延式扩张向内涵式发展转型的新阶段，城市发展模式开始从"摊大饼"式规模化建设向以"补短板"为重点的精细化、内涵式治理转变。复杂城市事务的治理、"城市病"的解决、居民多样化需求的满足、良好城市秩序的构建等城市治理多目标体系的建构，都需要将精细化治理纳入适应城市转型及城市治理需要的城市治理新型范式之中。③

---

① 唐亚林：《"所有的道路都通向城市"的中国之道》，《探索与争鸣》2016年第12期，第35—37页。
② 同上。
③ 唐亚林、钱坤：《城市精细化治理的经验及其优化对策——以上海"五违四必"生态环境综合治理为例》，《上海行政学院学报》2019年第2期，第43—52页。

二、新时代中国城市治理的战略主题转型

(一) 城市治理的新动向

城市治理现代化需要完善城市治理体系,提高城市治理能力,着力解决"城市病"等突出问题。现有的城市治理体系与治理能力已经无法满足城市内涵式发展的需求,应将精细化治理纳入适应内涵式发展需求的城市治理新型范式之中。实施城市精细化治理是实现城市治理"像绣花一样精细"目标的有效途径。

城市精细化治理是指围绕服务城市居民、造福城市居民、创建城市美好生活与城市美好社会这一根本出发点和落脚点,以问题与需求为导引,以治理行为与机制为动力,以治理能力与发展目标为依归,以执政根基与城市梦想为价值,以优化城市资源配置为手段,以改革城市基层治理体制机制为保障,创建党建引领与政府主导下多元主体共治格局,形成包括环境秩序、交通秩序、安全秩序、服务秩序和空间秩序在内的城市治理秩序体系,有效提升城市政府服务能力与水平,切实增强城市居民的获得感、幸福感与满意度的互动过程。[①] 这就需要在既有城市治理框架下探讨组织、权力、空间、人员、事务、资源、技术、价值八大要素的优化配置问题。

城市治理的新动向还包括应对城市经济挑战、塑造城市文化动力、提供多样化城市公共服务等各方面,这是新时代对城市发展提出的要求,也是实现城市现代化的必由之路。

(二) 城市治理的战略主题

城市是人类文明千百年来的演进结晶和累积性创造,是人类创

---

① 唐亚林:《基于管理、服务与秩序的超大城市精细化管理:一个分析框架》,载唐亚林、陈水生主编:《城市精细化治理研究》(《城市治理评论》第3辑),上海人民出版社2018年版,第1—16页。

第一章 新时代中国城市发展与城市治理的战略主题转型

造活力的不断涌流之地。人类超越自然界的恩赐而建构一个可控的多层次秩序体系,其根本手段在于通过人们的合作,把城市塑造成精神得以皈依的神圣之地、安全得到有效保障之地、市场得到充分繁荣之地,并将"神圣、安全、繁忙"六字方针作为城市的基本价值,写在城市发展的旗帜上。① 集"神圣、安全、繁忙"三大价值于一体的城市生活,是一个融生产、生活、生命、生态四业态于一体,集多样性、丰富性与包容性三特征于一身的复合共同体生活。任何自毁三大价值中任何一方面价值的行径,就等于自毁城市的本质,最终导致城市生活的衰亡。②

2015年的中央城市工作会议及2017年"两会"期间,习近平同志都提出"在城市管理和服务中要更加精细化"的要求,进而在指导思想上明确了未来城市治理精细化的定位。新时代中国城市治理的战略主题应当是打造可持续的城市、可沟通的城市、可宜居的城市。以创新之城、人文之城、生态之城为目标,构建社会主义现代化城市。实施城市精细化治理、提升城市管理效能,既是城市实现高质量、可持续发展的必然选择,也是市民享受优质公共服务的重要途径。

在城市日常生活实践中,城市精细化治理始终与广大城市居民的衣食住行、生老病死等活动紧密地联系在一起。这种城市精细化治理的日常生活实践内涵,既非理论上的推导逻辑所能够说明,又非简单的城市发展基本价值组合所能够详尽,而是一种与城市居民日常生活需要相适应、体现城市社区发展需要且展现城市美好社会建设的发展秩序的多样化选择。

根据城市治理秩序的领域划分,城市精细化治理的对象包括五大方面,即整洁的环境秩序、畅达的交通秩序、有序的安全秩序、

---

① [美]乔尔·科特金:《全球城市史》(修订版),王旭等译,社会科学文献出版社2010年版,第15—19页。
② [美]刘易斯·芒福德:《城市发展史——起源、演变和前景》,宋俊岭、倪文彦译,中国建筑工业出版社2005年版,第6页。

便捷的服务秩序和正义的空间秩序。这五大秩序的形成以管理与服务的有机融合为基础和前提。具体而言：整洁的环境秩序，其精细化治理的重点在于整治脏、乱、差环境，推进垃圾分类，处置违法用地、违法经营、违法排污、违法居住；畅达的交通秩序，其精细化治理的重点在于建设四通八达的公共交通体系和自行车道、人行步道道路体系，解决好"最后一公里"的交通衔接问题，处置占道经营、违章停放、乱穿马路、无证车辆、非法客运；有序的安全秩序，其精细化治理的重点在于做好风险防范与危机应急管理工作，推动社会综合治理体系建设，借助现代通信技术，建设全覆盖全天候、可采集可追溯的信息收集与处理电子信息系统，为处置消防、治安、监控等事宜提供强有力的信息技术支撑；便捷的服务秩序，其精细化治理的重点在于打造社区 15 分钟公共服务圈，构建便民利民的行政服务一体化集成平台，重点是处置办证办事、健身娱乐、生活服务、教育医疗等社区事务；正义的空间秩序，其精细化治理的重点在于破除资本围猎公共空间的桎梏，将城市"天际线"、公园、绿地、广场、街区、社区活动中心、睦邻点等公共活动空间还给居民，重点是处置违法建筑、违法广告、城中村和旧区改造等。

新时代的中国城市应当努力完成"补短板"任务，尽快构建五大城市秩序，加强综合整治，形成常态长效治理机制，让城市更干净、更安全、更有序，并从中国人的需求出发，从当代中国城市发展的阶段与城市治理的实际出发，走出一条满足广大城市居民美好生活需求、符合城市内涵式发展特点、体现中国城市精细化治理特色的新路，努力实现城市治理现代化和国家治理能力现代化的战略目标。

本章小结：用城市发展与治理的新型战略主题指引和助推城市精细化治理进程

中国特色社会主义进入新时代，对城市发展与城市治理提出新要求。传统的"摊大饼"式粗放型城市发展战略难以回应现代城市

第一章　新时代中国城市发展与城市治理的战略主题转型

居民日益增长的美好生活需求。为此，城市政府亟须谋求能够有力地指引和助推城市实施精细化治理、促进城市向精细化治理转型的有效战略。

本章指出，新时代中国城市治理的战略主题可以归结为"打造可持续的城市、可沟通的城市、可宜居的城市，以创新之城、人文之城和生态之城为目标，构建社会主义现代化城市"。围绕"打造可持续的城市、可沟通的城市、可宜居的城市"这一新型城市战略主题，城市精细化治理被赋予丰富的日常生活实践内涵——立足于服务和造福城市居民、创建城市美好生活与美好社会，以问题与需求为导引，以治理行为与机制为动力，以治理能力与发展目标为依归，以优化城市资源配置为手段，以改革城市基层治理体制机制为保障，创建党建引领与政府主导下多元主体共治格局，从而形成包括环境秩序、交通秩序、安全秩序、服务秩序和空间秩序在内的城市治理秩序体系的互动过程。

城市政府在实施精细化治理的过程中，应当紧扣新型城市战略主题的确立这一根本目标，推进城市治理体制机制等的创新进程，注重优化资源配置，并以问题与需求为指引，着力提升城市治理能力，转变传统的粗放的城市治理方式，促进城市更快更好地向精细化治理范式转型，从而更好地回应中国特色社会主义新时代对城市治理提出的新要求，更有效地应对"城市病"及变化的居民需求等给城市治理能力带来的新挑战。

第二章

从碎片式管理到整体性治理：城市精细化治理研究综述

城市精细化治理已成为学界研究的热点，学者们分别在社会治理精细化、城市基层综合执法改革、网格化管理、智慧城市等研究领域积累了丰硕的成果。

一、城市管理与精细化：历史与现实

（一）城市管理理论与问题

根据涵盖范围大小的不同，"城市管理"这一概念具有广义和狭义两种不同的定义。广义的"城市管理"是城市区域内公共事务管理和社会服务的综合，涉及城市规划、设计、指挥、建设、监督和协调等过程，类型上表现为对城市区域内经济、政治、社会、文化等多方面的管理。① 狭义的"城市管理"大体等同于"市政管理"，指对城市基础设施和公共设施的维护，以及对市容环境卫生等公共服务事业的运行和补偿。② 在此，笔者从广义的角度理解"城市管理"，把发生在城市区域内的各种公共事务都纳入城市管理

---

① 北京市"2008"环境建设指挥部办公室、北京市社会科学院主编：《现代城市运行管理》，社会科学文献出版社2007年版，第13页。
② 连玉明主编：《城市管理的理论与实践》，中国时代经济出版社2009年版，第23—24页。

第二章 从碎片式管理到整体性治理：城市精细化治理研究综述

的范畴之中。

城市管理的理论研究源远流长。19世纪末，随着西方城市化进程的加快和城市在形态上不断向外扩展，美国学术界掀起了一股研究并倡议建立大都市政府的热潮，这在学术史上被称为"传统区域主义"①。由于城市的盲目增长带来了很多问题，学界提出"增长管理"（growth management）。增长管理不仅指对土地的管理，而且指管理那些用于引导增长与发展的各种政策和法规，包括从积极鼓励增长到限制，甚至阻止增长的所有政策和法规。②

20世纪80年代，西方国家掀起新公共管理运动。这一运动对城市管理的理念产生重大冲击，城市管理的主体开始由政府单一主体转向包括政府在内的多元主体。随着城市发展阶段的转换和管理理念的变革，城市管理理论也经历了变化与革新。

城市管理的目的是激发城市活力，创造财富，推动城市朝着更适于公民生活的方向发展。③ 随着经济的快速增长、市场的快速发育、城市规模的迅速扩大、流动人口的大幅度转移及治安形势等的复杂化，中国城市管理的难度和复杂度也随之大大增强。④ 但是，城市管理的能力并未得到根本性改变。受到行政领域粗放式管理思维的影响，中国各地方政府在进行社会治理时也惯于运用笼统的、模糊的处理方式，导致"大概差不多""最后一公里"等问题长期得不到解决。⑤ 这种过于粗糙的管理缺乏"过程意识"，虽然工作勤奋，但往往依赖于以往积累的施政经验，缺乏规范性、灵活性、精

---

① 曹海军、霍伟桦：《城市治理理论的范式转换及其对中国的启示》，《中国行政管理》2013年第7期，第94—99页。
② 赵锦辉：《西方城市管理理论：起源、发展及其应用》，《渤海大学学报》（哲学社会科学版）2008年第5期，第112—117页。
③ 伏倩、纪若莹、俞嘉铃：《城市管理精细化的路径探究》，《法制与社会》2017年第18期，第202—203页。
④ 李步超、周玫、赵崇四：《政府应当推行城市管理精细化》，《求实》2006年第10期，第58—59页。
⑤ 蒋源：《社会精细化治理新路径探索》，《人民论坛》2015年第2期，第47—49页。

确性的治理技术,导致政府管理活动的随意性过强,使其工作的连续性无法得到有效保障。① 粗放式管理已经成为当前限制中国城市管理,乃至社会整体治理水平的症结所在。为此,政府亟须提升包括城市公共管理、城市公共服务、城市公共安全在内的城市治理的精细化水平。

从世界城市发展经验来看,城市精细化治理水平是衡量城市现代化程度的重要标志。如何提升城市精细化治理水平,从而转变城市发展方式、完善城市治理体系、提高城市治理能力、解决大城市病等突出问题,并打造更加和谐宜居的城市环境,是当前城市管理责任主体需要研究和解决的重要问题。② 从既有研究来看,研究者们基于多个案例,从多个视角对当前中国城市治理过程中存在的问题进行了分析。梁喜和李东连指出,重庆市城市治理中的主要问题是法律法规层面的健全度不高、标准无明确规范、智慧化管理发展较弱、科技创新驱动缓慢、市民素质偏低。③ 郭理桥等指出,随着城市化进程的不断加快、城市规模的逐步扩大、城市治理任务的日益加重,城市治理难度随之增大。"重建设、轻管理"、"先建设、后管理"的问题突出;环境污染、交通拥堵、环境脏乱等现象普遍,治理任务艰巨;社会公共安全形势依然严峻,城市治理水平亟待提高。④ 总的来说,现代城市治理面临严峻挑战,粗糙的城市管理理念、方式和手段已滞后于现代化治理的要求。政府亟须全新的理念指导城市治理实践活动。

---

① 蒋源:《从粗放式管理到精细化治理:社会治理转型的机制性转换》,《云南社会科学》2015年第5期,第6—11页。

② 王少峰:《特大型城市中心城区如何精细化管理——以北京市西城区为例》,《中国党政干部论坛》2016年第4期,第13—17页。

③ 梁喜、李东连:《重庆城市精细化管理的问题及对策》,《知识经济》2016年第16期,第10—12页。

④ 郭理桥、林剑远、王文英:《基于高分遥感数据的城市精细化管理应用》,《城市发展研究》2012年第11期,第57—63页。

第二章　从碎片式管理到整体性治理：城市精细化治理研究综述

（二）精细化治理的缘起及应用

精细化是20世纪50年代发源于日本的一种企业管理模式，①它的出现适应了社会分工精细化的发展趋势，也是对"将服务客体需求和体验作为管理目标"的积极回应。②精细化提倡精益求精的工作态度、创新务实的工作精神和科学高效的管理理念。③

从理论脉络上来分析，"精细化治理"源自企业的"科学管理"理论。而作为一种企业管理理念，科学管理被运用于生产的系统管理之中。泰勒提倡的科学管理，通过基于实践的科学设计和合理分工及标准化手段的运用，最大限度地提升了企业的精细化治理水平，提高了企业的劳动生产率。④精细化治理的提出为人们提供了一个有效的知识工具，它建立了一个与粗放式管理相对立的概念，并在这个概念之下试图寻求彻底避免不良后果的解决方案。⑤精细化作为一种科学的管理思维和理念，它在规范化管理的基础上引入精、细、准、严的管理目标，追求管理项目设置的精准化、管理内容的具体化和管理过程的可操作化。同时，精细化强调每个管理主体都要明晰责任，并对照职责分工的要求将工作落实到位。⑥

20世纪50年代以来，精细化治理思想经历了泰勒的"科学管理"、戴明的"为质量而管理"和丰田的"精益生产方式"三个发展阶段，由工人现场操作管理扩大到质量管理的每一根神经末梢，

---

① 郭理桥：《现代城市精细化管理的决策思路》，《中国建设信息》2010年第2期，第4—9页。
② 陈思、凌新：《社会治理精细化背景下社会组织效能提升研究》，《理论月刊》2017年第1期，第147—150页。
③ 刘中起、郑晓茹、郑兴有等：《网格化协同治理：新常态下社会治理精细化的上海实践》，《上海行政学院学报》2017年第2期，第60—68页。
④ [美]弗雷德里克·泰勒：《科学管理原理》，马风才译，机械工业出版社2007年版，第40页。
⑤ 赵孟营：《社会治理精细化：从微观视野转向宏观视野》，《中国特色社会主义研究》2016年第1期，第78—83页。
⑥ 陈思、凌新：《社会治理精细化背景下社会组织效能提升研究》，《理论月刊》2017年第1期，第147—150页。

再延伸到企业的生产系统管理，如今已运用于公共管理领域，并向社会治理范畴深度拓展。① 20 世纪 80 年代兴起的新公共管理改革强调市场的主导力量，崇尚科学的企业管理模式，并倡导运用这一模式改造政府。精细化治理也是新公共管理改革实践的结果之一。②

此后，精细化治理的理念和实践逐渐扩散到政府机构变革及公共行政领域，为各国政府所借鉴，成为政府转变传统粗放式管理思维和经验型管理方式，以提高行政管理效率的新模式。由此，政府精细化治理活动应运而生。政府精细化治理是"以科学管理为基础，以精细操作为特征，致力于降低行政成本，提高行政效率的一种管理方式"③。后来，精细化的理念与原则被运用到社会治理活动中，精益求精和创新务实的精神成为推动社会发展的内在动力。④ 中共十八届五中全会提出"加强和创新社会治理，推进社会治理精细化，构建全民共建共享的社会治理格局"。当前，精细化的理念和原则已经成为理论界与实践部门的共识，是指导今后中国政府管理及社会治理各方面活动的重要原则。

（三）城市精细化治理实践与城市治理的精细化转型

1. 城市精细化治理实践

（1）城市综合执法体制改革。《中共中央 国务院关于深入推进城市执法体制改革改进城市管理工作的指导意见》（中发〔2015〕37 号）和《中共中央 国务院关于进一步加强城市规划建设管理工作的若干意见》（中发〔2016〕6 号）相继发布，标志着作为当代中国城市治理和国家治理现代化之重要组成部分的城市执法管理和

---

① 刘中起、郑晓茹、郑兴有等：《网格化协同治理：新常态下社会治理精细化的上海实践》，《上海行政学院学报》2017 年第 2 期，第 60—68 页。
② 王阳：《从"精细化管理"到"精准化治理"——以上海市社会治理改革方案为例》，《新视野》2016 年第 1 期，第 54—60 页。
③ 温德诚：《政府精细化管理》，新华出版社 2007 年版，第 50 页。
④ 杨建军、闫仕杰：《共享发展理念视域下社会治理精细化：支撑、比照与推进》，《理论与改革》2016 年第 5 期，第 80—84 页。

第二章　从碎片式管理到整体性治理：城市精细化治理研究综述

城市规划建设管理方面的调整和改革被正式提上议事日程。

其中，城市管理综合执法，简单来说，就是根据《中华人民共和国行政处罚法》第十六条（2021年1月22日修订后为第十八条）的规定，把原来由多个部门行使的行政处罚权交由一个部门来行使，以解决城市管理领域的多头执法、执法交叉、执法效率低下的问题。[1] 城市管理综合执法改革即是力图消除之前的粗放式管理所带来的各种弊病，强调运用精细化管理的理念和方式从事城市综合执法活动。

综合执法体制有两个明显的优势：一是重组多项执法权，建立综合执法机构，这在一定程度上解决了多部门分散执法的问题；二是执法权进一步向镇（街）下放，镇（街）能够发挥更积极的作用。[2] 换言之，一方面，通过内部的机构重组和流程优化，城市管理部门能够理顺其内部的管理权责；另一方面，通过执法重心下移，城市管理部门能够更好地回应基层事务的复杂性，提高城市管理的精细化水平。

从改革实践来看，有学者指出，城市管理行政执法重心下移和开展属地管辖是城市管理行政执法体制改革的必然要求。[3] 其中，推动执法重心向基层下移主要是根据属地管理和就近划分原则，将执法监管职责交给处理基层执法案件的市县一级执法部门承担，减少执法层级，使"管理最便捷、成本最低、效率最高"。[4] 随着信息技术的不断发展，在实践中，智慧城市管理等新型管理方式亦在不

---

[1] 杜敏、李昌文：《相对集中行政处罚权的模式比较及适应性探析》，《经济研究导刊》2008年第14期，第152—155页。
[2] 张丙宣：《城郊结合部综合执法体制改革：一个理论分析框架》，《中国行政管理》2017年第5期，第39—45页。
[3] 王敬波：《论我国城管执法体制改革及其法治保障》，《行政法学研究》2015年第2期，第16—22页。
[4] 刘维寅：《深化综合行政执法体制改革　全面推进综合行政执法》，《机构与行政》2016年第5期，第2—6页。

断提升城市精细化管理水平。① 概言之，城市综合执法体制改革是通过执法力量的整合和执法重心的下沉，借助现代信息通信技术带来的便利，及时、高效、精准地解决城市治理中的各种问题，从而提升城市精细化治理水平。

（2）城市网格化管理。城市网格化管理为城市精细化治理提供重要的平台支撑，亦可被看作一种先进技术手段。网格化管理也是城市治理领域的重要体制机制创新，其目的是更加精细化地管理城市，从而提升城市治理的水平和质量。

2004年9月，上海市委提出"以推进社区建设实体化、管理网格化、党建全覆盖为抓手，积极开展社区建设和社区党建试点工作，努力建设'综合协调、管理有序、服务优质、文明和谐'的现代化社区"②。这是国内首次提出实施"城市网格化管理"。2004年10月，"万米单元网格城市管理新模式"在北京市东城区投入运行。根据中共北京市东城区委书记陈平的介绍，"万米单元网格管理法"就是在城市管理中运用网格地图的思想，以一万平方米为基本单位，将东城区所辖区域划分成若干个网格状单元，由城市管理监督员对所分管的万米单元实施全时段监控，同时明确各级地域责任人为辖区城市管理责任人，从而对管理空间实现分层、分级、全区域管理的方法。③ 此后，在上海和北京这两座超大城市的城市治理实践中取得明显成效的网格化管理模式被当作一种经验引入中国其他城市。网格化管理在中国城市管理实践中掀起了一股模仿学习和改革创新的浪潮。

网格化管理是一种重要的管理理念创新。贯彻实施网格化管理

---

① 王新涛：《城镇化背景下我国城市管理综合执法体制改革探析——以河南为例》，《党政干部学刊》2017年第2期，第24—27页。
② 《上海市委提出社区建设实体化、管理网格化、党建全覆盖》（2004年9月17日），东方网，http://news.eastday.com/eastday/shnews/fenleixinwen/qita/userobject1ai524752.html，最后浏览日期：2019年3月28日。
③ 陈平：《解读万米单元网格城市管理新模式》，《城乡建设》2005年第10期，第10—13页。

第二章 从碎片式管理到整体性治理：城市精细化治理研究综述

理念的城市网格化管理系统构成中国城市精细化治理的重要支撑平台和技术保障。网格化管理不仅使得城市治理过程更加精细化，也为政府和社会互动提供了具有可操作性的工具。此外，以"无缝隙社会管理"为目标的网格化社区管理，在加强社会控制和提升服务即时性的同时，也增加了民众反馈意见和政府沟通民意的互动渠道。①

总之，作为推进城市精细化治理的重要方式，经过多年的改革实践，网格化管理在促进城市精细化治理方面成效显著。

2. 城市治理的精细化转型

随着社会的开放性和流动性加快，社会公众需求的多样性及公众参与的技术和手段的发展，社会治理必须实现从粗放到精细的逻辑转换。② 为此，各级政府不得不通过提升城市治理的精细化水平来强化行政能力并提升管理绩效。③

社会治理的精细化转型必然要求城市管理的转型。实际上，通过精细化转型促进城市管理效能的提升也是服务型政府建设的必然要求。因为精细化治理通过创新管理技术的方式，弥合了服务型政府建设中"福利"与"便利"两种功能之间的缝隙。④

简·雅各布斯指出，当人类社会在事实上到达一个新的复杂层次时，一个首先要做的事情就是要有维持这种复杂层次的手段。⑤ 中国正在经历前所未有的快速城市化过程，快速城市化不仅伴随着城市的规模的扩大，也伴随着城市管理的内涵的丰富和复杂化。此外，城市居民对于人居环境质量的要求越来越高。所有这些

---

① 蒋源：《从粗放式管理到精细化治理：社会治理转型的机制性转换》，《云南社会科学》2015 年第 5 期，第 6—11 页。
② 周晓丽：《论社会治理精细化的逻辑及其实现》，《理论月刊》2016 年第 9 期，第 144—146 页。
③ 王阳：《从"精细化管理"到"精准化治理"——以上海市社会治理改革方案为例》，《新视野》2016 年第 1 期，第 54—60 页。
④ 蒋源：《从粗放式管理到精细化治理：社会治理转型的机制性转换》，《云南社会科学》2015 年第 5 期，第 6—11 页。
⑤ ［加拿大］简·雅各布斯：《美国大城市的死与生》，金衡山译，译林出版社 2006 年版，第 345 页。

要求和挑战都意味着，中国政府必须通过积极且快速地适应城市精细化治理的转型来回应挑战，消解城市治理方面的压力。

传统的粗放式城市管理方式显然无法帮助城市有效应对多样且趋于复杂化的城市问题。为此，城市必须实施精细化治理，重新梳理城市管理领域和事项，寻找管理的粗糙点，完善城市管理系统，将管理水平提高到新阶段。①

在城市治理实践中，城市管理者已经开始通过现代信息技术的应用，新的管理理念，以及管理流程的再造、功能重组、管理重心下移等各种方式，不断推进城市管理的精细化程度。不过，要推动中国城市管理成功地向精细化治理转型，就不能仅局限于以追求效率为目标的流程再造、结构优化等刚性要素，还需要关注人文关怀，以及对更好、更精致生活状态的倡导等柔性特征。②

从学界研究来看，随着城市精细化治理转型的推进，学者们也对城市精细化治理的内涵、特点、体系、路径等问题进行了较为深入且系统的研究，对中国城市精细化转型实践起到一定程度的指导和促进作用。

二、城市精细化治理：内涵与体系

（一）城市精细化治理的内涵

城市精细化治理既是一种全新的管理理念，也是一种新型管理方式和方法。作为一种管理理念，城市精细化治理是原本运用于企业管理领域的管理思想在公共管理、社会治理及城市治理领域的拓展和深化应用。作为管理方式和方法层面的改革创新，城市精细化治理是通过细化城市管理空间、量化城市管理对象、规范城市管理

---

① 曾燕南：《城市精细化管理对城市发展的促进——以哈尔滨市为例》，《中国青年政治学院学报》2012 年第 6 期，第 80—83 页。

② 蒋源：《社会精细化治理新路径探索》，《人民论坛》2015 年第 2 期，第 47—49 页。

第二章 从碎片式管理到整体性治理：城市精细化治理研究综述

行为、创新城市管理流程，实现城市管理活动的全方位覆盖、全时段监管，以提升城市管理效率和城市治理能力。①

从既有研究来看，在界定"城市精细化治理"这一概念时，学者们主要从治理要素视角、治理过程视角和组织视角认识与理解城市精细化治理。

1. 治理要素视角下的城市精细化治理

基于对现代城市管理和社会治理活动中所涉及要素的不同看法，从治理要素视角理解城市精细化治理的研究，主要有"四要素说"和"八要素说"两种代表性观点。"四要素说"认为，城市精细化治理旨在实现城市治理和社会治理之理念、制度、手段和技术的精细化，这一目标的达成有赖于遵照精益、精确、细致和严格的原则，并恪守标准化、科学化、规范化和人性化的思路。②"八要素说"主张，现代城市治理和社会治理由组织、权力、空间、人员、事务、资源、技术、价值八大要素构成，因而，城市精细化治理的内涵在于：掌握城市治理权力的主导型组织（执政党和政府），通过广泛动员各类组织和人员，运用税收、劳务等资源和现代信息通信技术，以部件和事件处置为纽带，在一定地域空间内将组织、权力、人员、事务、资源和技术进行重组与配置，实现主导型组织满足城市居民过上美好生活及推动社会关系再生产与治理秩序生产的根本价值目标。③

2. 治理过程视角下的城市精细化治理

基于治理过程视角的研究认为，城市精细化治理是一个治理过程而非体制性变革，其聚焦城市的微观领域和末端环节，以精准定

---

① 王占益：《以精细化管理促进城市管理模式转变的有益探索——以烟台市为例》，《城市管理与科技》，2015年第3期，第74—75页。
② 陆志孟、于立平：《提升社会治理精细化水平的目标导向与路径分析》，《领导科学》2014年第13期，第14—17页；陈水生：《我国城市精细化治理的运行逻辑及其实现策略》，《电子政务》2019年第10期，第99—107页。
③ 唐亚林：《基于管理、服务与秩序的超大城市精细化管理：一个分析框架》，载唐亚林、陈水生主编：《城市精细化治理研究》，上海人民出版社2018年版，第1—16页。

位的治理目标、精密细致的治理手段和高效运行的治理过程为条件，在城市快速发展变化的环境中寻求不断完善、精益求精的治理模式。①

治理过程视角下的"城市精细化治理"概念与实践强调治理模式的长效运行机制、公众参与机制和多元协同治理机制。长效运行机制的提出和倡导与以项目化的方式推进的城市精细化治理有直接关系。研究者倾向于认为，项目化的方式较易产生明显的短期效果，但这种效果缺乏整体性和长效性，必须用长效运行机制优化城市治理过程。公众参与机制提倡建立实施自上而下的需求反馈机制，以将城市治理过程中的公众参与真正落到实处。多元协同治理机制则关注政府、企业、社区、社会组织等多元主体如何在城市治理过程中发挥自主且整体性的治理力量。

3. 组织视角下的城市精细化治理

组织视角下的研究聚焦于精细化治理思想和理念的引入对于公共部门，尤其是对于政府机构可能产生的组织层面的影响。组织视角下的城市精细化治理研究在整体上表现为两种研究倾向。

一种研究倾向认为，城市精细化治理必然涉及和要求政府组织创新及其治理模式创新，因而，城市精细化治理的应有内涵必然不能忽视以政府机构为代表的组织层面的创新与变革。例如，有学者研究指出，城市精细化治理是政府在面对新时代的公共需求而做出的回应性发展，要实现这种发展，必须在"服务归位"的前提下，明确政府职能边界，并通过内部提升和外部协作，实现服务流程的规范化和服务成果的精准化。②

另一种研究倾向以无缝隙政府理论理解和分析思考城市精细化治理后提出，无缝隙政府理论从整体性、协调性、便利性等角度出

---

① 王郁、李凌冰、魏程瑞：《超大城市精细化管理的概念内涵与实现路径——以上海为例》，《上海交通大学学报》（哲学社会科学版）2019 年第 4 期，第 41—96 页。

② 张瑾：《城市精细化治理中的政府转型》，《观察与思考》2018 年第 8 期，第 71—77 页。

第二章　从碎片式管理到整体性治理：城市精细化治理研究综述

发，突破了政府机构部门化和层级化带来的无效率和低回应性，这与城市精细化治理的核心理念相契合。因此，"城市精细化治理"概念与实践必然包含促进政府组织变革、优化一线人员配置、培育专业社会组织、完善监督考核机制等方面的内涵，而不能仅仅局限于治理技术或是方法和手段层面。[①]

(二) 城市精细化治理的内容体系

2015年12月，中共中央、国务院联合印发的《关于深入推进城市执法体制改革　改进城市管理工作的指导意见》主要从市政管理、环境管理、交通管理、应急管理和城市规划实施管理五大城市管理的专业性领域出发，提出改进城市管理工作的指导意见。这对于本书梳理城市精细化治理的内容体系具有参考价值。但是，城市作为一个总体性的治理对象，由一个个基础治理单元组成，街道和社区是城市治理行政意义上的基本单元。因此，城市精细化治理的整体水平和总体成效仰仗于在这两个层面的基本单元中协同推进精细化治理。根据研究需要，笔者在此主要梳理和分析综合性视域下的城市精细化治理的内容体系。

街道工作是城市工作的重要组成部分，是城市管理、公共服务的基础和依托，对于推动经济健康快速发展、促进社会和谐稳定、提升城市管理水平和治理能力具有重要作用。早在2010年就有研究者提倡将地理信息系统（GIS）应用到街道层级，并从系统设计目标、组成结构、总体设计等方面进行综合论述。[②]然而，更多研究是从纯技术的视角探讨这一新技术如何在街道层面应用和实施。

随着成都市开展街道综合管理体制改革试点，总结这一模式的主要经验并对其进行理论分析就成为新的研究重点。曾珂和邓国彬

[①] 邵青、周鸿勇：《无缝隙政府：城市精细化治理研究的新视角》，《学习与实践》2020年第5期，第42—48页。
[②] 王中友、祝光健：《基于GIS的街道综合管理系统的设计》，《信息化建设》2010年第6期，第56—57页。

从功能定位、组织架构、管理服务功能三个方面总结了成都市城市街道综合管理体制改革的背景和动因。① 邓国彬指出，成都市的街道综合管理体制改革通过转移街道履职重心、整合基层执法资源、强化便民利民功能、培育发展社会组织等改革，促进了街道职能回归到社会管理和民生服务的本位；街道履职中依然存在着诸如行政区划布局不合理、职责定位不清晰、权责关系不对等、综合执法推行不到位等问题，需要从优化街道职能配置、再造街道组织架构、整合行政执法资源、规范便民服务方式、配套跟进改革措施等方面进一步深化改革。②

冀文彦通过对北京市的城市体制机制改革的研究指出，街道综合管理的目标是以属地网格范围内城市管理事务全部管理权向区城市综合管理委员会负责，承担城市管理效果、效率和效能的责任。同时，区专业部门在区城市综合管理体制框架下行使专业管理权，对街道城市管理标准、管理流程、管理规范、质量保证等方面进行指导和监督，并承担专业管理责任。③

中国社区更多地呈现出国家治理单元的特征，它是国家用以贯彻决策实施过程、实现社会控制和社会整合的基本单位。④ 城市社区治理逐渐成为城市治理不可或缺的重要组成部分。

当前，虽然基层社区的治理体系已经基本形成，但是作为城市管理的末梢，其管理、服务能力与水平依然未能有效满足城市发展和社区民众的实际需求。因此，研究社区向精细化治理转型及实现精细化治理的具体路径成为学界研究的重要内容。

在社区向精细化治理转型上，有学者分析指出，社区治理精细

---

① 曾珂、邓国彬：《成都探索重塑城市街道办事处功能定位》，《中国机构改革与管理》2016年第10期，第26—28页。
② 邓国彬：《街道综合管理体制改革的探索——基于成都的实践》，《中国机构改革与管理》2015年第8期，第19—20页。
③ 冀文彦：《浅析以综合管理为核心的城市体制机制改革——以北京市"区—街道"管理体制为例》，《内蒙古科技与经济》2016年第14期，第15—17页。
④ 杨敏：《作为国家治理单元的社区——对城市社区建设运动过程中居民社区参与和社区认知的个案研究》，《社会学研究》2007年第4期，第137—164页。

第二章　从碎片式管理到整体性治理：城市精细化治理研究综述

化转型需要具备三个条件：政府与社会及自治组织的公共责任实现分类清晰化，不同治理主体的职能关系经过分化和重组过程后呈现出分类互动结构状态，扎根在基层的官方和社区领袖拥有各自明确的权威来源。[①] 也有学者提出，需要从体制改革、机制调整和工具创新三个方面推进城市社区向精细化治理转型。[②]

在社区实现精细化治理的具体路径上，王木森通过对杭州市上城区清波街道推行的"一站多居"社区公共服务案例的分析指出，清波街道通过采取"街道职能清单式改革、管理服务赋能式下沉、居民自治协商式回归"等方式，实现了社区治理精细化、服务精准化。[③]

三、城市精细化治理的研究进路：制度、行动者与技术

既有研究主要从制度、行动者和技术三大视角展开探索，进而形成了城市精细化治理研究的制度进路、行动者进路和技术进路三大进路。

（一）城市精细化治理研究的制度进路

城市精细化治理研究的制度进路，指的是研究者主要关注如何建立和完善更加精细化的制度，从而提升城市精细化治理水平。其中，标准化是这一研究进路中较为普遍的视角和路径。

标准化在工业领域最先得到应用，工业生产中对技术标准的应用和不断完善极大地促进了生产力的发展，随后又被广泛地应用到

[①] 王巍：《社区治理精细化转型的实现条件及政策建议》，《学术研究》2012年第7期，第51—55页。
[②] 邹宗根：《城市社区精细化治理的路径探索》，《中国机构改革与管理》2016年第12期，第6—7页。
[③] 王木森：《精细治理与精准服务："一站多居"社区治理服务创新》，《行政与法》2017年第11期，第37—47页。

管理实践中。① 随着西方新公共管理改革将企业家精神引入政府管理领域，全面质量管理、标杆管理等管理方法被引入，试图通过公共服务制度的标准化来明确公共服务提供部门的职责、明晰流程，使得公众能够有一个明确的预期与良好的体验，从而提升公共服务品质。通过科学的制度标准制定、发布和执行等标准化活动，可使社会公众进一步明确和掌握法律法规及政策文件的要求、各公共服务提供部门的职责及各项公共服务流程规范，从而增加公共政策透明度，最大限度地减少公共服务供给过程中不合理的操作弹性。② 公共服务提供过程中的制度标准化不仅使得民众的预期明确、获得感大增，也能够最大限度地规范政府的工作，使得民众对政府工作的监督有了有力抓手，从而督促政府不断提高精细化服务水平。

有研究者认为，尤其需要强调服务和管理的制度规范化和标准化建设在精细化社会治理中的突出作用。③ 也有学者提出，公共服务制度标准化建设是服务型政府建设的一个重要发展阶段，既标志着政府由强化公共服务职能到以公民需求为导向提供公共服务的转变，又标志着公共服务提供方式由粗放型向精细化的转变。④ "标准化"作为工业生产、企业管理领域的概念，被引入公共服务领域和政府管理领域是为了提高政府提供的公共服务的质量和效率。标准化是城市精细化治理的必要条件，是实现城市精细化治理的重要基础和技术支撑；标准化是手段，精细化是目的；标准化是过程，精细化是结果。⑤ 城市治理领域同样需要标准化理念的引入，需要制

---

① 胡税根、徐元帅：《我国政府公共服务标准化建设研究》，《天津行政学院学报》2009年第6期，第39—44页。

② 徐雷：《标准化提升公共服务质量与价值》，《质量与标准化》2011年第1期，第29—32页。

③ 蒋源：《从粗放式管理到精细化治理：社会治理转型的机制性转换》，《云南社会科学》2015年第5期，第6—11页。

④ 郭喜、黄恒学：《基本公共服务均等化的民族地区公共产品供给》，《山西大学学报》（哲学社会科学版）2011年第1期，第115—120页。

⑤ 施昌奎、赵长山、姚娉：《北京城市精细化管理的标准化路径探索》，《城市管理与科技》2014年第2期，第20—23页。

第二章　从碎片式管理到整体性治理：城市精细化治理研究综述

度、流程等的标准化建设，以规范内部管理、明确外部预期、提供监督的有力抓手，从而更好地实现城市精细化治理。

（二）城市精细化治理研究的行动者进路

城市精细化治理的行动者进路聚焦于城市基层管理者群体，借助于"街头官僚"理论，探讨如何使得城市的规章制度和法律政策等能够在城市基层恰当而合理地得到执行。城市基层管理者作为直接与城市市民打交道、进行城市管理的行动者，如何提升管理能力、服务能力，满足居民的多样化、个性化需求，是实现城市精细化治理的重要方面。在国外，城市基层管理者在学术上一般被界定为"街头官僚"。20世纪70年代，两股潮流促成了对于街头官僚的深入研究：一是美国学者米切尔·李普斯基（Michael Lipsky）首次明确提出"街头官僚"这一概念，随后经过理查德·韦瑟利（Richard Weatherley）、大卫·普罗塔斯（David Prottas）、斯科特·摩尔（Scott Moore）、帕特里克·斯科特（Patrick Scott）等学者的继续研究而不断发展和丰富；二是同一时期兴起的美国公共政策研究领域的政策执行研究的热潮，并形成了声势浩大的"执行运动"。借由这场运动，街头官僚作为政策执行的末端，开始真正进入政策研究者的视野。2003年，街头官僚理论被引入中国，街头官僚被学者界定为处于基层且最前线的政府工作人员。[①] 街头官僚与官僚系统的其他官僚相比的特殊性在于他们拥有一定的自由裁量权。

街头官僚身处一线，直接与公众打交道，位于官僚系统的最底层，面对复杂多变的社会现实，拥有一定的自由裁量权。斯科特认为，自由裁量权之所以是公共行政领域的重要话题，就在于其与"好政府"目标、服务的有效供给、市民满意度等的实现联系在一起。[②] 街头官

---

① 叶娟丽、马骏：《公共行政中的街头官僚理论》，《武汉大学学报》（哲学社会科学版）2003年第5期，第612—618页。
② Patrick Scott, "Assessing Determinants of Bureaucratic Discretion: An Experiment in Street-level Decisionmaking", *Journal of Public Administration Research and Theory*, 1997 (7), pp.35-57.

僚能够最直接地接受政策目标群体的偏好与信息，能够对自上而下制定的政策做出最符合政策对象和当地实际情况的变通。同时，街头官僚能最直观地感知到普通民众的需求和信息，在西方经典理论的设想中能够起到政策"再制定"的效果。在城市精细化治理过程中，街头官僚既可以依据具体情境调适政策以使得政策能够精细地作用于每一个政策对象，又能够利用他们对于城市管理客体的偏好与信息的掌握，帮助政策制定者更加精细地管理城市。故而在标准化的制度之外，行动者的自由裁量权与执行也是实现城市精细化治理的重要抓手。

（三）城市精细化治理研究的技术进路

城市精细化治理的技术进路即关注现代信息与通信技术（information and communication technology，ICT）对于城市社会的变革及城市管理者如何应用这些技术以提高城市管理效能。信息技术的发展与全球化、城市化的互动重塑了城市空间，传统的社会组织及其活动边界正在消融。以物联网、云计算为代表的新一代信息技术展现了一个充满智能的世界，是知识社会形成和发展的重要基础，也成为建设智慧城市的必备技术基础。[①] 新技术既是一种理念，也是一种强大的工具。城市管理者敏锐感知到新技术的作用，并逐步运用到城市管理过程中，其中的典型代表就是智慧城市理念的兴起及大规模实践。

智慧城市（smart city）是 21 世纪以来在全球范围内兴起的关于未来城市发展和信息化建设的概念，成为继数字城市、虚拟城市、智能城市等之后，引领当今城市信息化进程的新理念，对城市未来的发展战略和形态具有重要影响。从理论脉络上来说，智慧城市理论可以在某种程度上被视为城市精细化治理的重要理论来源。智慧城市理论

---

① 闵春发、汪业周：《物联网的意涵、特质与社会价值探析》，《中国人民大学学报》2011 年第 4 期，第 41—46 页。

第二章　从碎片式管理到整体性治理：城市精细化治理研究综述

内部也存在部分诸如智慧产业等与城市精细化治理并不完全重合的部分。智慧城市被认为是一种具有新特征、新要素和新内容的城市结构与发展模式。有学者认为，智慧城市是利用先进技术实现对城市运行状态的自动、实时、全面透彻的感知，迈向一个作为复杂巨系统的开放、整合、协同的城市信息化架构，注重通过泛在网络和移动互联技术实现无所不在的互联和随时随地随身的智能融合服务，关注用户视角的服务设计和提供，更强调人的主体性及公众的参与，强调政府、市场、社会各方力量的参与和协同以共同创造价值。① 智慧城市不仅是信息技术在城市管理的最新实践，更是注重城市中的整体与个体的连接、城市多元主体的共同参与等城市精细化治理的重要支撑体系。以智慧城市为代表的城市精细化治理的技术进路，通过对于信息技术的重视与强调、对个体的关怀和对公众参与的重视，在指导中国城市精细化治理的过程中，积累了丰富的经验。

四、城市精细化治理的战略选择与实现路径

（一）战略选择

现代城市是一个复杂的巨系统，现代城市管理需要进行系统性、整体性的战略设计。有学者指出，为做好城市管理工作，应当建立起从城市规划、建设施工到城市各功能（生活、交通、环境、商业、教育、文化、治安等）运作体系的设计、运行、管理的一整套完整的体系，这一体系的设计、运行和管理应当重视细节、关注细节、完善细节。② 而要实现城市管理整体对细节的追求，就需要在治理过程中贯彻精细化的理念，从整体上进行城市精细化治理的战略设计。城市精细化治理的战略设计应包括横向的战略目标系

---

① 宋刚、邬伦：《创新2.0视野下的智慧城市》，《城市发展研究》2012年第9期，第53—60页。
② 李步超、周玫、赵崇四：《政府应当推行城市管理精细化》，《求实》2006年第10期，第58—59页。

化和纵向的业务流程系统化。① 只有将城市看作一个有机的、整体的系统，充分考虑到城市专业性管理和综合性管理领域，通过城市各主体的广泛参与，进行系统性、整体性战略设计，在整体性的战略设计的基础上，整合城市管理的各方面资源，建构起完整、流畅的运作体系，才能够更好地推进城市精细化治理。

（二）实现路径

1. 标准化与绩效评估的推动

有学者强调，标准化是政府社会管理精细化的关键问题。② 精细化的治理离不开标准化的规范体系和科学的考核评估。③ 绩效评估是对政府社会管理行为进行过程控制和结果控制的调节装置，也是引导政府管理和服务方式转型的指挥棒，通过建立健全"评价—整改—反馈"工作机制，不断细化和完善评估体系，实现对社会需求的及时有效反馈。④ 因此，用统一、明确的数据对政府社会管理精细化的过程和结果进行评估、衡量，是提高政府社会管理精细化执行力的必要环节。通过全面提升绩效评估的标杆与撬动作用，不断推动政府追求精益求精的城市管理，实现城市精细化治理。

2. 多元共治格局的构建

现代精细化社会治理与传统粗放式社会管理最本质的区别是治理主体的多元化和多元共治社会体系的形成。⑤ 多元主体协同治理首先要转变政府的角色和职能，从管理型政府向服务型政府转变，

---

① 麻宝斌、李辉：《政府社会管理精细化初探》，《北京行政学院学报》2009年第1期，第27—31页。
② 同上。
③ 明亮、李春艳、王苹：《提升社区精细化治理水平研究——以成都市社区治理实践为例》，《晋阳学刊》2016年第6期，第105—109页。
④ 蒋源：《从粗放式管理到精细化治理：社会治理转型的机制性转换》，《云南社会科学》2015年第5期，第6—11页。
⑤ 明亮、李春艳、王苹：《提升社区精细化治理水平研究——以成都市社区治理实践为例》，《晋阳学刊》2016年第6期，第105—109页。

第二章　从碎片式管理到整体性治理：城市精细化治理研究综述

构建多中心合作治理的规则体系，以宏观政策促进微观领域的精细化治理。① 在实现社会治理精细化的过程中，公共部门、私人部门或第三部门都是社会治理网络的参与者，应透过通力合作，共同达成政策的目标，实现各方治理主体的良性互动。② 促使政府与社会在双向互动下焕发乘数效应，最大限度地整合社会治理资源，以此节约管理成本，实现治理绩效的提升。③ 在城市精细化治理的过程中，仅仅依靠政府的力量很难实现精细化治理的目标，要动员城市多元主体参与其中，共治共享，共同推进城市精细化治理。

3. 现代信息技术的利用

有学者认为，网络社会互联互通，为社会治理精细化提供了契机，借助互联网等现代信息技术来实现利益诉求的多渠道表达是社会治理精细化的内在要求。④ 对于政府而言，信息技术是目前重塑政府运动得以实现的必要条件，采用信息技术也是重塑政府运动成功的重要标志。大数据技术的发展，使政府能够有效而快速地探索社会治理中存在的问题和规律，获取过去不可能获取的知识，为政府社会治理创新和精细化提供重要的技术平台。⑤ 具体来说，精细化治理是以信息化技术沟通治理的网络散点：第一，利用网络技术平台重塑业务流程，提升工作效率；第二，促进信息和流程的公开，增进信息共享；第三，推进公共服务供给的高效化与智能化。⑥ 城市精细化治理必须借助信息技术，以技术优化治理、优化

---

① 杨建军、闫仕杰：《共享发展理念视域下社会治理精细化：支撑、比照与推进》，《理论与改革》2016年第5期，第80—84页。

② 周晓丽：《论社会治理精细化的逻辑及其实现》，《理论月刊》2016年第9期，第144—146页。

③ 蒋源：《从粗放式管理到精细化治理：社会治理转型的机制性转换》，《云南社会科学》2015年第5期，第6—11页。

④ 杨建军、闫仕杰：《共享发展理念视域下社会治理精细化：支撑、比照与推进》，《理论与改革》2016年第5期，第80—84页。

⑤ 周晓丽：《论社会治理精细化的逻辑及其实现》，《理论月刊》2016年第9期，第144—146页。

⑥ 蒋源：《社会精细化治理新路径探索》，《人民论坛》2015年第2期，第47—49页。

管理，从而以更低的成本实现城市精细化治理。

总之，精细化治理作为城市管理转型的路径选择，就是要通过系统性的城市管理体系的战略设计、多元主体共同参与其中、运用现代信息技术精微的治理技术、标准化及绩效评估的共同推动，达成城市管理的精准、精细和精致目标，实现国家治理能力和治理体系的现代化。

五、研究述评与研究展望

（一）研究述评

作为一种提升管理效能的重要理念和方法，城市精细化治理已经有着较为广泛的实践探索和初步的理论探讨。既有研究基本形成以下共识：第一，传统的粗放式管理方式不仅越来越无法应对现代城市的复杂现实挑战，而且愈加成为制约城市发展的主要障碍；第二，城市精细化治理是帮助政府更好地管理复杂的城市事务、更有效地满足居民多样化的需求、构建良好的城市秩序的必然选择，因此，未来政府需要进一步将精细化的理念贯彻到城市管理的各个方面；第三，现代信息技术是推进实施城市精细化治理的重要工具和手段，特别是大数据、物联网等新一代信息技术的使用，极大地降低了城市精细化治理的成本，增强了城市精细化治理的可行性。

同时，既有研究存在以下局限：第一，既有研究多是介绍和分析城市精细化治理的实践经验，深入系统的理论研究仍显不足；第二，虽然研究者在精细化治理理念的指引下，对城市市政、交通及环境等多个管理领域均进行了探索，但总体而言，这种探索仍处于初级阶段和较低水平，更多只关注新的技术手段等对不同城市管理领域的影响，研究的深入性和系统性仍有待加强。

(二) 研究展望

笔者认为，今后可从两个方面深化和拓展城市精细化治理领域的相关研究：第一，城市无疑是一个复杂的巨系统，要真正理解这样的系统，研究者不应忽视整体性和综合性视角，可尝试综合城市精细化治理的制度、行动者和技术三大研究进路；第二，城市精细化治理的确与信息和通信技术的飞速发展和广泛应用分不开，但是，技术在城市精细化治理过程中到底起着和应该起什么样的作用，其约束性条件和限制性因素是什么，这些问题都需要我们进行深入的分析与探讨。

本章小结：超越碎片式管理，迈向城市整体性治理之路

城市精细化治理是精细化管理理念在社会治理和城市治理领域的拓展与运用。实践表明，精细化治理强调的精益求精和创新务实等精神不仅可以帮助政府有效应对城市治理所面临的新挑战和新问题，更是成为推动社会发展的内在动力。精细化治理的理念和原则已然成为理论研究者和政策实践者的共识，是指导中国政府管理和社会治理各方面活动的重要原则。

在城市治理和社会治理领域，传统的碎片式、粗放式管理理念与模式是城市"重建设、轻管理"及"先建设、后管理"思维弊病的折射，其导致的环境污染、交通拥堵、环境脏乱等"城市病"的出现，严重地威胁了城市居民的身心健康，大大降低了城市居民的幸福感、获得感和安全感。为破除传统碎片式、粗放式管理的弊端，必须站在城市整体性治理的高度重新思考如何超越碎片式管理，并在实践中积极寻求推动城市治理向精细化治理和整体性治理转型的现实路径。

通过本章的文献梳理和分析可知，城市精细化治理领域的既有研究主要从制度、行动者和技术维度展开研究与探讨，并分别在制

度进路、行动者进路和技术进路的指引下积累了较为丰富的研究成果。基于此，笔者提出，政府在推进实施城市精细化治理过程中，必须进行系统性和整体性的战略设计，综合制度、行动者和技术等多样化要素，建构多元共治的城市治理格局，并注重运用现代信息技术及采取标准化的绩效评估方式，加速推进整体性城市精细化治理的实现过程。

第三章

集管理、服务、秩序于一体：超大城市精细化治理的理论与实践分析框架

城市发展阶段的深刻变化、城市发展模式的深刻转型、城市治理内涵的深刻转变、城市精细化治理要求的全面提出，无不反映当今中国城市管理现代化进入回应城市居民美好生活需要和建设城市美好社会的新时代。

一、基于日常生活实践的城市精细化治理的内涵界定

(一) 城市精细化治理内涵的学术探讨

对于城市精细化治理的内涵，既有的理论探讨主要从两个视角来分析。

1. 社区精细化治理视角

从社区精细化治理视角，将城市精细化治理的内涵简化为城市社区精细化治理，主要体现在两个方面。

第一，从微观共性角度认为，城市社区精细化治理体现了传统的社会治理学科的范式走向微观治理范式，重点研究技术导向下社区治理的技术性平台的搭建偏好和末端导向下社区治理的精细化选择偏好。"精细化是城市管理追寻的重要目标，大数据等新一代信息技术的发展，为城市管理理念创新提供了便捷高效的支撑。这一

支撑的促进作用主要体现在五个方面：价值挖掘功能降低城市管理成本、高效智能功能提升城市管理效率、精准分析功能提升城市人性化管理水平、模拟预测功能提升城市管理科学决策水平，以及网络互动功能推进城市向精细化治理转型。"①

第二，从宏观共性角度认为，城市社区精细化治理体现了社区权力结构的多元化变迁的实质，以及各种实践社会主体关系的重组与重构这一趋势。"实施精细化治理往往需要'跨界'，包括跨部门、跨条线、跨行业、跨区域，甚至是跨政府责任边界。各级党委要充分发挥政治核心领导作用，牢牢把握城市管理方向，确保多元主体治理有序有效有活力。积极以党建平台网络整合各类资源，完善市、区、街道三级党建平台，以区域化党建为引领，督促、引导、鼓励体制内外的单位、企业、组织和市民在城市管理中积极、有效地发挥作用，形成全社会共同参与精细化治理的大格局。"②

换言之，从社区精细化治理视角，可以将城市精细化治理的内涵概括为三个层面。

首先，城市精细化治理是一种治理理念和价值观，它意味着传统的以各层级城市政府为单一主体的城市宏观治理架构，走向以各层级城市政府主体为核心，以各类市场主体、社会组织主体和广大公民为共治主体的核心主体下多元主体共治的治理格局。

其次，城市精细化治理是一种治理机制，它将多元共治的理念和价值注入城市管理的宏观权力架构之中，以技术治理和末端治理为平台，通过多元主体关系的需求对接机制、分工协作机制、流程再造机制等机制创新，在中观层面构建城市精细化治理的运作机制体系。

---

① 熊竞：《大数据时代的理念创新与城市精细化管理》，《上海城市管理》2014年第4期，第23—26页。
② 吴苏贵、李显波：《上海推进城市精细化管理调研报告》，《科学发展》2018年第1期，第87—93页。

第三章 集管理、服务、秩序于一体：超大城市精细化治理的理论与实践分析框架

最后，城市精细化治理是一种治理实践，它将多元共治的理念和价值、系统化的运作机制体系与城市微观管理实践有机结合起来，通过标准化的操作流程、智慧化的治理技术、精准化的处置手段等，实现城市微观管理实践的强回应力与高绩效力提升等目标。

2.城市管理基本价值视角

从城市管理基本价值视角，将城市精细化治理的内涵概括为不同价值的组合，并由此出发，将城市精细化治理转化为引领不同发展领域的实践模式的探索。

城市问题研究权威学者乔尔·科特金（Joel Kotkin）认为，城市凝聚了人类千百年的发展智慧，是人类精神得以皈依的神圣之地、安全得到保障之地、市场得到繁荣之地，是"神圣、安全、繁忙"三大基本价值的集中展示之地。① 为此，需要从城市精细化治理视角建构一个可控的且相互合作的多层次秩序体系。

在新时代开放、包容、协同、绿色、共享的科学发展理念的指导下，当代中国城市发展领域被划分为经济建设领域、政治建设领域、社会建设领域、生态建设领域、文化建设领域五大领域。相应地，城市精细化治理需要探索实现经济繁荣、政治安全、社会自治、生态宜居、文化和谐五大基本价值的城市精细化治理模式。这种融"繁荣、安全、自治、宜居、和谐"五大基本价值于一体的城市精细化治理模式，其内涵"不仅在于赋予各级城市政府的治理权力，而且在于赋予包括城市居民、企业、社会组织等各类治理主体的共有权利，而且这种共有权利既包括基于政治生活、经济生活、社会生活与文化生活等公共生活的决策权、参与权、监督权，还包括基于增进广大城市居民日常生活多样性的居住权、选择权、体验

---

① ［美］乔尔·科特金：《全球城市史》（修订版），王旭等译，社会科学文献出版社 2010 年版，第 15—19 页。

权和融合权"[①]。

(二) 城市精细化治理的日常生活实践内涵

城市居民日常生活实践的发展秩序包括整洁的环境秩序、畅达的交通秩序、有序的安全秩序、便捷的服务秩序和正义的空间秩序五大秩序。从城市居民日常生活实践的五大秩序出发，我们可以对城市精细化治理的日常生活实践内涵做一个全新的合乎生活逻辑的界定。

城市精细化治理是指围绕服务城市居民、造福城市居民、创建城市美好生活与城市美好社会这一根本出发点和落脚点，以需求导向、问题导向和结果导向为重点突破口，以部件管理与事件管理为工作重心，以技术治理与末端治理为平台，以强化城市治理功能为核心，以整洁、畅达、有序、便捷、正义为价值导向，以城市环境秩序、城市交通秩序、城市安全秩序、城市服务秩序、城市空间秩序五大秩序为内容，以优化城市资源配置为手段，以改革城市基层治理体制机制为保障，创建党建引领与政府主导下多元主体共治格局，有效提升城市政府服务水平，切实增强城市居民的获得感、满意度和幸福感的互动过程。

二、融管理、服务与秩序于一体的超大城市精细化治理的逻辑框架

(一) 超大城市发展的基本特征

2014年10月29日，国务院发布《关于调整城市规模划分标准的通知》（国发〔2014〕51号），对原有城市规模划分标准进行

[①] 唐亚林：《当代中国大都市治理的范式建构及其转型方略》，《行政论坛》2016年第4期，第19—24页。

第三章　集管理、服务、秩序于一体：超大城市精细化治理的理论与实践分析框架

了调整，明确了新的城市规模划分标准以城区常住人口为统计口径，并将城市划分为五类七档。其中，城区常住人口1 000万以上的城市为超大城市，城区常住人口500万以上1 000万以下的城市为特大城市，城区常住人口100万以上500万以下的城市为大城市。

根据2020年第七次全国人口普查数据，拥有1 000万以上城区常住人口的超大城市有7座，分别为上海、北京、深圳、重庆、广州、成都、天津；拥有500万至1 000万城区常住人口的特大城市有14座；拥有100万至500万城区常住人口的大城市有84座（其中300万至500万城区常住人口的大城市有14座）。

本书通过比较分析北京、上海、广州等超大城市的发展现状，发现超大城市的发展特征主要体现在以下四个方面。

首先是大规模性，表现为人口众多、需求多样化、服务压力巨大。根据上海市统计局发布的《上海统计年鉴-2020》，截至2019年末，上海市常住人口2 428.14万人，其中，外来常住人口958.84万人，户籍常住人口1 469.30万人。[①] 无论是衣食住行、生老病死等日常生活问题，还是就业、教育、医疗、社保、住房等公共服务问题，抑或城市环境、城市交通、城市安全、城市服务、城市空间等公共秩序问题，都构成城市精细化治理的日常生活主题。

其次是高风险性。海量的城市人口及相关城市管理与服务等问题的累积和交织，给城市发展带来众多不确定性与风险性问题，各种突发应急管理事件、安全性问题层出不穷，社会安全秩序问题成为各级政府和民众最为关注的问题。

再次，高流动性成为超大城市日常管理与服务的最为突出的特征之一。各类资本、技术、人力、物资、信息等的海量流动，以及如"一带一路"倡议、长江经济带发展战略、长三角一体化发展战

---

① 上海市统计局：《上海统计年鉴-2020》，http://tjj.sh.gov.cn/tjnj/20210303/2abf188275224739bd5bce9bf128aca8.html，最后浏览日期：2021年3月22日。

略等国家战略在超大城市及其所在城市圈、城市群的汇聚，推动形成了高流动性的复杂性机理特征。

最后，无根性成为超大城市中无论是常住人口还是外来人口的日常精神状态的写照之一。在超大城市中，拥有城市户口的居民因城市的快速扩张，遭遇房价不断攀升、生活成本提高、交通环境拥挤、教育医疗资源不均、工作压力大等的综合挤压，成为"奔波族"；而拥有城市暂住证的外来务工人员，既无法享受到均等化的城市公共服务，又无法融入已成为"他者"聚居的城市社会，成为为生活而战的"谋生者"。超大城市社会变成了"本地人"与"异乡人"聚集的"二元社会"，也变成了"心无所寄、心无所安"的无根化社会。①

（二）融管理、服务与秩序于一体的超大城市精细化治理的实践逻辑

上海作为中国最早进入城市化发展高级阶段的城市，现今城市化率接近90％。同时，上海自1982年就开始进入我们通常意义上所说的老龄化社会，到如今更是进入深度老龄化社会的新阶段。快速城市化进程导致的社会、环境、民生等城市发展与管理问题，已成为超大城市上海在城市治理中的重要命题。

自2013年始，上海市各级党委和政府围绕超大城市精细化治理问题，以由市委主要负责同志领衔的"一号课题"为抓手，以权力与空间关系的重构为中轴，由点到线，由线到面，由精心选择的典型开展试点到全市范围内的复制推广，相继通过人才选拔体制改革、基层社会治理体制改革、科创中心建设、环境和交通秩序综合整治等"补短板"活动，将超大城市治理中的组织、人、事、资源（平台）、技术、价值六大要素有机整合，率先开

---

① 唐亚林：《区域中国：乡愁和城愁的交融与舒解——兼与李昌平、贺雪峰、熊万胜商榷》，《探索与争鸣》2018年第2期，第89—94页。

第三章 集管理、服务、秩序于一体：超大城市精细化治理的理论与实践分析框架

展融管理、服务与秩序于一体的城市精细化治理的实践探索与制度建构历程。

2013年的"一号课题"的主题是"'面向实践、面向基层、面向群众'选拔培养优秀年轻干部"，重点解决超大城市治理的"人"的问题，尤其是破解自2006年后上海中高层管理队伍青黄不接的问题。2014年的"一号课题"的主题是"创新社会治理、加强基层建设"，出台旨在进一步完善基层社会治理体系，进一步提高基层社会治理能力的《关于进一步创新社会治理加强基层建设的意见》，通过街道党政内设机构统一按"6＋2"模式设置等有效措施，重点解决超大城市治理的"组织"的问题。2015年的"一号课题"的主题是"大力实施创新驱动发展战略，加快建设具有全球影响力的科技创新中心"，通过推出加快建设具有全球影响力科技创新中心的"22条意见"，重点解决超大城市的"发展动力"的问题。2016年、2017年的"一号课题"的主题是"补好短板"，以"五违四必"为抓手，重点推进环境综合整治、交通综合整治和中小河道整治等活动，着力解决"民生"等问题。

2013—2017年五年的超大城市精细化治理的实践探索与制度建构历程，取得了令人瞩目的绩效，在超大城市治理的体制机制创新等方面更是取得了许多带有探索意义的制度性成果。2017年5月3日，在上海市委新闻发布会上，时任上海市委副书记尹弘针对《人民日报》记者的提问[1]，做了如下回答。

本届市委形成了一个比较好的工作制度，每年确定一些重点调研课题和重点推进及督查工作。通常来看，每年确定的课题数量不等，但是一般排在第一的调研课题是市委主要领导亲自挂帅、直接

---

[1] 提问为：请问尹书记，自2013年起上海每年推出"一号课题"，来推动全年工作。上海为什么会想到用"一号课题"的方式推进改革呢？我们也注意到，"一号课题"都是当下社会改革发展的热点和难点，为什么选择这些课题入手？每个课题都形成制度性成果，这些成果、法规落实情况怎样？

担任课题的负责人来研究推进的。从这几年的选题情况看,重点课题都是把中央要求和上海实际相结合,把推动上海当前改革发展和谋划长远相结合,把推进工作和增强市民群众的满意度相结合。选题涉及的都是全市改革发展的一些重大问题,有些都是牵一发而动全身的。解决了、突破了这些重大问题,就可以有利地推进某一方面,乃至推进面上整体工作。比如,2013 年"培养选拔年轻干部"作为"一号课题";2014 年是基层社会治理创新;2015 年是科创中心建设;2016 年"一号课题"叫"补短板","补短板"包括多方面,主要是围绕城市发展建设过程中城市安全、城市管理存在的薄弱环节加以研究、突破解决。这几个课题是有机联系的,抓住了干部这个决定因素,着力夯实基层基础,聚焦城市今后发展的动力支撑,同时着眼于提升城市发展的整体水平,形成了一系列"一号课题"的内在联系,这是一个"组合拳"。

从课题调研情况来看,抓课题实际上是摸清情况、找准问题的过程。市委一直强调问题导向,通过排摸、调研,攻坚克难,提高认识、统一思想。推进课题的过程就是一个推进工作的过程。从几年的实践来看,课题研究对于推动工作是一个很好的方式,不仅仅推动全年的工作,还可能影响到上海全局,解决一个时期需要突破和致力于解决的一些问题。

记者朋友问到,怎么想到用课题的方式?抓课题研究,重点是为了解决问题。主要是觉得这些问题在工作中,有的是积累已久,有的是工作思路遇到新的挑战。所以,我们有什么问题就解决什么问题,什么问题突出就重点解决什么问题。问题必然是存在的,看不到问题、不解决问题,实际上本身就有问题。首先要找准问题。找准问题关键真要扑下身子,从第一线去感受、去发现。像"补短板"的课题,市委主要领导一段时期内到一线调研,把听到、看到的最原始的情况进行梳理。像基层社会治理创新课题,整个调研组用了四个月时间,走访了 150 多个街道乡镇、200 多个居村,座谈访谈 4 400 多人次,充分听取基层的各方面意见,把各种意见汇总

第三章　集管理、服务、秩序于一体：超大城市精细化治理的理论与实践分析框架

起来，形成了我们需要重点推进的若干重要问题和工作举措。另外，我们在"一号课题"调研过程当中，也要正确看待问题。要历史辩证地看许多问题的存在，针对不同的发展阶段来看待这些问题。新官得理旧账，我们不推诿，在自己手里能够解决的问题绝不给下一任。要有担当，多算国家账、长远账，考虑全局，不打小算盘，不拘泥于目前局部利益的得失，实现重点领域、关键环节的突破。

记者问"一号课题"有什么成果？我们形成了一批制度成果，在推进工作的同时，有些举措、制度固化下来，有些通过地方立法基本形成了制度安排。一是建立专门的推进机制。比如，科创中心建设是一个非常宏大的课题，也是一个规划，在国家层面和市级层面建立了领导小组，同时设立工作推进小组，这样就保证了整个工作推进得比较协调、有序。比如，"补短板"中的区域环境综合整治工作，包括"五违四必"、河道整治、环境整治等，我们每年确定考核目标，每季度开现场会，举一反三、重点督察来推进落实。这两年每个季度，市委、市政府的主要领导都会率队到一个点上，总结点上工作，部署面上安排，检查考核进度，明确提出存在的问题和需要进一步推进的举措，扎实有力地推动了这些工作。二是将一些重点课题转化为重点推进和督查工作紧抓不放。比如，基层社会治理已经推进四年，韩正同志每年召开一次推进会，来推动一些部署安排的落实，同时形成一些制度化的文件，有些可能升级到法律。"补短板"已经到第三年，交通整治明确内容也到第二年了，这些都作为市委的重点工作来抓紧推进和落实。另外，我们边推进落实边完善制度。比如说，科创中心建设"人才新政20条"经过一年的实践，进一步出台"人才新政30条"。因为有些条款好看不中用，需要调整；有些没有设定，实践中提出许多新的诉求，需要抓紧补充新的政策。

几年下来，无论哪个"一号课题"，工作推进当中都取得了成效。我简单点一下。"培养选拔年轻干部"，已选拔各类年轻干部

415人，市管干部55岁以上的比例从2013年的50.6%下降到目前的38.1%。各区换届以后，党政班子平均年龄47.6岁，比上一届下降2岁。"基层社会治理创新"，街道强调三个"公共"，即公共管理、公共服务、公共安全。这三方面的责任得到强化，基层力量显著增强，服务管理能力有了提升，特别是党建引领下的自治共治的格局基本形成。应当说，上海正在走出一条社会治理的新路。这两年，通过外环内禁燃烟花爆竹、区域环境综合整治等重点难点工作，基层力量得到了检验，取得了比较好的成果，这当中很重要的一条是因为基层有了很好的战斗力。"科创中心建设"，科创"22条意见"出台以后，在大科学设施装置的落户、国家实验室的筹建、一批共性技术研发和转化的功能型平台的建设、外籍高层次人才申请永久居留等方面都有了突破。以申请永久居留为例，制定政策以后申请增长了8倍。外资的研发中心累计达到400余家。"补短板"，这两年重点在环境整治方面，特别是"五违四必"拆建方面，提升了干部的精气神，也让群众获得感显著提高。2015—2016年全市拆除违法无证建筑超过6 500万平方米，今年一季度拆除2 000万平方米。①

上海自2013年以来的城市精细化治理的实践探索与制度建构历程，最大的经验在于将城市发展、社区更新与城市基层社会治理体制机制创新有机地结合在一起，并创造性地把城市基层综合执法体制改革、城市公共服务平台打造、城市基层治理体制机制创新、城市公共空间营造、城市社会力量参与、城市民众获得感提升等事关城市社会精细化治理的诸多要素有机地整合在一起，开创了一条通过城市"权力"中轴的介入，将城市社会组织、人、事、资源（平台）、技术、价值等要素在一定地域空间内进行重组与配置的城

---

① 上海市人民政府新闻办公室：《上海举行第十一次党代会相关情况发布会》（2017年5月3日），中华人民共和国国务院新闻办公室网站，http://www.scio.gov.cn/xwfbh/gssxwfbh/xwfbh/shanghai/Document/1550583/1550583.htm，最后浏览日期：2019年8月19日。

市"熟人社会"再造之路。这种城市"熟人社会"再造之路,鲜明地体现了中国超大城市治理不得不遇到人口、土地、环境、安全四大约束性因素叠加之困境的特质。

(三)用"服务"肩挑"管理"与"秩序"的格局:超大城市精细化治理的理论逻辑

1. 城市精细化治理的对象划分

只有搞清楚了城市管理的对象,才有可能有的放矢地开展城市精细化治理的理论研究与实践创新。

根据城市管理的领域划分,城市精细化治理的对象包括两大方面:一是纵向专业化管理领域,主要包括市政管理、环境管理、交通管理、应急管理和城市规划实施管理五大管理领域。二是横向综合性管理领域,主要包括街道综合管理与社区自治两大领域。

根据城市服务的领域划分,城市精细化治理的对象就是构建网络化综合服务平台,主要包括三大方面:一是城市网格化综合服务平台,二是政府服务一体化平台,三是区域化党建服务平台。其主要手段是通过技术治理与末端治理的方式,将管理、服务和秩序有机地融合在一起,形成用"服务"肩挑"管理"与"秩序"的格局。

根据城市治理秩序的领域划分,城市精细化治理的对象包括五大方面,即整洁的环境秩序、畅达的交通秩序、有序的安全秩序、便捷的服务秩序和正义的空间秩序五大秩序。这五大秩序的形成要通过管理与服务的有机融合才能最终达成。

2. 城市精细化治理的改革重点

根据城市管理的领域划分,在城市精细化治理的纵向专业化管理领域,改革的重点包括三大体制改革,即城市管理综合执法体制改革、基层市场综合监管体制改革、社会治安综合管理体制改革。城市管理综合执法体制改革要按照属地管理、权责一致的原则,以执法重心下移为主，组建城市管理行政执法局（所）；基层市场综合监管体制改革以机构合并为主，组建工商、质监、食药监和物价局等合并而成的市场监督管理局；社会治安综合管理体制改革以构建机构大联动大联勤机制为主，创新立体化社会治安防控体系。在城市精细化治理的横向综合性管理领域，改革的重点主要在于推进基于云服务的智慧社区建设与基于移动互联网的"一站式"掌上服务平台"社区通"两大综合性服务平台。

根据城市服务的领域划分，在城市精细化治理的网络化综合服务平台构建上，重点是推进城市网格化综合服务平台的清单化、标准化、制度化和法治化进程，推进行政服务中心、行政审批中心、社区事务受理中心等政府服务一体化平台的流程化、清单化、智慧化、制度化和法治化进程，推进区域化党建服务平台的阵地化、联动化、共建化、共治化和智慧化进程。

根据城市治理秩序的领域划分，以公共管理、公共服务、公共安全为导向，以继续推进"五违四必"为重点，以生活垃圾全程分类体系建设为抓手，以整洁的环境秩序、畅达的交通秩序、有序的安全秩序、便捷的服务秩序四大秩序的建设带动正义的空间秩序的整体性实现，进而提升城市治理体系与治理能力的现代化水平。

3. 超大城市精细化治理的理论逻辑框架建构

以满足城市居民美好生活的要求为出发点，以城市精细化治理为支撑，以网络化综合服务平台创新肩挑专业化管理和综合性管理两大领域，以体制机制创新推动城管综合执法体制改革、市场综合监管体制改革和社会治安综合体制改革，以技术治理和末端治理推动网络化综合服务平台创新，以关键技术应用推动智慧社区建设和社区移动掌上服务终端建设，最终形成包括环境秩序、交通秩序、安全秩序、服务秩序和空间秩序在内的城市治理秩序体系，从而为推进城市治理体系和治理能力现代化进程构建精细化治理的制度基础，如图 3-1 所示。

第三章 集管理、服务、秩序于一体：超大城市精细化治理的理论与实践分析框架

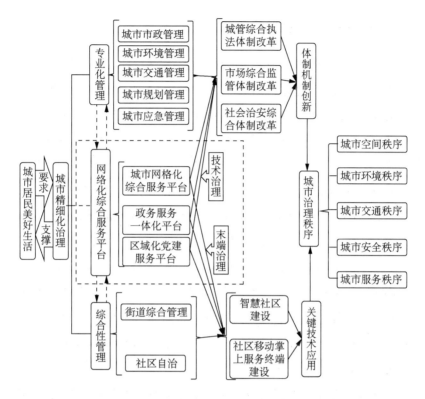

图 3-1 基于管理、服务与秩序的超大城市精细化治理分析框架

三、超大城市精细化治理的实质：党建引领下城市管理的关系重构逻辑

通过超大城市精细化治理的实践探索与制度建构历程，以及城市精细化治理对象的划分、改革重点的思考，本书建构了基于管理、服务与秩序的超大城市精细化治理的理论逻辑框架。要深刻理解这一理论逻辑框架的实质，就必须跳出城市精细化治理，回到当代中国城市治理的权力主体、运作要素、运作机制等层面来考察。

(一) 权力主体关系的重构

自20世纪90年代后,上海城市基层党建治理的格局相继经过实施"上层抓合力、基层抓活力"的条块结合工作体制和"两级政府、三级管理"体制阶段,探索"全覆盖、凝聚力、组织化"的支部建在楼上、建立社区专职党建工作者、构建"1+3"社区党建组织体制阶段,创建"单位党建、区域党建、行业党建互联互补互动"的区域化党建体制阶段,以及完善"组织有活力,党员起作用,群众得实惠"的党组织领导下的基层群众自治体制阶段四大阶段的演化发展,[①] 形成了党建引领城市发展与城市治理的基本权力架构。

从上海城市基层党建治理格局的演变史中,我们可以看出,当代中国超大城市治理基本权力架构是"执政党-政府-社会-公民"四种权力主体关系的不断重构过程,而围绕"执政党-政府"这一权力关系中轴,在城市管理与城市服务领域,形成了不同的权力主体关系模式。

在纵向专业化管理领域,权力主体关系仍然是以"执政党-政府"为核心,各市场主体、社会主体及广大公民参与权力决策、执行、监督与评估。

在横向综合性管理领域,权力主体关系则变成了基层党委/党组织、街道办/居委会各类社会组织和社区居民等各权力主体,围绕执政党和政府在城市基层治理的中心工作,形成党委领导、政府负责、社会协同、公民参与、法治保障的城市基层治理格局。

在网络化综合服务平台领域,围绕区域化党建服务平台,形成以街道党组织为核心,以居民区党组织为基础,以"双报到"制度[②]为载

---

① 冯小敏:《上海城市基层党建回眸与启示》,《中国浦东干部学院学报》2017年第9期,第97—102页。
② "双报到"制度是指关系不在所在社区的各党政机关企事业单位的党组织(主要指条线部门)到所在地社区报到,实行共驻共建;关系不在所在社区的在职党员到居住地社区报到,开展志愿服务。

体，区域内各单位党组织（主要是条线的党政部门、国有企事业单位及各类非公组织）和区域内所有共产党员共同参与的党建工作格局。

(二) 运作要素关系的重组

现代城市治理有八大要素：一是组织，二是权力，三是空间，四是人员，五是事务，六是资源，七是技术，八是价值。

亨利·列斐伏尔（Henri Lefebvre，又译作亨利·勒菲弗）认为，讨论都市或者城市，必须将其与日常生活、空间、各种"权利"（进入都市或城市的权利、差异的权利）及（社会）生产关系的再生产有机地联系在一起，[①] 否则无以认清其本质。

城市生产或城市治理的本质，基本内涵体现在四大方面，也由此可以看出现代城市治理八大要素在不同内涵层面的组合秘密：一是事务生产与治理，表现在各种公共产品与公共服务的生产与分配上，这是满足城市居民日常生活需要的基本面向；二是人际交往关系生产与治理，表现为各种社群、各种人群的交往关系的生产与治理，这是满足城市居民日常精神生活需要的基本面向；三是城市治理秩序，乃至城市统治秩序的生产与治理，表现为特定空间范围内不同阶层的社会关系的塑造与治理，其中，起决定性作用的往往是权力和资本，并通过分割化的空间生产与再生产过程，形成一整套治理制度体系；四是由事务生产与治理、人际交往关系生产与治理、城市治理秩序或统治秩序的生产与治理等综合而成的城市管理知识和技能的生产与治理，从知识和技能层面将城市生产与治理知识化、体系化和价值化，变成一套具有合法性生产与再生产的知识性统治工具。

正是从现代城市生产与城市治理的运作要素重组的秘密中，我

---

① ［法］亨利·勒菲弗：《空间与政治》（第二版），李春译，上海人民出版社2008年版，第1—20页。

们得以深刻把握超大城市精细化治理的秘密,防止出现通过权力与资本在空间领域的媾和,以达到歪曲城市生产与治理本应服务于广大城市居民、实现空间正义的本来目的,进而为极少数群体服务的现象。

(三) 运作机制关系的重塑

超大城市精细化治理问题,从城市管理层级上看,主要是如何处置"两级政府、三级管理、四级网络"组织体系中的"条块关系"问题,即前面分析的专业化管理与综合性管理的关系问题,重点是用"服务"肩挑"管理"和"秩序",推动基层治理体制机制创新。从城市治理权力主体关系上看,主要是如何重构执政党、政府、社会、公民四种权力主体的关系,重点是围绕"党是领导一切的"建立工作运行机制。从城市治理发展领域来看,主要是处理经济发展与文化治理的关系、社会治理创新与城市精细化治理的关系、技术治理与法治化治理的关系等,重点是建立党建引领社会治理的制度化运行机制。

无论是从城市管理层级上,还是从城市治理权力主体关系上,抑或是从城市治理发展领域上,贯通在其中的都是同一个重大问题,即如何建立超大城市精细化治理的党建引领社会治理的制度化运行机制问题。其中的关键在于:首先,清晰地认识到解决公共问题的任务已成为一种团体运动,它已远远超出政府机构的界限并已纳入更广阔的社会行动者网络——公共与私人的、营利的与非营利的,它们的参与常常要被巧妙引导与悉心指导,而非强行征用或操纵管控;其次,认识到这带来的复杂公共行动系统并不能自行运转的事实,反而会带来管理与组织上的巨大挑战,但这些挑战又不同于直接政府的那些特征,因而必须以一种新的方式来解决。[①]

[①] [美] 莱斯特·M. 萨拉蒙:《政府工具:新治理指南》,肖娜等译,北京大学出版社 2016 年版,第 518 页。

第三章　集管理、服务、秩序于一体：超大城市精细化治理的理论与实践分析框架

从重塑党建引领社会治理的制度化运行机制视角看，破解超大城市精细化治理问题就是要：一是打破部门分割、机构分治的界限，将城市基层党务、政务与社务有机地统一起来，以党建带社建，以党建促社建，不能出现"两张皮"现象；二是通过政府购买服务的方式，以项目为平台，给各类社会组织赋权赋能，推动各社会组织在超大城市精细化治理的环境秩序、交通秩序、安全秩序与服务秩序等方面发挥积极的建构作用；三是通过发挥各类市场组织、社会组织及广大社区居民的参与协商作用，以打造集生产、生活、生存、生命、生态于一体的超大城市基层社区公共空间为载体，将区域化党建、网格化管理、社区服务中心、社区空间营造、社区微更新等多功能平台有机结合，进而形成党建引领下社会组织与居民参与协商的长效机制。

本章小结：创建以整体性治理为导向的超大城市精细化治理新型理论范式

从日常生活实践视角来看，超大城市精细化治理是一个融服务、管理和秩序等丰富内涵于一体，并且与城市居民日常生活需求、城市社区发展和城市美好社会创建等息息相关的多元主体持续互动的过程。

对上海而言，其精细化治理的内涵与超大城市发展的大规模性、高风险性、高流动性、无根性基本特征相适应。大规模性特征意味着上海面临比特大城市和大城市更艰巨的满足众多人口之多样化需求的服务压力；高风险性特征则意味着上海必须更加关注城市安全和社会秩序等问题；高流动性对上海管理和运用资源、技术、人力、物流、信息等多样而复杂要素提出了严峻而现实的考验；无根性特征要求上海重视人际交往关系的生产与治理，以及熟人社会的再造，从而不仅将城市打造成人们的安全保障之所，经济、文化等多样化活动的活跃之地，也将城市打造成居民之精神得以皈依的

神圣之地。

立足于城市发展的上述四大特征，上海在推进实施城市精细化治理的过程中就不得不同时重视服务、管理和秩序，而不能在三者间有所偏废或有所取舍。在上海基层，特别是街道社区的治理实践中，公共管理、公共服务、公共安全"三公"职能得到集中强调和格外重视，这实际上也是由其城市发展的基本特征所决定。为此，上海在未来深入推进实施城市精细化治理的过程中，问题不在于讨论"三公"孰轻孰重或孰先孰后，而在于寻求将三者有机结合且能促使其良性互动的有效路径。

上海在今后推进实施城市精细化治理的一条可行且创新性的路径是，重构城市治理多元权力主体关系，重组城市治理多样化的运作要素，重塑党建引领社会治理的运行机制。权力主体关系、治理运作要素和党建引领机制方面的优化与调整，将有助于上海这样的超大城市构建一个融管理、服务和秩序/安全"三公"职能于一体的，用管理肩挑服务与秩序，并且实现城市社会多元主体有效、良性、持续互动的新型城市治理格局。这一格局因在党建引领和政府主导下容纳了多元主体和多样化要素，并且有制度化机制为其互动提供坚实保障，从而能够为满足超大规模人口的多样化需求、实现社区永续发展和创建城市美好社会等既立足现实又谋划长远的城市治理目标体系，奠定源源不断的可持续发展动力。

第四章

城市精细化治理的三大"补短板"领域创新

2016年1月13日,中共上海市委举行区县、大口党委书记一季度工作会议,全面部署市委"1+9"重点调研课题、重点推进和督查工作。"补好短板"被列为当年上海市委唯一的重点调研课题。

时任上海市委书记韩正在讲话中提出,"补好短板"要围绕如下内容进行。一是继续围绕整治"五违"问题,推进区域环境综合整治。要在2015年整治的基础上,进一步聚焦群众反映最强烈、问题最集中、难度更大的区域,全面加强环境综合整治。必须做到区域联动、水岸联动,狠抓区区交界之处,狠抓水环境治理,市里重点抓大河大江治理,区县重点聚焦中小河道整治。二是从严加强交通综合管理。一方面,要进一步加大基础设施建设,已经明确要打通的"断头路"都立下军令状,必须完成,每条路都有竣工通车时间表;另一方面,交通管理必须依法严管,敢于出手、付诸行动,确保严格管理的各项工作真正落到实处。与此同时,要有法必依、执法必严,严格落实相关条例,外环线以内全面禁止燃放烟花爆竹,切实消除安全隐患。三是加强中小河道综合治理。

围绕上述三大"补短板"内容和事项,上海市在城市精细化治理领域卓有成效地探索实施了一系列创新性举措。

城市治理的逻辑：城市精细化治理的理论与实践

一、区域环境综合治理：以"五违四必"为例

2015年6月23日，上海市人民政府第85次常务会议审议通过由上海市住房与城乡建设管理委员会（简称"住建委"）牵头起草的《关于进一步加强本市部分区域生态环境综合治理工作的实施意见》，由此掀开上海城市发展史上规模最大、力度最强、效果最显著的以"五违四必"为主要内容的生态环境综合治理行动的帷幕。

（一）上海推进"五违四必"的背景

2015年1月，上海市人大代表爱新觉罗·德甄在上海市"两会"期间向时任市委书记韩正反映了浦东新区合庆镇勤奋村黄月琴的呼声："嫁过来的时候天蓝水清，小姐妹羡慕；现在又脏又乱，儿孙不愿意住，有生之年真盼望能看到环境好起来！"① 黄月琴希望郊区生态环境得到有效改善的迫切愿望，真切地反映了上海在快速发展过程中日益严重的环境问题。黄月琴的愿望当即就得到韩正"年内必须解决"的回应。

近年来，中国城市环境污染日益严重，既反映了不断加速扩张的城市规模与落后的城市治理能力之间的矛盾，也折射出妥善解决城市环境污染问题的紧迫性。②

上海市重视提升城市难题顽症的治理能力。2015年年初，上海市住建委通过深入调研，发现违法用地、违法建设、违法生产经营、违法污染排放和违法居住等现象往往在安全隐患突出、环境极度脏乱差、人民群众反映强烈的区域内结伴出现、成片连块，并在

---

① 沈竹士：《拿环境换发展就是牺牲群众利益》，《文汇报》，2015年1月26日，第6版。
② 安树伟：《近年来我国城市环境污染的趋势、危害与治理》，《城市发展研究》2013年第5期，第134—139页。

多年累积下结成了庞大复杂的利益关系网。① 为使环境污染问题得到有效遏制，生态环境明显改善，上海市决定以区域生态环境综合治理为突破口，不断提升城市精细化治理水平。

2015年6月23日通过的《关于进一步加强本市部分区域生态环境综合治理工作的实施意见》（简称《实施意见》），成为加强上海区域生态环境综合治理、推动各项工作整体提升的操作性方案。《实施意见》强调重点聚焦环境污染严重、违法情况突出、群众反映强烈的区域，重点打击违法排污、违法用地、违法建设、违法生产经营、造成重大安全隐患五类违法行为，通过连片整治，推进整体转型。② 随后，时任上海市委书记韩正在2015年9月上海市第一次"补短板"现场会议上，提出开展"五违四必"工作的要求。自此，一场在上海全市范围内全面推进的旨在改善区域生态环境、实现城市精细化治理的行动拉开了序幕。

（二）"五违四必"的实施过程

2015年6月23日，上海市人民政府常务会议审议通过《实施意见》。7月6日，上海市即召开工作启动会，将涉及9个郊区的11个地块确定为第一轮市级重点整治区域，通过在这些地块先行先试，总结整治工作推进过程中的成功经验（见表4-1）。

表4-1 上海市区域生态环境综合治理的重大时间节点及主要事件

时间节点	主要事件
2015年1月	市人大代表爱新觉罗·德甄在市人代会上转达浦东新区合庆镇黄月琴的呼声
2015年6月23日	市政府第85次常务会议审议通过《关于进一步加强本市部分区域生态环境综合治理工作的实施意见》

---

① 《上海市"五违四必"工作纪实》（内部资料），2017年9月，第2页。
② 孟群舒：《用3年时间整治重点区域污染》，《解放日报》，2015年6月24日，第1版。

续 表

时间节点	主要事件
2015年7月6日	市政府召开工作启动会，将涉及9个郊区的11个地块确定为第一轮市级重点整治区域（2016年6月全部完成整治任务）
2015年9月15日	市委、市政府在浦东新区合庆镇召开第一次"补短板"现场会
2016年2月18日	第二轮17个市级重点地块确定，并要求各区、街镇排摸确定各自的区级和街镇级重点地块（2016年11月底全部完成第二轮整治任务）
2016年3月31日	市委、市政府在闵行区华漕镇许浦村召开第二次"补短板"现场会
2016年6月29日	市委、市政府在普陀区红旗村召开第三次"补短板"现场会
2016年9月28日	市委、市政府在黄浦区召开第四次"补短板"现场会
2016年11月8日	市政府召开第三轮启动会，明确第三轮22个市级重点地块（2017年7月第三轮基本完成整治任务）
2017年2月22日	市委、市政府在松江区九亭镇召开第五次"补短板"现场会
2017年6月21日	市委、市政府在嘉定区、宝山区召开第六次"补短板"现场会
2017年9月19日	市委、市政府在浦东新区合庆镇召开第七次"补短板"现场会

为保证该项工作顺利开展，上海市成立了由分管副市长任组长的城市综合管理推进领导小组，随后各区也相应成立领导小组，并向街镇拓展延伸，形成自上而下的组织领导体系。

与此同时，市住建委与市发改委、市国资委、市经信委、上海警备区、上海铁路局等相关单位和部门分别建立了关于市级支持政策的会商研究机制、对市属国企的联合督办机制、关于在沪央企的信息通报机制、军地协调平台、涉铁协调平台等统筹协调机制，还与市高法院、市法制办等建立了涉法涉诉沟通机制，与公用事业单位建立了关于停水、停电、停气的衔接机制，与江苏省和浙江省的住建厅建立了跨省飞地的执法合作机制。① 领导小组的成立及不同层面、不同内容的统筹协商机制的建立，为"五违四必"工作开展奠定了坚实的组织与机制基础。

在实施过程中，通过综合执法和综合施策，将整治工作与低效

---

① 《上海市"五违四必"工作纪实》（内部资料），2017年9月，第3页。

建设用地减量化、水环境治理、城中村改造等工作结合起来，共同推进。2015年10月，在前期试点的基础上，上海市在全市各区全面开展"五违四必"工作（主要工作内容如图4-1所示），各区申报结合比对无证建筑普查结果及网格化管理中的问题多发点等相关数据，最终确定第二轮的17个市级重点地块。各区和街镇也以市级重点地块为标杆，各自确定区级，乃至街道层面的重点地块，自上而下各有侧重地纵深推进整治工作。

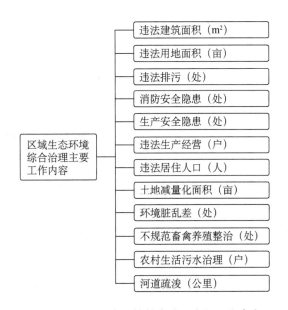

图4-1 区域生态环境综合治理主要工作内容

经过连续三轮"五违四必"生态环境综合治理工作，仅50处市级重点整治地块就拆除违法建筑约2 300万平方米，全市共拆除违法建筑约1.5亿平方米。在拆除违法建筑工作开展的同时，重点地块的河道水环境治理工作也同步展开，并配套了整治地块后续的生态修复和规划优化工作。随着该项工作的不断深入，整治地块及周边地区的安全形势大有好转，安全事故明显减少，生态环境改善明显。在整治工作取得良好效果的基础上，上海市政府进一步通过完善管理标准、强调规划引领、健全源头治理、强化责任追究等举措巩固治理成果。

纵观整个"五违四必"工作全过程，系统性、整体性的方案设计，法治的规范和引领作用，依靠基层、依靠群众的重心下移，城市综合管理标准的编制完善等，成为推进区域生态环境精细化治理的有效保障。

（三）区域生态环境综合治理的上海经验

开展"五违四必"生态环境综合治理活动，是上海市贯彻落实中央关于生态文明建设决策部署、加快改善城乡生态环境面貌的一项重要举措。推动生态环境综合治理工作，以此为突破口来提升城市精细化治理能力，是上海建设卓越的全球城市和社会主义现代化国际大都市的必然要求。

通过2015—2017年三年的努力，上海城市生态环境质量得到明显改善，人民群众的获得感不断提升。在推进该项工作的过程中，基于顶层设计的权责配置精细化、基于综合治理的资源统筹精细化、基于点面结合的行动策略精细化、基于治理重心下移的执行过程精细化、基于共识营造的社会支持精细化五个方面的精细化工作，有力地支撑了上海区域生态环境精细化治理。

1. 基于顶层设计的权责配置精细化

顶层设计先行、组织机制保障完善、权责配置精细化是"五违四必"工作顺利开展的先决条件。

在听取市民呼声的基础上，市委主要领导实地暗访，相关部门事先调研拿出初步方案，精心选择试点地块，市委市政府做出决策部署，各政府部门与区、街道、镇等相关部门密切配合，形成了系统化的顶层设计方案。

在前期深入调研的基础上，上海市人民政府审议通过《关于进一步加强本市部分区域生态环境综合治理工作的实施意见》，成为指导该项工作的纲领性文件。"五违"问题的解决涉及政府多个部门，要实现精细化治理必须打破部门分割，做好不同部门的分工协调工作。上海市为此专门成立了由分管副市长任组长的城市综合管理推进领导小组,将各职能部门及各区政府纳入其中,各区、街道分别成立相应规格的领导小组,在政府内部则明确、细致地规范了不同部门的职责分工,如表4-2所示。

表4-2 崇明区2017年度区域生态环境综合治理工作职责分工

部门	工作职责
区推进办	统筹协调并全面推进本区的生态环境综合治理工作,制订综合治理工作计划,定期跟踪汇总综合治理工作推进情况,并向区政府汇报
区规划土地局	指导并督促乡镇消除违法用地,推进"198区域"建设用地减量化工作
区城管执法局（区拆违办）	指导并督促乡镇拆除违法建筑
区市场监管局	指导并督促乡镇做好违法经营取缔工作
区环保局	指导并督促乡镇开展违法排污整治工作
公安崇明分局	加强违法居住人员的管理,指导并督促各乡镇及时清理违法居住人口
区安全监管局	指导并督促乡镇排摸梳理、整改并消除生产安全隐患
崇明消防支队	开展消防安全隐患的排摸梳理、整改和消除工作
区水务局	推进河道综合治理工作,指导并督促乡镇加快推进重污染河道治理、镇村级中小河道治理、农村生活污水治理工作
区农委	推进畜禽养殖污染治理,指导并督促乡镇开展不规范畜禽养殖治理工作

除了建立完整的组织领导体系和实施精细化的内部协调分工外,区域生态环境综合治理工作在推进过程中,还建立了一系列有效的工作机制。一是领导督导机制。在2015年的第一次"补短板"现场会上,上海市即明确了由市领导分头联系督导市级重点地块"五违四必"工作的机制。这种自上而下的压力传导、目标管理、政策决策与执行的有机结合,以及激励与问责双重保障的督办责任

制,体现了政府运作模式超越压力型体制的新转型。① 二是一体化的信息传达机制。上海市推进拆除违法建筑工作过程中,将传统的"市对区、区对街镇"的科层化运作,调整为"市、区、街镇一竿子到底"的全市大会,保证拆除违法建筑工作的信息高度对称,使得上海市的战略决策能够得到最有效的执行。三是定期例会制度。自2015年该项工作开展以来,上海市人民政府每季度都会召开一次全市现场工作会,对各区的拆除违法建筑工作进行总结,以问题为导向,持续性地推动"五违四必"工作开展。

2. 基于综合治理的资源统筹精细化

综合治理是"五违四必"工作的基本导向,在综合治理中精细化统筹各方面资源,可以发挥资源集聚和整体合力的效果。"五违"问题作为治理客体具有复杂性和综合性,形成了复杂的利益链缠绕关系,需要统筹协调多部门并综合施策。首先,上海市人民政府及其组成部门分别与上海警备区、上海铁路局、江苏省和浙江省的住建厅等建立相应的协调合作机制,保证所有拆除违法建筑地块都能够顺利被纳入综合治理的范畴并进入相应的处置程序之中。其次,综合治理是拆除违法建筑工作的基本导向。在治理内容上,把拆除违法建筑与后续的生态修复和规划转型结合起来,滚动实施,压茬推进,边干边总结边规划;在治理手段上,综合运用法律法规、政策资源,相关部门间建立市级支持政策的会商研究机制等手段,为整治工作提供足够的、有针对性的政策工具包。最后,"五违四必"与低效建设用地减量化、水环境治理、城中村改造、人口调控等工作有机结合、同时开展,统筹解决上述问题所需资源,带动上述问题的综合解决。

总体上看,政府内部的广泛动员、协调对象涉及众多部门、治理过程综合执法与施策等特征,都表明"五违四必"工作带有明显

---

① 陈水生:《从压力型体制到督办责任体制:中国国家现代化导向下政府运作模式的转型与机制创新》,《行政论坛》2017年第5期,第16—23页。

的运动式治理取向。运动式治理模式是地方政府及执法部门广泛使用的政策工具,通过高位推动的全体性动员,有助于克服政府内部碎片化,形成一种基层治理和行政执法的暂时性合力。[①] 在整治过程中,以"五违"问题为中心带动其他问题的综合治理,精细化地统筹法律法规、政策文件、执法队伍等各方面的资源,实现区域生态环境精细化治理的目标。

3. 基于点面结合的行动策略精细化

"五违"整治工作对于上海市人民政府来说是一项全新的任务。在第一轮 11 个市级重点地块进行试点的基础上,2015 年 10 月,该项工作才全面铺开。试点的过程不仅是新政策逐渐具体化、细致化、成熟化的过程,更是新政策不断吸取经验并纠错的过程。[②] 在第一轮市级重点地块先行先试的基础上,时隔三个月,通过各区申报,市政府比对网格化管理中的问题多发点、社会综合治理管控点等城市治理相关数据,确定了第二批 17 个市级重点地块。2016 年 1 月,上海市正式要求各区、街道以市级重点地块为标杆,选定区、街道的重点地块,全面铺开"五违"整治工作。随后,上海市住建委又通过对铁路、高架、大型市场周边等重点地域的地毯式排查,确定了新一轮的"五违"问题集中区域。在区级街镇申报的基础上,通过主动排查确定新的整治地块,推动整治工作走向深入。

上海市通过先行试点、点面结合,摸索出一套较为有效的工作经验并推广开来。在确定整治地块的过程中,不仅有被动式的申报核查,也有主动式的全面排摸,并积极使用有利于工作开展的先进技术。这种行动策略的精细化为整治工作的开展提供了有力支撑。

[①] 叶敏:《从运动式治理方式到合力式治理方式:城市基层行政执法体制变革与机制创新》,《行政论坛》2017 年第 5 期,第 24—29 页。

[②] 张勇杰:《渐进式改革中的政策试点机理》,《改革》2017 年第 9 期,第 38—46 页。

4. 基于治理重心下移的执行过程精细化

"五违"整治工作作为上海市的重要战略决策，在具体执行过程中，基本上是以街镇的综合执法力量为主体。一直以来，上海在城市治理重心下移逻辑的指引下，进行了城市基层综合执法体制改革，为"五违四必"工作的顺利进行提供了有力的执行力量保证。

根据2014年上海市委"一号课题"精神，上海市取消了街道的招商引资功能，明确其主要职能是公共服务、公共管理、公共安全"三公职能"。上海市在2014年年底印发《关于进一步完善本市区县城市管理综合执法体制机制的实施意见》，决定在区县单独设立城管执法局，以解决区县城管执法局机构虚化、职能弱化等问题，将城管执法力量充实到基层一线。在基层治理能力得到极大提升的情况下，街镇作为整治工作的实施主体，作用得到充分发挥，取得了良好的效果。上海全市有近90%的"五违"整治工作是在街镇层面完成的。

作为国家治理体系的重要组成部分，城市基层治理是国家治理在城市治理的表现形式。[①] 通过管理资源和执法力量向基层聚焦、倾斜，加强基层的治理能力。在"五违"整治工作中，基层政府在面对不同任务的时候，能够有充足的、综合性的执法手段，能够针对性地精准施策。这种执行过程的精细化有效地保证了各级政府的各项政策能够得到最有力的执行。

5. 基于共识营造的社会支持精细化

在"五违"整治工作开展过程中，上海全市范围内给予该项工作高度的认同和支持，为整治工作的顺利开展营造了良好的社会支持氛围。

第一，"五违四必"生态环境综合治理是应人民群众的呼声而起的，最根本目的是满足民众对于美好生活的向往。民众在这场整

---

① 杨君、纪晓岚：《当代中国基层治理的变迁历史与理论建构——基于城市基层治理的实践与反思》，《毛泽东邓小平理论研究》2017年第2期，第41—46页。

治活动中真切地感受到与他们息息相关的生活环境得到极大改善，与极少部分人群的利益受损相比（姑且不论这种利益的获得是否存在正当性），获益的是大多数市民。第二，宣传部门积极曝光典型案例、宣传感人事迹，为整治工作营造了良好的社会舆论氛围，得到广大人民群众的积极支持。第三，在拆除违法建筑过程中，党员、干部、公职人员带头拆除自家违法建筑，一视同仁，不搞特殊和例外，营造公平、公正、透明的工作形象。整治工作避免了"选择性执法"[①]的问题，有民众的认可，再加上法律手段及限制交易等管理手段的综合运用，违法建筑整治工作得以顺利推行。

总之，以"五违四必"生态环境综合治理为突破口，弥补了制约上海城市治理水平进一步提高的突出短板，为上海城市治理现代化探索出一条具有时代特点和上海特色的城市精细化治理新路。

二、交通综合整治

当前，交通拥堵在中国是一个全国范围内的普遍现象，尤其在北京、上海等大城市表现得尤为严重。2015 年，阿里巴巴旗下高德公司对外发布了《2015 年第一季度中国主要城市交通分析报告》。报告显示，一季度全国重点城市拥堵排名北京居首，国内十大"堵城"中其他城市依次为上海、济南、杭州、重庆、哈尔滨、天津、南宁、石家庄、武汉。

2019 年，由高德地图、国家信息中心大数据发展部、中国社会科学院社会学研究所等机构共同发布的《2019 年 Q2 中国主要城市交通分析报告》显示，上海告别了"中国十大拥堵城市"之列，名列第 15 位（2018 年仍属"中国十大拥堵城市"之一，名列第 8 位），道路通行环境有了明显改观。上海在交通综合整治领域取

---

① 邓晰隆、陈娟：《"公共政策选择性执行"问题及其对策研究》，《甘肃行政学院学报》2006 年第 4 期，第 55—57 页。

得的成绩得益于重拳出击的系列交通综合整治举措。①

(一) 全维度整治＋科技赋能

上海对交通违法行为进行了全维度整治。在保持对机动车突出交通违法严查严处的同时,上海交警逐渐向非机动车、行人延伸执法整治触角,并于2019年开展针对电动自行车无牌上路行驶、闯红灯、逆向行驶等交通违法行为的专项治理,持续加大行人交通违法累进式执法力度(首次教育,二次警告,三次及以上处罚)。

交通难点问题总是随发展变迁。近年来,外卖、快递等服务业抢单和抢时间等,引发的交通违法行为频频发生。对此,上海交警实行外卖骑手"一人一车一证一码"、人员记分管理、推进"上海市快递外卖骑行安全监控平台"建设等交通安全管理制度。

非机动车违法行为量大面广,在警力有限的情况下,上海公安探索推进基于射频识别(RFID)技术的电动自行车交通违法非现场执法系统。全市已在外环线内的重点路口、路段完成了RFID采集设备的建设安装,为5.3万辆用于快递、外卖行业的电动自行车完成电子车牌的换发上牌工作,并于2019年7月1日起开始正式执法。截至2019年7月28日,全市各支队累计录入违法行为9 000余起。

(二) 依托"智慧公安"打造智慧交通的"上海样板"

智能交通信号灯是集人工智能、云计算等新型技术手段于一体的道路交通管理系统的有效支撑,先后在浦西世博园区、黄浦泛外滩地区、国展中心周边共33平方千米区域内试点。新型信号灯能够实时感知路况,动态分配路权,智能诱导交通参与者,道路通行效率平均提升10%。

---

① 朱奕奕:《上海掉出了这个榜单前十名,为何却赢得八方点赞?》(2019年7月30日),澎湃新闻,https://www.thepaper.cn/newsDetail_forward_4042565,最后浏览日期:2020年11月23日。

上海的电子警察在交通管理中也发挥了很重要的作用。"十三合一"的电子警察可以同时监控逆向行驶、不按导向车道行驶、斑马线掉头、大弯小转、左转弯不让直行、机动车不在机动车道内行驶、违法变道、不礼让行人、斑马线（网格线）停车、路口滞留、加塞、越线停车等多种违法行为。截至2019年4月，上海全市已有近300套复合型电子警察上岗执勤。

（三）交通精细化治理

在推进区域生态环境综合治理与交通综合整治的同时，上海同步推进绣花针般的精细化治理进程。

延安高架是上海东西向的主动脉，日常流量高，而其南侧西藏路下匝道则通往延安东路/西藏路交叉口，亦是市中心流量大的主干道之一，附近还有人民广场、大世界等大型场所。每当该下匝道遇下行不畅时，在市局指挥中心交通指挥台的指挥下，高架民警和黄浦民警合力对下匝道与相邻道路车辆进行指挥疏导，实施优先放行高架下匝道车辆的缓堵措施。一般情况下，采取措施后5—15分钟，下行不畅问题能有效得到缓解。"信号灯一秒一秒调整，交通组织一个一个路口改进"，这背后是上海交警发扬"绣花精神"，对全市高架104处存在下行不畅隐患的下匝道进行分析研究并精准施策。

"断头路"一直影响着上海的交通环境，慢行道建设也是市民关注事项之一。2018年，上海共辟通11条约13.98千米"断头路"，2019年打通涉及9个区共11条"断头路"。对上海新建的城市道路，要求保障非机动车的通行空间，将建国路、复兴路非机动车单向通行调整为非机动车双向通行，完成了中环线地面道路部分路段增设非机动车道工作，有效缓解了非机动车出行矛盾。

另外，上海的道路黄实线密布，严禁停靠。为缓解出租车上下客难，上海警方设置公交车站出租车上下客点3 000余处，便于出租车接客。同时，为了缓解出租车司机就餐难问题，设置出租车司机就餐点40余处。

(四)上海交通综合整治的特点

纵观上海市近年来开展的交通综合整治活动,可以发现上海市交通综合整治突出表现出如下特点。

第一,全社会、各部门共同参与治理。上海市交通综合整治不仅仅依靠交警,还在发动其他警种的同时,整合工商、城管等基层执法力量,同时也将志愿者及社会力量有效地整合进交通整治大行动之中。上海在交通领域的治理行动不仅为上海其他社会治理领域,也为全国的城市治理树立了"发动各方力量协同努力,以打造城市治理共建共享格局"的范例。

第二,充分运用多媒体及智能技术,为交通综合治理赋予媒体和智慧力量。例如,充分利用电视、报纸、网络、短信、自媒体等多种媒介进行交通治理宣传教育。同时,所有高校、中小学、幼儿园相继开展交通法制教育主题活动。法治观念在千家万户普及,这有利于培养各年龄段的人群的交通法治思维,从而减少交通违法违章行为。

第三,交通综合治理责任的具体明确与恰当分解。上海交通综合整治明确规定,各区县是道路交通违法行为的责任主体。各区县整合各方力量和资源,明确责任单位与责任人。各区县还承担加强非法客运区域公交覆盖,从而减少非法客运生产空间,打通"最后一公里"公交覆盖的责任。

三、中小河道综合治理

上海濒江临海、依水而生、因水而兴,素有"东方水都"之美誉。纵横交错的 4.74 万多条、3.03 万多千米[①]的河道滋润着申城,

---

① 根据上海市水务局发布的《2020 上海市河道(湖泊)报告》,截至 2020 年年底,上海市共有河道 47 404 条,长 30 309.83 公里。

第四章　城市精细化治理的三大"补短板"领域创新

镇村级中小河道主要承担农田灌溉、汛期排水、生态维持和美化环境等功能，为上海发展提供源源不断的动力。① 水环境是上海最重要的发展基础之一。②

因河道财政投入问题、河道整治工程问题、养护问题和管理问题（主要有管理事权不明、管理基础薄弱和对管理的监督与考核乏力）等，上海中小河道多数面临较为突出和严峻的河道疏浚难、水体污染、水环境脏乱差等问题，极大地制约了河道生态和环境等功能的有效发挥。

为此，上海市于1998年启动以苏州河环境综合整治为重点的中小河道综合治理工作，取得了较为明显的成绩，上海市中心城区的河道水质和生态环境样貌得到显著改善。然而，以部分城郊接合部和农村地区为典型代表的区域，河道环境脏乱差现象仍突出存在，上海依然面临较为艰巨的中小河道综合治理任务。

上海久久为功、持续发力，结合滚动实施的环保"三年行动计划"，持续不断地深入推进中小河道综合治理工作，各区县相继交出了亮眼的河道治理成绩单，"水清、岸绿、河畅、景美、怡人"③的河道整治目标基本实现，人民群众的生活幸福感和满意度大大提高，"人民城市"理念得以真正贯彻落实。

（一）上海中小河道综合治理的推进过程

进入21世纪以来，伴随着环保"三年行动计划"的滚动推进，上海市在实施中小河道综合治理的过程中，大致走过了两大发展阶段。

---

① 吴伟峰：《上海市郊区中小河道治理的启示》，《中国水利》2010年第4期，第37—39页。

② 李荣：《上海已全面启动推进中小河道的综合整治》（2016年11月27日），中华人民共和国中央人民政府门户网站，http://www.gov.cn/xinwen/2016-11/27/content_5138517.htm，最后浏览日期：2020年11月25日。

③ 2017年5月，上海市水务局出台的《上海市中小河道综合整治与长效管理导则》对河道综合整治方案的编制作出一般性规定，要求一方面应结合本市中小河道综合整治的分阶段目标，另一方面也应紧扣"水清、岸绿、河畅、景美、怡人"的通行整治目标。

1. 2000—2016 年：中心城区与重点河道整治先行阶段

2000 年是上海市首轮环保"三年行动计划"实施的第一年，标志着进入 21 世纪以来，政府创造性地以计划实施为抓手，进一步强化和压实本市生态环境保护和建设工作。

《上海市 2000—2002 年生态环境保护和建设三年行动计划》（首轮环保"三年行动计划"）确立了水环境治理、大气环境治理、固体废物处置、绿化建设和重点工业区环境综合整治五大领域共计 113 项重点项目。其中，在水环境治理方面，首轮环保"三年行动计划"决定对苏州河、"三港一城"水系及重点河道进行整治。首轮环保"三年行动计划"按照预期完成了虹口港、杨树浦港污水截流工程，完成了苏州河、桃浦河、彭越浦河河道整治，[①] 基本消除了河道黑臭现象，苏州河主要水质指标基本达到景观水标准，生态功能开始恢复。[②]

《上海市 2003—2005 年生态环境保护和建设三年行动计划》（第二轮环保"三年行动计划"）要求进一步加大河道整治力度，确保 2005 年年底中心城区河道基本消除黑臭，郊区主要河道实现"面清、岸洁、有绿、畅流、水净"。[③]

此后滚动推进实施的第三轮（2006—2008 年）至第六轮（2015—2017 年）环保"三年行动计划"均将水环境治理作为推进生态环境保护和建设的重要任务。第四轮环保"三年行动计划"（2009—2011 年）提出"全市黑臭河道整治全覆盖"的要求；第五轮环保"三年行动计划"（2012—2014 年）提出"深化河道综合整治与水生态修复"，在具体目标上，明确要求"完成 42 公里区域性

---

① 小龙：《第一轮"三年行动计划"投入资金 300 亿元　为新世纪上海环保工作开好局　起好步》，《上海人大月刊》2003 年第 1 期，第 18—19 页。
② 《第一轮环保三年行动计划简介》（2006 年 2 月 12 日），上海市生态环境局网站，https://sthj.sh.gov.cn/hbzhywpt1044/hbzhywpt1045/20060212/0024-7326.html，最后浏览日期：2020 年 2 月 1 日。
③ 《上海第二轮环保三年行动计划推进 197 项任务》（2005 年 3 月 2 日），北极星电力新闻网，https://news.bjx.com.cn/html/20050302/49990.shtml，最后浏览日期：2020 年 2 月 1 日。

骨干河道治理、35公里界河整治和22公里河道生态治理"。

伴随着第六轮环保"三年行动计划"关于中小河道综合治理规定的提出,即"完成200公里重点河道综合整治并大力推进镇村级河道治理",上海市关于中小河道综合治理的工作开始向以城郊接合部和农村地区为重点的新阶段转型。

2. 2017年至今:以城郊接合部和农村地区为重点的全面推进阶段

经过多年持续滚动推进的环保"三年行动计划",上海市水环境与水生态已经明显得到改观,然而,部分郊区与城郊接合部中小河道黑臭等问题仍较为突出和严重,为此,上海市于2017年年初全面启动以郊区与城郊接合部为重点的中小河道综合整治行动。

上海基层各区在全面推进实施中小河道综合治理的过程中探索出带有区域差异和特点的特有举措,针对中小河道综合治理的具体做法也不尽一致,但总的来说都大体经历了如下过程。首先是对全区黑臭河道的基本情况进行摸底排查,包括黑臭河道的条数、公里数及其水环境状况,并确定黑臭点位与原因;其次是立足于掌握的情况,研究制定黑臭河道矫治措施,以尽可能改善河道水环境与水生态状况;最后是综合多方面(包括市民、媒体等)反映的信息与情况,结合调查研究和矫治过程中积累的数据资料,为每条河道建立基本情况数据库,并根据河道的变化动态调整数据库,也相应调整和完善针对黑臭河道的综合治理举措。

与先行阶段的中小河道整治工作相比,进入全面推进阶段,上海在贯彻实施中小河道综合治理的过程中更加注重制度建设,希望通过强化中小河道综合治理的制度基础,建构区、镇、村三级纵向到底的责任体系,全面落实中小河道治理的主体责任,确保"条条河道有人管,段段河道有人养"[1]。

---

[1] 李荣:《上海已全面启动推进中小河道的综合整治》(2016年11月27日),中华人民共和国中央人民政府门户网站,http://www.gov.cn/xinwen/2016-11/27/content_5138517.htm,最后浏览日期:2020年11月28日。

其中，建立"一河一长"的河长制是上海各区积极探索推进的普遍做法。在区、镇、村三级河长体系中，一般由区委书记担任总河长，区长担任常务副总河长；相应的，街镇和村居主要领导担任辖区总河长和副总河长。站在全市整体视角来看，上海建立的是市、区、街镇三级河长组织体系，上海市市长担任全市总河长，上海市政府分管领导担任全市副总河长。

在推进中小河道综合治理的过程中，上海市探索实施的河长制不是冠名制，而是责任制。一方面，上海市设立河长制办公室，各区"河长办"也陆续成立，并要求"河长办"监督电话24小时有人接听，这无疑强化了河长制的责任落实；另一方面，上海市全面建立河长制的验收标准体系，确保方案到位、责任落实到位、制度和政策措施到位、监督检查和考核问责到位。①

（二）上海中小河道综合治理的主要特点

纵观上海20余年来中小河道综合治理历程，可以发现中小河道综合治理在上海主要呈现如下特点。

一是整治范围广泛。尽管在2017年之前，上海主要致力于对中心城区和重点河道展开综合整治行动，但这种综合整治行动将所有相关河道纳入整治范围，而非选择性地仅对部分中心城区或重点河道加以整治。进入全面推进阶段之后，上海在继续深入推进中心城区与重点河道的整治行动之时，将包括城郊接合部和农村地区在内的所有中小河道纳入整治范围。

二是积极对标高标准。上海市历来坚持用高标准严格要求中小河道综合整治工作，特别是进入全面推进阶段之后，通过印发《关于加快本市城乡中小河道综合整治的工作方案》和《上海市中小河道综合整治与长效管理导则》等，将高标准更加深入地贯彻落实到中小河

---

① 《上海建立"市-区-街镇"三级河长体系　"河长办"监督电话须二十四小时有人接听》，《新华每日电讯》，2017年3月23日，第3版。

道综合整治全过程之中。以《上海市中小河道综合整治与长效管理导则》为例，该导则从疏浚、护岸、生态修复、绿化、防汛通道、配套设施等方面，对河道整治工程提出系统、全面、严格、具体的要求，并规定河道综合整治须达到90%以上的公众调查满意评议率。

三是注重延续性和长效性。截至2020年年底，上海市已完成七轮环保"三年行动计划"，《上海市2021—2023年生态环境保护和建设三年行动计划》（第八轮环保"三年行动计划"）已于2021年5月印发和启动。每一轮环保"三年行动计划"都无疑是攻坚战，需要付出极大的努力并有效协调和动员有关各方，才能实现计划规定的任务和要求，达成计划提出的整治目标。滚动实施的环保"三年行动计划"十分注重中小河道综合整治工作的延续性。以苏州河整治为例，首轮环保"三年行动计划"即对苏州河整治提出任务和要求，之后的每轮环保"三年行动计划"均要求继续加强对苏州河的整治，反映了上海中小河道综合治理工作的延续性。此外，上海市通过积极出台《上海市中小河道综合整治与长效管理导则》和建立健全长效管理机制等，极大地提升了中小河道综合整治工作的长效性。

（三）上海中小河道综合治理的基本经验

上海自21世纪以来持续推进的中小河道综合治理工作的基本经验集中表现如下。

1. 将"人民城市"理念作为行动指南

2019年11月2日，习近平总书记在考察上海时提出"人民城市人民建，人民城市为人民"的"人民城市"理念。习近平总书记指出，在城市建设中，一定要贯彻以人民为中心的发展思想，合理安排生产、生活、生态空间，努力扩大公共空间，让老百姓有休闲、健身、娱乐的地方，让城市成为老百姓宜业宜居的乐园。①

---

① 《习近平：人民城市人民建，人民城市为人民》（2019年11月3日），新华网，http://www.xinhuanet.com/politics/2019-11/03/c_1125186430.htm，最后浏览日期：2021年12月13日。

"人民城市"理念一直是上海在推进城市建设、发展与治理时的根本遵循，也是上海在中小河道综合治理中取得突出成效的基本经验。一方面，始终强调人民群众的切实参与，让人民群众全过程参与黑臭河道的筛查、治理，以及对治理作出评价，积极践行"人民城市人民建"；另一方面，始终坚持以人民为中心，将人民群众满意不满意、人民群众称赞不称赞作为评判综合治理工作成效和好坏的根本标准，积极践行"人民城市为人民"。

2. 坚持问题导向和需求导向

问题导向是从当前存在的问题出发，思考工作切入点，明确目前哪些做得还不够好。[①] 上海在推进中小河道综合治理的过程中，清醒地认识并多次强调，水环境问题和水生态问题是上海生态文明建设中的短板与弱项，为此，必须正视问题，以更大的力度加快推进水环境治理。[②] 此外，上海综合历年信访投诉、媒体反映、现场调查等，明确河道黑臭点位，在此基础上深入考察和了解河道污染来源，以针对既有问题采取相关矫治举措，极大地将问题导向贯彻实施在中小河道综合治理全过程之中。

需求导向即需要导向，指的是立足于人民群众生产生活、城市发展治理、经济社会发展等的多样化实际需求，研究确定工作方向和重点。2016年12月上海市发布的《关于加快本市城乡中小河道综合整治的工作方案》强调，城乡中小河道综合整治须"切实提升市民群众对水环境的获得感和满意度，为上海建设社会主义现代化国际大都市和卓越的全球城市筑牢生态环境和城市安全的底线"[③]。

[①] 张国玉：《牢牢把握问题导向 目标导向 结果导向》（2020年2月25日），中央纪委国家监委网站，https://www.ccdi.gov.cn/yaowen/202002/t20200225_212180.html，最后浏览日期：2020年2月3日。

[②] 应勇：《全力以赴打好城乡中小河道综合整治攻坚战》（2017年2月21日），东方网，http://shzw.eastday.com/shzw/G/20170221/u1ai10360398.html，最后浏览日期：2020年2月5日。

[③] 《上海市政府办公厅转发〈关于加快本市城乡中小河道综合整治的工作方案〉》（2016年12月29日），北极星环境修复网，https://huanbao.bjx.com.cn/news/20161229/800407.shtml，最后浏览日期：2020年2月6日。

2017年5月发布的《上海市中小河道综合整治与长效管理导则》进一步强调，全市中小河道综合整治与长效管理应"以满足河道功能要求为前提"。坚持人民群众生产生活、城市建设发展、经济社会发展等对于河道疏浚、生态、绿化、防汛等的多样化需求，构成上海在推进实施中小河道综合治理系统工程之时的基本导向。

3. 条块结合，以块（区县）为主

政府在中小河道综合治理中负有主体责任，是完成中小河道综合治理任务、维护和实现人民群众之生态环境权益最重要的行动主体。上海在推进实施中小河道综合整治系统工程的过程中，坚持条块结合，以区县为主，将中小河道综合整治主体责任落到实处。

"以块为主"即是强化中小河道综合治理的属地管理与属地责任，严格落实各区县在中小河道综合整治中的主体责任。《关于加快本市城乡中小河道综合整治的工作方案》明确将区县政府作为推进实施各项中小河道综合整治措施的责任单位，集中反映了中小河道综合治理工作的属地特征。同时，上海注重将"条"和"块"相结合，以更好地推进实施中小河道综合治理。上海市财政局、水务局、环保局、绿化市容局等多个条线部门，在业务上指导各区县相关部门的中小河道综合整治行动，同时，监督考核各区县相关部门在中小河道综合治理中的责任，切实做到在"块"上推进的同时，有效结合"条"与"块"。

4. 既打攻坚战，又打持久战

上海市政府在推进中小河道综合治理的过程中清醒地认识到，水环境问题和水生态问题是上海生态文明建设中的短板与弱项。因此，立足于上海生态文明建设工作全局和城市治理工作全局，中小河道综合治理于上海而言无疑是一场攻坚战，必须在有限的时间内，以坚定的决心、极大的努力，联合多方力量参与，才能打好打赢这场战斗。

但毫无疑问的是，一方面，中小河道综合治理系统工程是动态且延续的，而非静态和一劳永逸的，只有一时一地的攻坚目标和工作推进阶段，没有确定的终点。从这个意义上来说，中小河道综合治理显然也是持久战。另一方面，上海的中小河道综合治理工作将人民城市理念作为行动指南，把人民群众的实际需求作为推进工作的重要出发点，把人民群众满意不满意、称赞不称赞作为判断工作好坏和成效的根本标准。而无论是人民群众的实际需要，还是人民群众对于中小河道综合治理的满意度，都是动态变化的，是不断发展和提高的，这意味着中小河道综合治理是持久战。为此，上海在探索推进中小河道综合治理的过程中，注重通过建立健全中小河道综合治理和管理的系列长效机制，为打赢打好中小河道综合治理持久战奠定制度基础。

本章小结：以城市治理短板领域的创新提升城市精细化治理的秩序力

2017年"两会"期间，习近平总书记在参加上海代表团审议时强调，"必须坚持以人民为中心的发展思想，着力推进社会治理创新"，而"创新社会治理，要加快补好短板，聚焦影响城市安全、制约发展、群众反映强烈的突出问题，加强综合整治，形成常态长效管理机制，努力让城市更有序、更安全、更干净"。

习近平总书记关于上海城市管理和社会治理创新的讲话十分注重坚持和实现以人民为中心的思想，无论是他所要求的城市治理中"补好短板"要"聚焦群众反映强烈的突出问题"，还是"努力让城市更有序、更安全、更干净"，背后的逻辑均在于两者会直接影响城市居民的获得感、幸福感、安全感。

笔者在前文提出，城市精细化治理是一个将管理、服务、秩序有机融合的互动过程，这一互动过程通过建构整洁的环境秩序、畅达的交通秩序和有序的安全秩序等，最终实现创建党建引领与政府主导下多元主体共治格局，有效提升城市政府服务水平，切实增强城市居民的获得感、满意度和幸福感的发展目标。对城市精细化治理实践的解读，既紧扣城市居民的日常生活需求，又与习近平总书记所倡导的"以人民为中心"的发展思想和社会治理创新在精神内核上保持高度一致。毫无疑问，城市精细化治理必须注重"补好短板"，并通过"补短板"领域的实践创新建构良好的城市秩序，而提升城市治理的秩序力显然是城市精细化治理必须追求实现的目标之一。

上海市一直以来都较为注重在城市治理的短板领域求创新和谋突破。2016年，"补好短板"被列为上海市委当年唯一的重点课题。时任上海市委书记韩正在"补好短板"的一次工作会议中发言强调，上海市的"补好短板"工作围绕区域环境综合整治、交通综合整治和中小河道综合治理三大重点展开。基于此，本章梳理和分析上海市在三大"补短板"领域的城市精细化治理创新性举措，总结上海市通过城市治理"补短板"领域的创新提升城市精细化治理之秩序力的实践经验。

城市精细化治理"补短板"活动体现了城市治理内涵的深刻转型，即从选择性治理到全局性治理、从增长型治理向服务型治理、从项目化治理到协调性治理的转变。上海在"补短板"领域的创新将城市治理的重点、难点、痛点与精细化治理目标有机结合起来，是一种既容易出成效又最能够出经验的新型城市治理方式。通过促进城市治理工作各方面的精细化，上海不仅得以有效解决城市居民密切关心的环境问题、交通问题、生态问题等，也在此过程中有力地推动了城市精细化治理目标的实现。

第五章
城市精细化治理的三大体制改革制度创新

2015年年底2016年年初,《中共中央 国务院关于深入推进城市执法体制改革改进城市管理工作的指导意见》和《中共中央 国务院关于进一步加强城市规划建设管理工作的若干意见》相继发布,标志着城市管理现代化正式成为当代中国国家治理现代化的重要组成部分。

城市精细化治理目标的实现,需要在以往比较薄弱、治理比较粗放的领域集中突破"补短板",推动城市治理水平的整体提升。更关键的在于,各级政府要通过体制、制度的创新,构建常态化精细化治理的制度体制保障。近年来,以上海为代表的超大城市通过城市综合管理执法、城市基层市场综合监管、城市社会治安综合管理等领域的一系列旨在提升精细化治理能力的体制改革实践,力图通过城市治理制度框架的创新推动城市整体精细化治理水平的提升。

一、城市管理综合执法体制改革

城市安全高效运行、人居环境改善、城市形象提升、市民幸福感增强和农业转移人口市民化进程,都取决于城市管理水平。城市管理综合执法,概括地说,就是根据《中华人民共和国行政处罚法》第十八条,把由多个部门行使的行政处罚权交由一个部门行使,从而解决城市管理领域多头执法、执法交叉和执法效率低下的问题。究其实质,城市管理综合执法改革就是通过实施精细化治理,消除既有粗放式管理带来的各种弊病。

自1996年确立"街道-县区-市"三级综合执法改革工作目标起,上海就开始探索城市管理综合执法模式的改革。经过20多年的摸索,上海城市管理综合执法改革围绕"执法权集中""执法重心下移"完成了"三步走"战略,即由最初"街道监察+简易程序"执法模式的形成,到"市-县区"双重城市管理执法组织体系的基本确立,再到"1+1+1+X"县区城市综合管理工作体系的生成。本节通过收集整理上海城市管理综合执法管理模式改革过程中出台的重要法律法规,梳理上海城市管理综合执法体制改革过程,分析体制改革的内容与特征,归纳厘清上海城市管理综合执法的治理逻辑与路径探索,总结介绍上海城市管理综合执法体制改革的成果及经验。

(一) 城市管理综合执法体制改革的过程

城市管理综合执法是1996年《中华人民共和国行政处罚法》中"相对集中行政处罚权"的产物,它是指"在城市管理领域,根据《中华人民共和国行政处罚法》的规定将若干行政机关的行政处罚权集中起来,交由城市管理综合行政执法机关行使,行政处罚权相对集中后,有关行政机关不再行使已经集中由城市管理综合行政执法机关统一行使的行政处罚权"。综合执法的目的在于通过委托授权的方式,将分散于不同行政机关的行政处罚权集中起来交由一个行政机关集中执行,以避免执法权分散、执法机构不统一等难题。国务院分别于1996年、2000年、2002年相继出台《国务院关于贯彻实施〈中华人民共和国行政处罚法〉的通知》(国发〔1996〕13号文件)、《国务院办公厅关于继续做好相对集中行政处罚权试点工作的通知》(国办发〔2000〕63号)、《国务院关于进一步推进相对集中行政处罚权工作的决定》(国发〔2002〕17号),明确规定在全国范围内推进"相对集中行政处罚权"改革。

在此背景下,上海于1996年在100多个街道先后组建街道监察大队,以维护城市基层市容市貌。街道监察大队由街道办事处设立,接受上级有关行政主管部门的业务指导和监督。街道监察大队采用简易程序对辖区内市容市貌进行管理。依据《上海市街道监察处罚暂行规定》,街道监察大队在辖区内对违反市容、环境卫生、环境保护、规划、市政设施保护、绿化等城市管理法律、法规、规章规定且情节较轻的行为,可以依照该规定处以警告、罚款,其中,罚没金额对个人不得超过50元,对单位不得超过1 000元,超出行政处罚权限的案件必须移交有关部门处理。可见,街道监察大队作为上级部门的派出机关,不具备独立的行政主体资格,只分担上级主管部门的较为基础的处罚权力,不能完全统一行使原有部门具备的所有行政处罚权。

2000年,在整合已有街道监察大队的职能及扩大其执法权限的基础上,上海市开始探索组建区一级城市管理监察大队。经过上海市人大授权,徐汇、长宁等十个中心城区作为组建区一级城市管理监察大队的试点地区,率先成立区县城市管理监察大队,并由其在规定的权限在辖区内相对集中行使行政处罚权。2004年,上海市人民政府第17号令发布《上海市城市管理相对集中行政处罚权暂行办法》,明确规定区县城市管理监察大队相对集中行使9个部门的11个方面的行政处罚权。与以往相比,此次改革最大的不同在于取消了特定部门的行政处罚权,统一收归区县城市管理监察大队。《上海市城市管理相对集中行政处罚权暂行办法》第五条明确规定:"城市管理行政处罚权相对集中后,有关的区县行政机关和法律、法规授权的组织不得再行使已由区县城管大队集中行使的行政处罚权;仍然行使的,作出的行政处罚决定无效。"

第五章　城市精细化治理的三大体制改革制度创新

2005年6月，上海市人民政府发布《上海市人民政府关于本市开展市级层面城市管理领域相对集中行政处罚权工作的决定》，公布了两项重要内容。第一，机构改革，增设上海市城市管理行政执法局、上海市城市管理执法总队。在上海市市容环卫局增挂"上海市城市管理行政执法局"牌子，实行"两块牌子，一套班子"。"市城管执法局是负责全市城市管理相对集中行政处罚权工作的行政机关，具有独立的行政执法主体资格。""市城管执法局下设'上海市城市管理执法总队'，受市城管执法局委托，承担相对集中行政处罚权工作的具体事务。同时，撤销上海市市容监察总队、上海市园林绿化监察大队。"第二，扩大市级层面城市管理相对集中行政处罚权的范围。"除明确将相关市级行政管理部门行使的部分行政处罚权划归市级城管执法部门行使外，还明确将市容环境卫生管理方面市管河道范围内的违法行为和水务管理方面市管河道范围内的部分违法行为的行政处罚权，划归市级城管执法部门行使。同时，适当扩大环境保护管理、工商管理、房地产管理和拆除违法建筑方面相对集中行政处罚权的范围。""上海市城市管理执法总队"于2011年更名为"上海市城市管理行政执法总队"；原来区县一级的监察大队更名为"XX区县城市管理行政执法大队"，成为区县一级城管执法的行政主体，受"上海市城市管理行政执法总队"垂直管理。

自此，上海市基本形成市、区县两级城市管理综合执法的组织体系。上海市通过构建市、区县两级执法组织体系，将分散在各个部门之中的、关联性较强的行政处罚权统一集中于市、区县两级执法部门，改变以往"街道各自为政，'九龙治水'"的现象。

在高速城市化发展与外来人口涌入的裹挟之下，城市基层社会问题激增，客观上倒逼城市管理综合执法重心下移。街道与社区成为承接城市管理事务的主体。但街道与社区缺乏完整的行政主体资格和独立的执法权限，这导致城市管理效率低下、管理效果不佳、秩序紊乱等不良现象。2014年，为着力解决街道与社区执法体系不完善、权责不匹配的问题，上海市"一号课题"组围绕"完善基层社会治理体系、提高基层社会治理能力"公布其课题成果《关于进一步创新社会治理 加强基层建设的意见》及六个配套文件，明确"为街道赋权增能""街道回归管理服务本位""激发社区工作者积极性""理顺城市管理的职能、机制，以网格化去除城市管理顽疾"等是基层治理创新的主要方向。同年，上海市委办公厅、市政府办公厅发布《关于进一步完善本市区县城市管理综合执法体制机制的实施意见》（沪委办发〔2014〕36号），提出"一条热线、一个平台、一支队伍、X个行政管理部门"的"1+1+1+X"区县城市综合管理工作体系。"一条热线"即"12345"市民服务热线，负责接收市民群众关于城市管理领域的诉求和建议；"一个平台"即城市管理领域网格化监督指挥体系平台，网格监督员通过巡查，主动发现城市管理领域的各类问题，交给专业部门进行处置并监督处置情况；"一支队伍"即城市管理综合执法队伍，负责对综合性城市管理问题进行综合执法；"X个行政管理部门"即把执法工作移交给城市管理综合执法部门的相关行政管理部门。

上海市城市管理行政执法局是上海市人民政府负责城市管理综合行政执法的部门，于2015年4月16日从上海市绿化和市容管理局中分立出来，并由上海市住房和城乡建设管理委员会管理，实现了市级城市管理执法机构实体化。自此，城市管理行政执法局围绕其管辖权、执法权限、管理内容、执法程序等方面出台一系列规章制度并独立承担城市管理相对集中行政处罚权工作。

经过20多年的改革，上海市基本形成了市、区县两级城市综合执法管理体系。从综合执法体制改革的效果来看，有两个明显的优势：一是重组多项执法权，建立综合执法机构，这在一定程度上填补了多部门分散执法的空隙；二是执法权进一步向镇（街）下放，镇（街）能够发挥更积极的作用。① 换言之，一方面，通过城市管理部门内部的机构重组和流程优化，理顺政府内部的管理权责；另一方面，通过执法重心下移，以更好地回应基层事务的复杂性，提高城市管理的精细化水平。推动执法重心向基层下移主要是根据属地管理和就近划分原则，将执法监管职责交由处理基层执法案件的市县一级执法部门承担，减少执法层级，使"管理最便捷、成本最低、效率最高"②。有学者认为，城市管理行政执法重心下移和开展属地管辖是城市管理行政执法体制改革的必然要求。③ 随着信息技术的不断发展，在实践中，智慧城管④等新型管理方式也在不断提升城市管理的精细化水平。

（二）城市管理综合执法体制改革：内容、方式与特征

上海市力图通过城市管理综合执法体制改革，破解城市管理中执行层级多、权力分散问题。梳理上海市城市管理综合执法管理模式的改革进程可以发现，上海市围绕城市管理综合执法的责任主体（机构）、法律体系（制度）、权责机制（权责）三大主题展开城市管理综合执法体制改革。在此过程中，上海市城市管理执法管理模式形成了"镇属、镇管、镇用""区属、街管、街用"和"垂直管理"三种模式。在形成这三种管理模式的过程中，上海市探索出横向权力集中、横向权力转移、纵向权力向上集中、纵向权力向下转移四种管理模式改革方式。

---

① 张丙宣：《城郊结合部综合执法体制改革：一个理论分析框架》，《中国行政管理》2017 年第 5 期，第 39—45 页。
② 刘维寅：《深化综合行政执法体制改革　全面推进综合行政执法》，《机构与行政》2016 年第 5 期，第 2—6 页。
③ 王敬波：《论我国城管执法体制改革及其法治保障》，《行政法学研究》2015 年第 2 期，第 16—22 页。
④ 王新涛：《城镇化背景下我国城市管理综合执法体制改革探析——以河南为例》，《党政干部学刊》2017 年第 2 期，第 24—27 页。

1. 上海市城市管理综合执法体制改革的三大内容

长久以来，条块关系"是中国政府体制中基本的结构性关系，在各个不同的层次和领域深刻影响着政府过程的方方面面"①。作为城市管理的重要环节，城市管理综合执法受到条块关系的影响，主要采取"九龙治水，各管一段"的条块管理模式，即遵从政府横向与纵向上的条块分割，以属地管理和垂直管理为原则，对城市综合管理实施分割式管理。这种传统管理模式的优点在于能够提高城市管理的精细化、专业化水平，②但也会成为城市治理过程中产生权责失衡、职责失序、考核偏差、形式主义和官僚主义等弊端的渊薮。

上海市城市管理综合执法改革围绕组织机构重组、制度体系重建、权责重构三大内容展开。其中，组织机构重组是上海市城市管理综合执法改革的直接结果，制度体系重建是上海市城市管理综合执法改革的重要保障，权责重构是上海市城市管理综合执法改革的关键。

第一，组织机构重组是上海市城市管理综合执法改革的外在表现和直接结果。上海市城市管理综合执法的机构改革与重组本质就是要理顺基层治理中的"条条"与"块块"。"条条"是指上级政府的职能部门及其在基层政府中设的垂直管理的下属机构，"块块"是指一级地方政府及其派出机构。城市管理综合执法体制改革的目的是解决"条块矛盾"给基层治理、城市治理带来的困境与弊端。具体而言，城市管理综合执法的机构改革与重组主要表现为两个方面：其一，理顺垂直管理的"条条"与基层政府部门"块块"之间的关系；其二，厘清实行双重领导的"条条"与基层政府之间的关系（见表5-1）。

---

① 周振超：《构建简约高效的基层管理体制：条块关系的视角》，《江苏社会科学》2019年第3期，第143—149页。
② 陶振、陈琳：《城市管理综合执法创新的实践动态与治理逻辑——以上海为例》，《四川行政学院学报》2018年第1期，第56—61页。

第五章 城市精细化治理的三大体制改革制度创新

表 5-1 上海市城市管理综合执法的机构改革过程

时间	层级	机构变化
1997 年	基层、街道	设立街道监察大队
2000—2004 年	区县一级	整合街道监察大队职能，设立区县城市管理监察大队，代替街道监察大队独立、集中行使行政处罚权
2005 年	市级	上海市市容环卫局挂牌上海市城市管理行政执法局
		上海市城市管理行政执法局下设上海市城市管理执法总队
2011 年		上海市城市管理执法总队更名为上海市城市管理行政执法总队；原来区县一级的监察大队更名为 XX 区县城市管理行政执法大队，作为区县一级城市管理执法的行政主体，受上海市城市管理行政执法总队垂直管理
2014 年		上海市城市管理行政执法局从上海市绿化和市容管理局中分立出来，并由上海市住房和城乡建设管理委员会管理

首先，"条块关系"的本质是要理顺垂直管理与基层政府部门之间的关系，是要正确处理好政府部门权限与垂直管理单位权限之间的关系。从上海市城市管理综合执法机构改革的过程来看，从1997年设立街道监察大队，到区县一级城市管理监察大队的设立，再到上海市城市管理行政执法总队、XX区县城市管理行政执法大队，垂直管理体系越来越成熟，上级领导、管理下级，下级执行上级命令并对上级负责，受上级监督。垂直管理机构与政府部门之间的关系则表现为当垂直管理的"条条"遇到困难时，政府应当积极配合和支持垂直管理机构的日常工作。例如，《上海市街道监察处罚暂行规定》第四条规定："街道办事处有权组织、协调辖区内的公安、工商、税务等机构，依法支持、配合街道监察队的监察处罚活动。"①

其次，厘清实行双重领导的"条条"与基层政府之间的关系

---

① 参见《上海市街道监察处罚暂行规定》第四条（街道监察大队的设立），http://www.people.com.cn/item/flfgk/dffg/1997/C122001199707.html。

构成上海城市管理综合执法体制改革的另一项重要内容。上海市现有的城市管理综合执法机构既受本级政府（区县、乡镇或街道）的统一领导，又受上级主管部门的业务指导或领导。这种双重领导在相当程度上是通过政府职能部门来实现的，主要表现在两个方面。一方面，政府职能部门之间的联合决策与联合执法。例如，2011年成立的区县一级城市管理行政执法大队，在执法过程中需要区县一级政府的职能部门配合或联合执法，区县一级城市管理行政执法大队的11项权限的执行有赖于同级政府9大部门的协调和帮助。另一方面，政府职能部门的重组、裁撤、合并等改革，直接影响双重领导结构。例如，2005年上海市市容环卫局挂牌上海市城市管理行政执法局，实行"两块牌子，一套班子"，下设城市管理执法总队，并统一领导由原区县一级城市管理监察大队改组成的区县一级城市管理执法大队。这一举措将政府职能部门嵌入垂直管理之中，区县一级城市管理执法大队既要听从本级政府的管理（上海市城市管理行政执法局是上海市政府的职能部门之一），又要受到上级直管部门（上海市城市管理执法总队）的领导。

  第二，制度体系重建是上海市城市管理综合执法改革的重要保障。"制度在社会中发挥着基础性作用，不仅决定经济绩效，也影响着各类行为的效果"[1]，因此，城市管理综合执法制度体系的重建和更新是保障城市管理综合执法体制改革成果的稳定性、有效性、可持续性的有力武器。城市管理综合执法制度体系是指保障城市管理综合执法的相关理念、政策、决策、措施得以落实与实施的各种规划和运作模式的统称与集合。这一制度体系能够保障以人为本、精确、高效、协同、可持续等理念在城市管理活动中形成价值认同；也能促进城市管理综合执法理念的形成和管理活动的实施、落

---

[1] 毕娟、顾清：《论城市精细化管理的制度体系》，《行政管理改革》2018年第6期，第38—42页。

第五章　城市精细化治理的三大体制改革制度创新

实,并在各种法律法规建立健全的基础上,保障相关政策落实,以形成相应的运作模式;同时,运用标准化、程序化、协同化、制度化、科学化手段,促进城市综合治理的"共建共治共享"等相关举措顺利实施,并对常规执法系统,包括职能、权责、权限等方面进行精化、细化、优化,最终深化城市管理综合执法体制改革,提升城市精细化治理水平,满足城市居民的美好生活需求。

上海市在城市管理综合执法改革过程中,形成了以法律、法规、政策等为代表的刚性正式制度,以及以社会价值、伦理道德、社会习俗等为代表的柔性非正式制度的规则集。对于城市管理综合执法而言,构成其执法行为之合法性的规则集应当包括正式制度与非正式制度。其中,正式制度是指城市管理综合执法所依据的法律、法规、部门规章、政府政策等,是在原有城市治理正式制度体系基础上,结合城市发展、城市管理、居民需求而进行提升、完善、精细化之后的正式制度体系。从上海市城市管理执法的正式依据来看,主要由三个层面的法律制度保障城市管理综合执法活动:法律、行政法规和地方性法规、规章。

法律"是指由全国人民代表大会或其常务委员会根据宪法或依职权制定的规范性法律文件"[①]。城市管理综合执法的主要法律依据是《中华人民共和国行政处罚法》《中华人民共和国行政强制法》《中华人民共和国治安管理处罚法》《中华人民共和国地方各级人民代表大会和地方各级人民政府组织法》中的部分授权性规定条款。法律直接地、概括地描述了城市管理综合执法的相关权限、职能、适用和程序,是全国城市管理综合执法之合法性的直接来源。

行政法规主要指国务院为领导和管理国家各项行政工作,根据宪法和法律制定的各类法规的总称,[②] 以进一步明确相关法律条款

[①] 胡建淼、金伟峰:《行政法与行政诉讼法》,高等教育出版社2012年版,第14页。

[②] 同上书,第15页。

具体实施意见，如《国务院关于进一步推进相对集中行政处罚权工作的决定》。地方性法规是指"享有地方性法规制定权的地方国家权力机关"①依照法定权限，在不同宪法、法律和行政法规相抵触的前提下，制定的在本行政区域内实施的规范性文件。②地方性法规是地方人民政府从事国家行政管理的法律依据之一，是地方人民政府为适应本行政区域内情况，依据上位法制定并实施相关行政管理权力的依据，如上海市人大出台的《上海市城市管理行政执法条例》。

规章，在行政法中主要包括地方政府规章和部门规章。前者主要是由省、自治区、直辖市和较大的市的人民政府制定。后者主要是由国务院各部、委等具有行政管理职能的直属机构制定。住房城乡建设部于2017年出台的《城市管理执法办法》，填补了此前20余年城市管理执法规范的缺位。上海市人民政府发布的《上海市人民政府关于本市开展市级层面城市管理领域相对集中行政处罚权工作的决定》《上海市城市管理行政执法条例实施办法》等文件，就行政处罚和行政执法相关内容，具体指导上海市相关部门展开城市管理工作。

上海市城市管理行政执法局围绕上述类型的法律文件，制定了城市管理综合执法的权限、职能和实施细则，对上位法相关内容进行细化与补充。

第三，权责重构是上海市城市管理综合执法改革的关键。其中，清单制是上海市城市管理行政执法局厘清权力与责任关系的重要手段。有学者指出："中国政府职能在纵向上配置的总特点可以概括为'职责同构'，依循职责同构的习惯，政府职能转换和政府体制改革

---

① 根据《立法法》第63条规定，地方性法规的立法主体有两类：一类是省、自治区、直辖市的人民代表大会及其常务委员会；另一类是较大城市的人民代表大会及其常务委员会。这里主要是指上海市人民代表大会及其常务委员会。

② 胡建淼、金伟峰：《行政法与行政诉讼法》，高等教育出版社2012年版，第15—16页。

第五章　城市精细化治理的三大体制改革制度创新

会滞后于经济发展。"① 城市管理综合执法体制改革的关键就是要厘清、理顺执法部门之间的权责关系，在一定程度上打破职责同构，合理配置政府职责，使得上海市政府职能调整、行政机构改革和理顺条块关系等工作同步进行。权力清单是"将地方各级政府工作部门行使的各项行政职权及其依据、行使主体、运行流程、对应责任等，以清单的形式明确列示出来，向社会公布，接受社会监督"② 的一种制度性工具。责任清单是指"地方政府部门在对其行使的职责进行全面梳理的基础上，将权力和职责范围、主体、法律依据、追责情形和流程以清单形式列举公布"③。权责清单制度是一种限定式管理，其制度逻辑包含两个方面：一方面表现为权力清单的"法无授权不可为"，以制度工具界定政府行为边界，要求权力公开，权力受到监督和制约；另一方面表现为"法定职责必须为"，责任清单规定执法部门在享受一定权力的同时必须承担一定的责任，并且法律规定的职责必须承担。权力清单为实现权力的可制约性提供了技术平台，而责任清单为实现"制度制约权力"提供了法律依据和制度刚性。

2015年，上海市政府出台《上海市城市管理行政执法条例修正案（草案）》，针对街道和乡镇的体制性差异，对《上海市城市管理行政执法条例》的五个方面内容做了实质性修改：第一，赋予乡镇人民政府城市管理行政执法主体资格；第二，增加和扩大部分城市管理执法事项；第三，强化公安对城市管理执法工作的保障；第四，明确区县城市管理执法部门对街镇城市管理执法工作的监督权；第五，规范对没收物品的处置程序。④ 同年，上海市城市管理

---

① 朱光磊：《现代政府理论》，高等教育出版社2013年版，第74页。
② 彭勃、付建军：《城市基层治理中的清单制：创新逻辑与制度类型学》，《行政论坛》2017年第4期，第38—45页。
③ 同上。
④ 可见《上海市城市管理行政执法条例修正案（草案）》具体内容。参见《〈上海市城市管理行政执法条例修正案（草案）〉征求意见公告》，上海人大网，http://www.spcsc.sh.cn/shrdgzw/node4/node22/node37/u1ai60512.html，最后浏览日期：2021年6月10日。

行政执法局对外公布《行政权力清单和行政责任清单目录》（2015版），明确规定城市管理行政执法局在8项管理职责中的72项行政处罚权、6项行政强制权以及1项其他权力。上海市城市管理综合执法局综合来自工商、交通、城市规划、环境监督等相关部门的权力，将政府权力集中后统一执行，在具体执法过程中协同涉及相关部门。需要注意的是，这种执法权的整合并未导致原有部门被取代。

2. 上海市城市管理综合执法体制改革的三种管理模式

从上海城市管理综合执法体制改革来看，上海在完成执法体制改革三大内容的过程中形成了三种管理模式，用以实现条块关系重组。这三种模式反映了上海在探索城市管理综合执法改革过程中不同阶段形成的不同管理模式或管理经验，其本质都在厘清、理顺"市-区县-街道（乡、镇）"三级执法体系中的主体结构、权责体系、管理方式，以科学手段实现城市管理综合执法主体实体化、权责体系明确化、管理方式科学化、执法过程人性化。

一是"镇属、镇管、镇用"的乡镇模式。这种模式强调乡、镇人民政府具有城市管理行政执法主体资格，乡、镇一级人民政府负责本辖区内城市管理行政执法工作，设立相应的城市管理行政执法机构并以乡、镇一级人民政府的名义具体承担本辖区内相应的城市管理行政执法工作，并接受区县一级城市管理执法部门的业务指导和监督。这一举措将原来区县一级派驻在乡、镇的城市管理执法中队划归乡、镇一级政府管理，由原来的派出机构转变为政府的直接管理，受到上级垂直管理部门和乡、镇政府的双重领导。

二是"区属、街管、街用"的街道模式。在不保留（不设立）市一级综合执法部门的情况下，仅在区县一级设立城市综合执法机构，实施区块管理。街道一级由上级机构派驻综合执法分队的方式以区县城市管理执法局的名义执法，派驻队伍受到上级派出部门和本级政府的双重领导。但在人、财、物管理和具体行政事务办理事项上由街道负责，包括相关行政复议和诉讼的具体事务也由街道负责办理，城市管理执法中队负责人由街道商区城市管理执法局同意后共同任命。这种模式的最大特点在于强调属地管理的重要性，能够将执法队伍相对集中在一个街区，快速发现并解决问题，便于与其他部门联动协作。

三是垂直管理模式。这是一种仅在市一级设立一个专管部门，将下级执法机构收归市级机构统一管理的模式。上海市在市一级设立城市管理综合执法局统一行使行政执法权，下属的区县一级城市执法队伍均由市一级机关统一领导指挥。这一模式强调权力行使的专业化和集中化，将分散在不同部门且关联性较强的权力集中在市一级的权力执法部门，一定程度上改变了以往市、区县、街道或乡镇三个层面分散执法的状况，兼顾城市管理与行政执法的统合性和整体性，有利于改善城市管理中执法力量分散、效率低下等弊端。

3. 上海市城市管理综合执法体制改革的四种方式

总体而言，上海市城市管理执法体制改革就是按照属地管理、权责一致的原则，以下移执法重心为主，组建城市管理行政执法局。为了保障城市管理综合执法体制改革的顺利推进，在改革过程中，上海市围绕权力流向（纵向的"上下"）与执法机构改革（横向的"内外"）探索出四种改革方式，分别是横向权力集中、横向权力转移、纵向权力向上集中、纵向权力向下转移。

第一，执法部门合并带动权力横向集中。这种方式通过整合执法主体来实现权力集中，体现组织体系内部合并的过程，一般通过三个步骤实现。首先，执法部门职能合并，即将职能相近、职能重叠、职能交叉的城市管理执法权责进行合并，"以一抵多"、"以一汇多"、"以一聚多"，以实现权责体系明细化、集中化。其次，在职能合并的基础上，将政府部门的职权集中，实现政府职能与功能的统一。权责集中以职能合并为前提，有什么样的权力，就需要承担对应的职责，反之亦然。最后，政府机构改革或部门整合是前两者改革的外化，是前两者改革的直接结果。无论是政府部门职能合并还是职权集中,都直接表现为政府组织形态的变更(产生或消灭)或执法形式的变革(如从单独执法到联合执法)。

第二,执法权横向转移。这种方式是将原先依据法律规定赋予特定部门的行政执法权(包括行政处罚权、行政强制权及法律赋予的其他权力)移交给新的执法主体,将分散于政府各职能部门的权力统一于新的执法部门综合行使。这种做法一般会在市级层面设立一个综合执法部门,例如上海市城市管理行政执法局,专门管理城市综合执法及综合执法队伍。这种模式的具体流程是:首先,根据城市发展需求及政府组织架构和形态,增设一个综合执法部门;其次,将其他部门的执法权力转移给新的执法部门,原来的执法部门不再行使执法权力,不再充当执法主体。这种模式是关联部门的重叠权力的合并转移与统一行使。

第三,纵向职权向上集中。这种模式是形成"市-区县-街道"三级垂直管理的内在机制。这种方式旨在实现"市管区,区管街道",将综合执法职权统一由市一级执法主体掌握和实施,同时,区县与街道由市级执法主体领导并对其负责。从三级主体的职能分工来看,市一级负责统筹部门工作计划和方式、制定相应规章制度、负责全市重大城市管理执法活动、承担有关行政复议和行政诉讼等七项职权。[①] 而区县与街道一级承担本辖区范围内一切与城市综合管理执法相关的具体内容。

第四,纵向权力(执法重心)向下转移。这种方式主要是指,将原先收归于市一级执法部门对城市管理的具体权力,下放给区县、街道一级的基层单位行使,市一级的综合执法权力被弱化,其职权仅限于组织、管理、控制、监督和协调下级部门。同时,基层执法部门承接来自上级部门下放的执法权,完成本辖区内具体的行政管理任务。这种方式的本质与纵向职权向上集中相匹配,将执法

---

① 由上海市城市管理行政执法局承担的七项主要职权详见《上海市城市管理行政执法局主要职责内设机构和人员编制规定》(沪府办发〔2015〕49号),http://cgzf.sh.gov.cn/main/news_6.html。

主体的管理权限向上集中，负责城市综合管理执法的宏观规划与管理；同时，具体执法权力下移，使得基层执法主体能够自主开展执法活动，并受到上级部门的统一领导与管理。

这四种改革方式旨在通过对政府组织体系的"上""下""内""外"四个维度的改革，实现政府部门内部组织重构、流程再造、技术变革与机制创新等目标，实现社会资源与管理力量的有效整合，以解决直线部门与职能部门之间因管理隶属的差异导致的管理目标难以统一，管理行为难以落实，管理责任难以明确，容易陷入条与块多头指挥、双重领导的困境①。

4. 上海市城市管理综合执法体制改革的基本特征与价值取向

上海市城市管理综合执法改革以组织机构重组、制度体系重建、权责结构重构三大内容为核心，以"执法权力集中、执法重心下移"为主题，确立了"1＋1＋1＋X"的城市管理综合执法体制。该过程基本实现了分散执法向集中综合执法转变，执法重心由市一级向街道、乡镇一级下移，其目的是解决基层执法中的权责不对称、管理力量短缺的问题，破解执法力量分散所导致的管理碎片化、多头交叉执法等问题。从上海市城市管理综合执法改革过程来看，此次改革具有如下几个基本特征。

第一，综合执法机构析出过程的实体化。从上海市城市管理综合执法主体的变更来看，原先市、区两级城市管理行政执法局一般与市容环卫局、市绿化与市容管理局实行"两块牌子、一套班子"的管理体制，在这种挂靠制度下并未形成独立的执法实体与管理机构。经过自2015年起的城市管理综合执法体制改革后，市级层面单独设立上海市城市管理行政执法总队，上海市城市管理行政执法局从原来的市容环卫局独立出来。区县一级设立城市管理行政执法大队，由市级总队统一领导。从执法主体职责与权力履行的过程来

---

① 陶振：《大都市管理综合执法的体制变迁与治理逻辑——以上海为例》，《上海行政学院学报》2017年第1期，第34—43页。

看,市、区县两级城市管理执法局作为政府职能部门,要将分散于城建、环保、市容市政、工商、路政、水政、园林绿化、规划等部门的相关执法权集中归入城市管理执法局,在实际执法过程中要求相应部门协助城市管理执法局,协同完成城市管理工作。

第二,综合执法的权责体系清单化。清单制是新一轮城市治理创新中的一种新生制度。2015年,上海市城市管理行政执法局出台《行政权力清单和行政责任清单目录》,将城市管理局执法事项通过条目的形式列举出来,廓清城市管理执法主体的权力、责任和主体边界。该清单明确规定城市管理行政执法局在市容环境卫生、市政工程管理、绿化管理、水务管理、环境保护管理、公安交通管理、工商管理、建设管理、房地产管理、城市规划管理、拆除违建等方面8项管理职责中的72项行政处罚权、6项行政强制权以及1项其他权力,有效解决了部门分割给城市基层社会治理带来的诸多问题,包括政策执行不力、部门利益冲突和选择性执法等问题,这些问题使得城市基层治理呈现出协同碎片化格局[①]。

第三,综合执法的法律体系制度化。此次改革为规范城市管理综合执法行为、提升综合执法效能,建立了一套"横向到边、纵向到底"的制度体系,主要包括横向的权责体系、纵向的组织体系和"整体化、联动联勤"的执法体系。通过对政府组织体系的"上""下""内""外"四个维度的改革在政府部门内部组织重构、流程再造、技术变革与机制创新方面取得重大成就,基本实现了以"市-区县-街道"三级垂直管理体系为核心的"组织机构重组"、以"正式制度+非正式制度"协调配合为特征的"制度体系重建"、以"权力清单+责任清单"联动共治为内容的"权责结构重构"三大任务。从制度层面严格规范综合执法主体、权力、责任和主体间

---

① 彭勃、付建军:《城市基层治理中的清单制:创新逻辑与制度类型学》,《行政论坛》2017年第4期,第41页。

性，为"严格执法、公平执法、公开执法、规范执法、监督执法"提供制度保障和法律依据。

第四，综合执法的实施过程规范化。这种特征主要表现在城市管理综合执法始终坚持"有法可依、有法必依、执法必严"，以此杜绝城市管理综合执法过程中的"责任缺位、执法越位、管理错位"等问题。这种规范化执法有赖于法律体系制度化的形成，制度化是规范化的依据和保障。从现有制度体系来看，上海市城市管理综合执法体制改革形成了从国家法律到地方性法规、从抽象立法到具体可参照执行的实施规范的产生、从单一的执法条例到体系化的实施办法等较为完整的、可执行的、体系化的制度体系。这一方面保障了城市管理综合执法的合法性与有效性，另一方面维持了城市管理综合执法体制改革的发展性与可持续性。

（三）城市管理综合执法体制改革的逻辑

从上海城市管理综合执法体制改革的总体过程来看，上海市的改革经验可以总结为"创新城市管理综合执法体制，构建联动联勤的整体性治理模式"。城市管理综合执法通过横向权力跨组织转移集中、纵向权力下沉和联动联勤的执法过程，实现"市-区县-街道"三级城市管理综合执法，其内在逻辑一方面遵循"跨组织边界的协同联合工作"的行动逻辑，另一方面表现为"条块联动"的整体性治理逻辑。

1. 改革逻辑：创新城市管理综合执法体制，构建联动联勤的整体性治理模式

整体性治理（holistic governance）是"政府机构通过组织间充分沟通与合作，达成有效协同和整合，彼此的政策目标连续一致，政策执行手段相互强化，达到合作无间地去实现共同目标的治理行动"[1]。这种治理理论强调"组织机构之间的合作与整合，

---

[1] Perriy, *Towards holistic governance: The new reform agenda*, New York: Palgrave, 2002, pp. 34-37.

以协调、整合、责任为核心要点"[①]。就其理念而言，整体性治理注重建立行政风险的预判机制，遵循公共行政的需求导向和政府行政的结果导向，以满足合作型政府的良好运行为核心。在其组织架构与治理形态上，坚持跨层级联合、跨部门功能整合、多资源融合，关键活动包括政策制定、联合执法、服务供给、权力运行与社会监督等方面。在组织结构上，以"信息联动＋条块联动＋执法联动＋内外联动"的多方联动为治理架构。在执法手段上，以通信技术、网络技术、智能技术为手段，联合政务平台、微信、微博等渠道，建立政府业务、事务、政务一站式窗口。在价值目标上，坚持协调、联动、整合、责任。以资源整合为必要手段带动执法主体协调联动，解决权责碎片化和服务裂解性，实现政府权力整体性运作。

　　以整体性治理为核心的改革逻辑表明，城市管理综合执法体制改革既应满足服务型政府的公共性价值取向，又要符合政府治理工具自主选择的客观依据。首先，整体性治理与服务型政府的公共性价值具有高度耦合性。公共性作为现代行政的合法性之源，是建构服务型政府的内在要求与属性，它要求城市治理要尊重公民意志，以提供公共服务和实现公共价值为职责，以满足公民美好生活需求为目标，以公共服务有效供给为导向，以公正、平等、正义为理念，以政府联动联勤为手段，将城市治理层级、功能和公私部门进行整合，开展广泛的互动、合作，以有效解决公民的需求问题。其次，整体性治理是城市管理综合执法部门自主选择的政府治理工具。有什么样的社会，就有什么样的社会治理。在现代化与后现代化"两化叠加"[②]的现代社会，其复杂性必然导致单一主体的城市治理存在信息失真、决策失准、政策失效、管理失范等问题。因此，政府工具的自主选择是源于政府治理能力和治理体系与治理对

---

　　① 曾凡军、韦彬：《整体性治理：服务型政府的治理逻辑》，《广东行政学院学报》2010年第2期，第22—25页。

　　② 朱光磊：《"两化叠加"：中国治理面临的大难题》，《北京日报》，2016年10月24日，第13版。

象、环境、要素相互匹配的需要，以达到帕累托最优（Pareto optimality）。

2. 运行逻辑：在不消除组织边界的条件下进行跨边界的协同合作

佩里·希克斯（Perri 6）认为，"在科层治理和竞争性治理模式下，政府组织发展也越来越趋向以功能化政府组织为主的政府组织分化状态与准市场环境，既导致了功能的进一步碎片化，又使政府组织绩效低下"①。按照行政体制改革"单一职能的政府机构"原则，政府机构应按职能分工且角色定位专业化，不能相互交叠，但这有可能造成职能碎片化，甚至部门本位主义等弊端。因此，我们需要以整体性治理来弥补政府组织机构专业化和功能碎片化的缺陷。整体性视角主要是实现政府组织结构和功能的整体化运行，并非指政府组织机构的一体化。有鉴于此，整体性治理的运行逻辑"不是通过现有组织的分裂活动实现，也不是由设立一个超级管理部门来实现，而是在不消除组织边界的条件下进行跨边界的协同合作"②。

协调与整合作为整体性治理的两个重要指征，体现了政府组织结构运行的两种机制。协调是指政府在开展联合和整体性工作时，部门间联合信息系统、组织机关间对话，以及政策规划和制定过程中的部门联动。整合是指在实施行政和政策执行过程中的联通合作。从整合的目的与结果来看，整合是一种反对碎片化治理的策略行为。整体性治理并不是要反对政府组织结构专业化趋向，而是主要针对政府组织之间的碎片化问题。

从上海市城市管理综合执法体制改革的过程来看，上海市设立城市管理行政执法局，旨在重整政府组织中职能相似、职权相近的部门或机构，将行政处罚权交由城市管理行政执法局统一行使，以便横向协调与管理，避免和减少政府组织中部门间、机构间的矛盾与冲

---

① 曾凡军：《政府组织功能碎片化与整体性治理》，《武汉理工大学学报》（社会科学版）2013年第4期，第235—240页。

② Tom Ling, "Delivering Joined-up Government in the UK: Dimensions, Issues and Problems", *Public Administration*, 2002, 80(4), pp.615-642.

突。同时，上海市城市管理执法局下设上海市城市管理执法总队，以统领管理区县一级执法大队，自上而下形成垂直管理体系。从其执法的过程来讲，在城市管理行政执法过程中，由市级执法局牵头与住建、环保、工商、食药、交管、水务、公安等相关职能部门联合执法，整合机构职能后并不是相互替代，而是多部门联动联勤。

二、基层市场综合监管体制改革

作为中国行政体制改革的重要内容，市场监管体制改革是政府顺应中国特色社会主义市场经济的发展，履行经济性和社会性监管职能，在监管机制、监管方式、监管理念等方面进行的完善与创新。市场监管体制改革历来受到各届领导人的重视。中共十八届三中全会发布的《中共中央关于全面深化改革若干重大问题的决定》指出，改革市场监管体系，实行统一的市场监管。《国务院关于促进市场公平竞争 维护市场正常秩序的若干意见》指出，加快县级政府市场监管体制改革，探索综合设置市场监管机构，原则上不另设执法队伍。2014年，中共十八届四中全会进一步要求深化行政执法体制改革，重点在食药安全、工商质监、公共卫生、安全生产等领域推行综合执法。2017年，中共十九大报告指出，深化商事制度改革，完善市场监管体制。十九届三中全会提出，完善市场监管和执法体制，整合精简执法队伍，解决多头多层重复执法问题。为学习和贯彻党中央关于市场监督体制改革的重要指示和精神，助推市场监管和执法改革顺利实施，自2013年以来，深圳、上海、浙江、天津等省市政府开始探索市场监督体制改革，通过整合工商、质监、食品药品、检验监督等部门，组建设立市场监督管理局，"试图以一个强有力的现代化监督管理方式打破地方保护，维持市场健康、高效地运转"[1]。

---

[1] 汪改丽：《竞争政策视野下上海市场监管体制现代化研究》，《桂海论丛》2016年第3期，第66—73页。

第五章 城市精细化治理的三大体制改革制度创新

市场监管作为政府基本职能之一,"是新时代加快完善社会主义市场经济体制的关键环节,目的在于维持市场秩序,保障公平竞争,弥补市场失灵,使市场在资源配置中起决定性作用,更好发挥政府作用"①。从政府行为过程来看,市场监管是指具有法律地位的、相对独立的监管机构(政府部门),依照一定的法律法规对市场中的监管对象进行一系列管理与监督行为。从市场监管的内容来看,主要包括经济性监管、社会性监管和反垄断监管三大领域。经济性监管是对特定产业领域的监督管理,主要围绕自然垄断、严重的信息不对称等问题,进行价格监管、市场准入准出监管、投资监管和质量监管。社会性监管是围绕实现特定的社会价值和公益目标,实现跨产业、全方位的监督管理,主要围绕环境、卫生健康、公共安全、危机管理等方面。反垄断监管是一个相对专业的监管领域,主要目的是防止在竞争领域中具有垄断能力的垄断企业的出现,以此保护市场公平竞争,维护市场竞争机制,使市场平稳运行。②

纵观中国市场监管体制改革,围绕政府与市场的关系这一主题,大致经历了政府控制市场的行业主管阶段(1949—1992年)、政府控制下的独立监管阶段(1993—2008年)和强调综合执法能力建设的统筹监管阶段(2009年至今)。③ 在国家建设和发展过程中,中国立足国情,借鉴已有经验,经过70年的不断探索和实践,使市场监管体制由早期的部门领导和管理的模式转向独立监管模式,现今又发展成为集综合监管、行业监管、社会协同监管于一体的市场综合监管体制。

以此为背景,根据《中共中央关于全面深化改革若干重大问题

---

① 韩雪峰:《完善市场监管和执法体制——"市场监管领域综合行政执法体制改革研讨会"会议综述》,《中国行政管理》2018年第8期,第157—159页。
② 同上。
③ 刘亚平、苏娇妮:《中国市场监管改革70年的变迁经验与演进逻辑》,《中国行政管理》2019年第5期,第15—21页。

的决定》中关于市场监管体系、实行统一市场监管的精神，进一步转变政府职能，落实区县级政府监管职能，上海市"3+1"市场综合监管体制改革整合市场监管资源，形成大市场监管、全过程监督的格局，符合大部制改革趋向。① 上海市基层市场综合监管体制改革在加强专业化管理的基础上进一步推进综合执法，整合市场监管执法资源，着力构建贯穿生产、流通、消费、后期监管全过程，融合技术、执法、监督相互支撑的监管机制，打通专业管理、综合管理、垂直管理等市场监管体系，为上海建立公平竞争、开放统一、稳定有序的市场体系提供了体制机制保障。

本节主要以上海市，尤其是浦东新区为例，介绍市场综合监管体制改革的过程，归纳总结市场监管体制改革的内容和经验，剖析改革进程中的基本特征，揭示基层市场综合监管体制改革的内在逻辑。

（一）上海市基层市场综合监管体制的改革过程与基本方向

市场综合监管体制改革属于历史范畴，是社会发展到一定程度和一定阶段的产物，它反映的是经济基础与上层建筑之间的辩证关系，因此，它永远处于进行时，没有完成时。从时间维度看，市场综合监管体制改革是政府机构改革洪流中的重要一环，是政府应对经济社会发展不同阶段所遭遇困境的一种自我调节。因此，过程性是市场监管体制改革，乃至行政体制改革的基本属性。从空间维度看，即从改革的方向来看，市场综合监管体制改革具有定向性，即必须满足经济基础与上层建筑、生产力与生产关系之间相互适应的基本原则。因此，在一定程度上，市场综合监督管理体制改革可以被理解为政府与市场在时间和空间上相互作用的产物，其本质是为保障经济社会的稳定发展。

---

① 刘洋洋、张丽：《上海市场综合监管体制改革与创新》，《党政论坛》2015年第11期，第38—40页。

第五章 城市精细化治理的三大体制改革制度创新

1. 上海市基层市场综合监管体制的改革过程

从外在表现来看，上海市基层市场综合监管体制改革主要以机构合并为主，组建工商、质监、食药监和物价局合并而成的市场监督管理局，如图 5-1 所示。

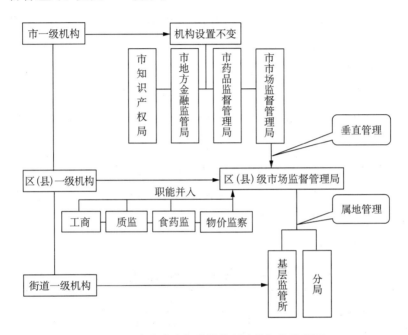

图 5-1　上海市市场监管体制改革机构示意图

根据国务院 2013 年印发的《关于地方政府职能转变和机构改革的意见》和中共十八届三中全会公布的《中共中央关于全面深化改革若干重大问题的决定》中提出的"加快推进食品药品监管体制改革"的要求，2014 年 1 月，经上海市人民政府批准，浦东新区率先开展基层市场综合监管体制改革。根据《中共上海市委关于组建上海市浦东新区市场监督管理局的批复》，设立上海市浦东新区市场监督管理局，为浦东新区人民政府工作部门，挂上海市浦东新区食品安全委员会办公室、浦东新区质量发展局牌子。自此，上海市浦东新区市场监督管理局，承担原上海市工商行政管理局浦东新区分局、上海市浦东新区质量技术监督局、上海市食品药品监督管理局浦东新区分局的职责。

2014年10月,浦东新区市场监督管理局将原属于物价局的价格监管职能①划归其中;同年11月,浦东新区市场监督管理局先后兼并专利、商标、版权行政管理权和综合执法权,单独设立知识产权局。至此,以浦东新区为代表的上海市基层市场监管体制改革以"三合一""三加一"②改革为基础,整理整合相关监管部门的职能和权力,新成立的市场监管局集质监、物价、工商、食药品等部门的行政强制、行政处罚、行政审批等其他权力于一体。从表5-2中可以看出,区县一级市场监管局集中行使行政处罚权,掌握四大职能,总计1 293项处罚权力,以实现以"食药安全监管一体化、产品质量监管一体化、公众诉求处置一体化、市场准入一体化、执法办案一体化的'五个一体化'为核心,统一监管标准、整合监管职能,构建程序更优、效率更高的'一体化、广覆盖、专业化、高效率'的监督管理体制"③。

表5-2 浦东新区市场监督管理局职能与权力概观

职能类别	权力事项		
	行政审批	行政强制	行政处罚
质监	14项	11项	417项
物价	仍属物价局	3项	17项
工商	6项	22项	538项
食品药品	16项	6项	321项

资料来源:笔者根据浦东新区政府官网政务公开数据整理制作。

2015年,经上海市人民政府批准,将上海市工商行政管理局自由贸易试验区分局、上海市质量技术监督局自由贸易试验区分局

---

① 主要包括3项行政强制事项和17项行政处罚事项。参见上海浦东新区人民政府网站,www.pudong.gov.cn/shpd/InfoOpen/DeptList.aspx?DeptId=42045&SubjectId=42059。
② "三合一"是指原工商、质监、食药监三大职能部门的整合;"三加一"是指在"三合一"的基础上吸收原物价局的价格监管权力。
③ 李江萍、邱鹏峰、刘思弘:《浦东"四合一"市场监管模式的问题与优化》,《浦东开发》2015年第3期,第46—49页。

整合为中国（上海）自由贸易试验区市场监督管理局，在上海市浦东新区市场监督管理局挂牌。从2015年起，浦东新区市场监管体制改革的经验开始在上海市各大中心城区和各区县层面推广，如杨浦区、虹口区等。

2.上海市基层市场综合监管体制改革的基本方向

经过改革开放40年的快速发展，相对于上海在经济和社会体制改革上取得的长足进步而言，行政体制改革特别是市场监督体制改革仍显落后，严重影响了经济社会的持续健康发展。因此，市场监管体制改革是政府回应和尝试解决上述问题的必然选择，是政府职能转变的必然要求，是理清理顺政府与市场边界动态变化的外在表现。上海市场监管体制改革以"推进法制化保障、一体化监管、社会化共治、协同化执法、信用化机制的'五化'建设，建立健全'综合监管、集中执法、专业辅助、社会共治'的市场监管体制"[①]为总体方向，以"实现监管目标从局部利益导向向全局利益导向转变，监管主体应由单中心治理结构向利益相关方参与的多中心治理结构转变，监管方式从行政主导式监管向激励式监管转变"[②]为三大基本方向。

第一，监管目标从局部利益导向向全局利益导向转变。在传统条块分割体制下，市场监管权力分散于多个政府部门，这不利于以协同高效为原则的市场监管综合执法体系的建立健全，优化协同高效的市场监督综合管理体制改革必然要求整合相关部门职能和资源，并对执法队伍综合化建设提出要求。上海此次监管体制改革"并不是简单的机构合并，而是为了顺应市场经济发展规律，特别组建的新型市场监管部门"[③]。从市场监管部门的职能来看，"摆脱传统的画地为牢、各自为战的条条块块壁垒式职能配置，按照职能

---

① 上海市工商局办公室课题组：《上海推进市场综合监管体制改革的调研报告》，《中国工商管理研究》2015年第5期，第75—80页。
② 同上。
③ 石涛：《推动上海市场监管体制改革研究》，《中国市场监管研究》2016年第7期，第22—24页。

配置的科学性、高效性和廉洁性原则，将行政权的决策、执行、监督职能相对分离而又各自集中行使"①，是此次市场监管体制改革的主要内容。由此，市场监管部门的职能重塑决定着监管目标重心转移，不再应当将其局限为特定部门的特殊利益，而应当适应全市总体发展规划和从新部门的职能定位出发，来维护市场经济秩序，实现市场监察职能。

第二，监管主体由单中心治理结构向利益相关方参与的多中心治理结构转变。在市场经济体制驱动下的市场情境中，作为市场监督对象的工商、食药、公共卫生、质监等方面的问题，展现出多样性、复杂性和不确定性的特征，这决定了单纯依靠政府监管机构来进行监管的"单中心监督管理结构"已经不适应新市场的监管需求。因此，在新一轮市场监管体制改革中的组织机构改革或者主体改革要考虑：一方面，利用大部门体制思维和方法推行综合行政执法机构改革，从而大力减少横向协调的任务及难度；另一方面，充分发挥消费者、社会媒体、社会组织等利益相关者的作用，使其共同参与到监管活动中去，形成"体制内外互动、政社联动、官民共治"的市场监管机构体系。需要说明的是，"利益相关方参与"或者"多中心治理模式"是指政府主导下的多元合作、共同参与的主体体系。"我们讨论治理问题或者政府治理问题，不能脱离关于国家的整体性思考，不能失去政治视野而单独讨论治理问题，因为这本身就属于治理的原始本意，不能听任治理跑出了政治（统治）的范畴，进入到街头巷尾碎片化共议的空间，进而以虚幻的共同目标建构为导向，形成无权威的多元主体共治格局。否则，对于中国这样规模巨大、治理任务繁重的国家来说，其后果将难以预料和掌控。"②

第三，监管方式从行政主导式监管向激励式监管转变。市场监

---

① 韩雪峰：《完善市场监管和执法体制——"市场监管领域综合行政执法体制改革研讨会"会议综述》，《中国行政管理》2018年第8期，第157—159页。

② 唐亚林：《新中国70年：政府治理的突出成就与成功之道》，《开放时代》2019年第5期，第34—52页。

管领域长期受到"行政命令式"的监管方式影响,展现出浓厚的行政色彩,"传统市场监管过程中主体目标冲突、获取信息成本高昂、权力寻租可能导致监管腐败"[①],凡此种种都暴露出传统市场监管方式的弊端。要实现有效的监管,需要对监管理念和方式予以变革,通过合理的制度设计形成监管主体的激励相容,降低监管成本。首先,在成本-收益分析的基础上,激励性监管通过设计一定的奖惩、诱导和激励机制来提高监管对象的自主性,有助于提高监管工作效率,降低监管成本。其次,激励性监管通过保障创新利益,实现经营目标(私利目标)与监管目标相统一。市场监管既要关注监管行为的社会价值,也需要保障从业者的经营目标,通过设定激励机制引导从业者自觉调适自己的行为符合监管标准,从而既达成监管主体设定的监管目标,又维护从业者获利的经营目标,以最终实现"主观为己、客观为社会"的双赢效果。最后,激励性监管强调利益平衡,达成政府主导下的多元参与、成果共享的市场监管格局。激励性监管制度设计要求发挥激励制度的引领作用,为从业者划红线,为监管主体指明工作方向,以促进各方利益主体积极协商与利益共享,达成政府主导下的社会共治的市场监管形态。总之,激励性监管通过激励性制度的设计与实施,合理平衡私利目标与监管目标的冲突,将保障私利目标融入监管目标中去,改变传统行政命令监管方式下"管"的强制性特征,实现政商互助、政社联动、多元参与、成果共享的市场监管体制。

(二)上海市基层市场综合监管体制改革的内容与特征

以协同高效为原则,以执法权力集中、执法重心下移为目标,以职能整合、机构优化、联动联勤为载体的基层市场综合监管体制改

---

① 周昌发:《论互联网金融的激励性监管》,《法商研究》2018年第4期,第15—25页。

革要求在监管机构体系、监管方式、监管法规政策体系、监管绩效考评体系等方面创新市场监管综合执法体系,并在此过程中展现出基本特征:自上而下的权力驱动改革,试点探索与推广的渐进式改革模式,以及领导高度重视下的改革资源集中与倾向性使用的分配方式。

1. 上海市基层市场综合监管体制改革的主要内容

市场监管体制改革的主要内容是从市场监管组织结构和监管运行机制的改革入手,创新市场监督管理体制,调整地方政府职能定位,理顺政府与市场的动态关系,完善组织结构和运行机制,改进公共服务,加强依法行政。其总体思路遵循"以转变政府职能为先导,以创新运行机制为主线,以提高公共服务质量为核心"[①],构建与上海经济社会发展相适应的综合性市场监管体制。其改革内容包括四个方面。

第一,上海市基层市场监管机构综合化改革探索要求逐步建立健全"统一、独立、高效"的市场监管机构体系。

"上海是机构整合与分级管理模式的代表。"[②] 监管机构体系综合化改革的首要任务就是要"做实做好基层、做精做专机关"。按照国务院颁发的《国务院关于促进市场公平竞争 维护市场正常秩序的若干意见》(国发〔2014〕20号)中"加快县级政府市场监管体制改革,探索综合设置市场监管机构"的部署,上海市区县将原工商行政管理、质量技术监督、食品(含食品添加剂、保健食品,下同)安全、药品(含中药、民族药,下同)、医疗器械、化妆品监督管理和价格监督检查的市场监管权力集中于新设立的"区县级市场监督管理局",并加挂"食品安全委员会办公室""区县级质量发展局"牌子,承担原四大部门注册许可、工商行政管理、质量技术监管、食药安全监管和价格监督等多项权力。后又经上海市人民政府批准,将上海市工商行政管理局各区分局、上海市质量技术监督局各区分局整合,挂牌于区县级市场监督管理局。

---

① 陈振明:《理解公共事务》,北京大学出版社2007年版,第402页。
② 薛澜、李希盛:《深化监管机构改革 推进市场监管现代化——以杭州市为例》,《中国行政管理》2018年第8期,第21—29页。

在街道、管委会层面，采取属地化管理原则，由区县市场监管局的派出机构，即"××街道市场监管所"承担一线执法任务，通过街道协调，实现对市场秩序的综合管理。街道一级承担了大部分市场监管活动，凡是能由基层监管机构承担的执法事项，原则上全部下沉，以此形成区县统筹协调、街道实施落实的全覆盖监管网络，实现执法重心下移、权力下沉的监管机构体制（如图5-2所示）。

从人事管理上看，区县一级市场监管局80%的人员在基层从事一线执法，人事管理遵从"人随事走、编随事定"原则，以求精简机构，充实基层执法队伍。

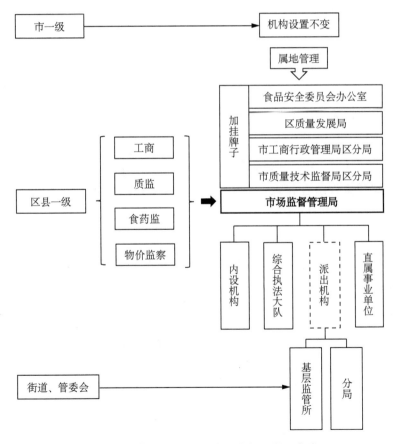

图5-2 基层市场监管机构综合化改革示意图

第二,上海市基层市场监管方式一体化改革探索要求加强"综合监管"与"专业监管"合作效用,让"看得见的手"与"看不见的手"共同作用,实现市场监管方式一体化。

理想的市场监管体系应当是整体的、全方位的和全覆盖的,既有助于防范和管控风险,又能为市场建设提供高质量保证。从监管覆盖程度来看,市场监管方式一体化需要兼顾综合监管与专业监管,协同发挥综合监管的整体性与专业监管的独立性。从两种监管方式的实践效果来看,综合监管与专业监管各有利弊。一般而言,"通过市场综合执法监管可以整合基层监管力量,在短期内解决监管队伍人员经费编制问题,同时保障基层监管的覆盖面,促进部门之间相互协调,提高行政效率,但会削弱专业性监管在市场监管总局工作中的地位"。[①] 专业性监管可以体现专业性监管工作的重要性,保障专业监管水平的稳定性和独立性。然而,专业监管部门因为编制受限、人员不足等因素,无法聚集监管资源,由此会降低专业性监管的覆盖面和可操作性,可能会增加对其他监管部门的依赖。从上海市基层市场监管体制改革实践来看,区县一级通过"挂牌"和"两块牌子,一套人马"的方式,将专业监管和综合监管结合起来,形成"大市场-专食药"的监管方式。区县一级整合辖区内一切监管资源,将原工商、质监、食药监和物价监察收归于市场监管局,并由其统一行使综合执法权。同时,区县一级市场监管局加挂"食品安全委员会办公室",将食药监单列,保障食药监管的专业性。食品安全委员会办公室与区监管局同班人马可以解决人事、职能重新调配的费时费力的问题,保障新机构监管能力、资源及监管人员的专业性,降低部门协调难度。

政府监管(看得见的手)与市场自我管理(看不见的手)是

---

① 刘鹏、刘嘉、李和平:《综合吸纳专业:放管服背景下的食药安全监管体制改革逻辑》,《华南师范大学学报》(社会科学版)2018年第6期,第100—108页。

维护市场秩序的"两只手"。这"两只手"是相辅相成的,体现了混合型社会主义市场经济体制下,政府与市场"统筹把握、优势互补、有机结合、协同发力"的密切关系。"两只手"合作的本质就是要维护好资本逻辑下市场运行的私利性与社会价值逻辑下政府监管的公共性之间的平衡关系,单纯地依靠其中之一都不能实现中国经济社会的发展。因此,在探索市场监管体制改革时,要兼顾这"两只手",使其"各就其位、各得其所、各发所长"。在资本逐利推动下的市场存在自发性与盲目性,可能会对社会利益和公共价值造成损害。因此,在某些领域需要政府之手在监管市场方面发挥作用,通过宏观政策调控,保障宏观经济发展,实施基本公共服务,维护社会安定。但是,政府亦不可过度干预市场,不能从政府自身利益出发破坏市场运行。因此,"必须要让这两只手在应该发挥作用领域扬其所长,在不应涉足的领域避其所短","以透明公开的秩序监督'有形之手',保障'无形之手'"。[1]

第三,上海市基层市场监管程序法治化改革探索要求全面厘清现有法律、法规和执法文书,完善系统化、可操作化的执法指导手册,健全监管法规政策体系。

监管法规政策体系是监管机构运行的依据,也是市场监管高效的制度保障。市场监管法规政策体系是调整一个国家市场准入、生产、销售、使用、监管等各个环节中产生的社会关系和经济关系的法律规范总称。为了能够让基层市场监管执法人员有统一、明确的执法规范和依据,上海市浦东新区市场监管局专门成立"法律法规清理小组",按照"能合并尽量合并"的原则,统一基层执法的法律法规和政策依据(见表5-3)。

---

[1] 胡鞍钢:《如何理解"两只手"优于"一只手"——中国政治经济语境中的政府与市场关系》,《人民论坛·学术前沿》2014年第20期,第62—80页。

表 5-3 上海市浦东新区市场监管执法依据

执法类型	基层市场监管执法依据（法律渊源）					
	法律	行政法规	地方性法规	部门规章	地方政府规章	单项合计
工商	28	67	10	115	9	229
食药监	2	19	3	69	7	100
质监	17	27	14	98	22	178
价格监督检查	4	5	1	10	1	21

目前，从市场监管执法的法律依据及其构成来看，上海市浦东新区已经形成"以基本法为基础，现有各种法律政策相衔接"的法律政策体系，基本建立了自上而下的、囊括国家层面的法律和行政法规与地方层面的地方性法规和规章的、相互配套的、完整的法律体系。从工商、食药监、质监和价格监督检查四项职权的合法性来看，上海市浦东新区基本做到有法可依。工商行政执法的 229 项法律法规确定了包括工商行政审批、行政强制、行政处罚在内的 566 项行政监管事项。食药监领域的 100 项法律法规授予基层市监局 343 项监管职能。质量技术监管拥有 178 项法律法规，划定了行政审批、强制、处罚事项总计 442 项。价格监督检查的 20 项监管事权受到 21 项法律法规和政策的监督。

需要指出的是，面对未来市场监管的复杂性和不确定性，应当利用弹性机制进一步完善市场监管法规政策体系。因此，还应就以下两方面内容建立健全市场监管法规政策体系。首先，加强和完善特殊性区域、领域的立法规制，特别是把控市场准入和退出机制。其次，完善法律法规纵向评价机制，加强修订、补正工作的有效展开，使其成为外部环境变化的感应器，成为市场监管和政府干预的触发器，成为防范市场风险和危机的控制器。

第四，上海市基层市场监管绩效评价常态化改革探索要求建立市场监管绩效评价的长效机制和评价体系。

监管绩效评价体系的构建是提高监管科学性的重要手段。绩效管理一般是由"确定使命和目标，即战略规划；确定具体的方向和衡量标准，即年度绩效计划；绩效评估、报告和评估信息的利用"① 三大环节构成。监管绩效评价作为政府工具的一种，兼具政策分析与协调功能于一体，"合理开展监管绩效评价可避免低效、无效的监管政策对市场的干扰和影响，从而更好地界定政府和市场的边界；在赋予了监管政策和监管行为正当性的同时还有助于监督政府的监管行为，尽量避免政府监管失灵现象的发生；在监管绩效评价的过程中，可通过开展互动增强政府监管决策和行为的公开透明、提升公众的民主意识，从而增进政府与社会的良性互动。监管绩效评价已成为西方国家监管决策过程中必不可少的环节，是开展监管活动的基本依据"②。

目前，上海市基层市场监管绩效考核方式主要以部门预算绩效考核为主。从上海市基层市场监管部门公布的《上海市浦东新区财政支出绩效目标申报表》《市场监督管理局 2018 年度单位预算》等文件中，笔者整理出"市场监管体制改革绩效评价指标体系"和"市场监管绩效评价指标体系"两大绩效评估内容。"市场监管体制改革绩效评价指标体系"包括"政府职能转变成效""监管模式升级成效""组织架构优化成效"三个一级指标；"市场监管绩效评价指标体系"主要是指机构内部绩效指标（见表 5-4）。

表 5-4　上海市基层市场监管绩效考核指标体系

绩效评估内容	指标集	
	一级指标	二级指标
市场监管体制改革绩效评价指标体系	政府职能转变成效	执法权力集中程度
		聚焦监管力度
		社会性监管比重

---

① 李乐：《美国公用事业政府监管绩效评价体系研究》，《中国行政管理》2014 年第 6 期，第 114—119 页。
② 徐鸣：《监管限度内中国监管绩效评价体系的构建研究》，《当代经济管理》2019 年第 7 期，第 18—23 页。

续　表

绩效评估内容	指标集	
	一级指标	二级指标
市场监管体制改革绩效评价指标体系	监管模式升级成效	"双随机一公开"的执行力
		社会共治程度
		智慧监管程度
	组织架构优化成效	现有组织覆盖程度
		市场监督管理体系统一程度
市场监管绩效评价指标体系	机构内部绩效指标	监管机构本身的履职能力
		监管机构的行政绩效
		机构内部管理的经济性

"市场监管体制改革绩效评价指标体系"主要反映这一轮市场监管体制改革的成效，主要包括三个一级指标。"政府职能转变成效"通过考察"执法权力集中程度""聚焦监管力度""社会性监管比重"三项二级指标，主要反映"条块关系"，即基层市场监管部门与其他政府部门及上级指导部门间的人、事、物、财、权之关系。"监管模式升级成效"指标包含"'双随机一公开'的执行力""社会共治程度""智慧监管程度"三个二级指标，对这三个指标的量化分析可以评价基层市场监管部门监管模式的有效性和创新性。"组织架构优化成效"指标用以评价和描述组织架构的优化程度、覆盖程度和完备情况，主要包括"现有组织覆盖程度""市场监督管理体系统一程度"。

"市场监管绩效评价指标体系"主要反映基层市场监管部门的机构内部绩效。以浦东新区为例，从其年度绩效报告的结构来看，主要采取的是整体评估的方式，即将浦东新区市场监督管理局作为一个整体来进行评估，评估从机构负责的各项监管活动入手，例如工商、质监、食药监等逐一介绍监管部门在监管活动中的绩效情况。此外，在质监方面，浦东新区采用"项目制绩效评估"[①]。浦东新区市场监督管理局为申请"浦东新区促进质量发展专项资金"，特别编制质监年度绩效目标，分别为"投入和管理目标""产出目标""效果目标"和"影响力目标"。这种项目制绩效评估并非长效化评级体系，因而未出现在表5-4中。"市场监管绩效评价指标体系"主要包含"监管机构本身的履职能力""监管机构的行政绩效""机构内部管理的经济性"。"监管机构本身的履职能力"是指监管机构的监管工作绩效，主要包括业绩目标、效果目标等。"监管机构的行政绩效"是指监管机构自身解决行政事务的能力，主要包括部门立法、出台执法的政策依据、召开听证会的数量等。"机构内部管理的经济性"主要通过监管部门的财政开支来衡量。[②] 监管部门需要对其在财政年度内的收入和支出做详细的列表。我们可以在监管部门的年度报告中找到相应的指标数据。

2. 上海市基层市场综合监管体制改革过程的基本特征

经过从2015年到2019年五年的实践探索，上海市基层市场监管体制改革基本形成了"大市场-全过程"的监管格局，初步实现了融专业监管于综合监管之中，整合市场监管执法资源，优化市场监管机制体制，强化事前核准、事中把控、事后监管，着力构建贯穿生产—流通—经营—消费全过程的市场综合监管体制，有效提高市场监管体系与监管能力现代化。上海市基层市场综合监管体制改革初具成效有其不可替代的内在特征。从推动改革的内推力来看，此次改革的触发器源自自上而下的政策落实机制和权力结构，可概括为"自上而下权力驱动的改革动力机制"。从改革模式的有效性来看，此次改革沿用了"试点探索与经验推广的渐进式改革模式"。从改革资源的分配

[①] 参见浦东新区市场监督管理局重点项目绩效目标（促进质量发展专项资金）《上海市浦东新区财政支出绩效目标申报表（2019）》，http://www.pudong.gov.cn/shpd/InfoOpen/InfoDetail.aspx?Id=996951。

[②] 参见《浦东新区市场监督管理局2018年度部门预算》，http://www.pudong.gov.cn/shpd/InfoOpen/InfoDetail.aspx?Id=874159。

使用方式来看，此次改革受到领导的高度重视，在市级层面全面部署，是相关领导主推主抓的重大改革工程，这一特征可概括为"领导高度重视下的改革资源集中与倾向性使用的分配方式"。

第一，从动力机制来看，此次改革是权力要素驱动的自上而下的改革，权力驱动是此次改革的内在动因。

"权力主导是改革开放以来中国经济发展的根本特点。"[1] 这种权力驱动和主导逻辑，一方面表现为通过顶层设计制定改革的总体思路、战略规划和实施细则；另一方面体现为公权力掌握着改革所需的巨大资源，能成为主导改革的重要力量。上海市基层市场综合监管体制改革正处于中国全面深化改革的战略期和关键期。因此，从政策落实角度观之，为加快落实中共十八届三中全会的会议精神，依据大会发布的《中共中央关于全面深化改革若干重大问题的决定》和国务院发布的《国务院关于促进市场公平竞争 维护市场正常秩序的若干意见》的相关内容，上海市根据《中共上海市委关于组建上海市浦东新区市场监督管理局的批复》，着手组建上海市浦东新区市场监督管理局，开启上海市基层市场综合监管体制改革。对此次改革的动力机制加以研究可以发现，此次上海市市场监管体制改革是执行中央政府关于全面深化改革政策的产物，是国家政策方针的实施和落实工作，并不是上海市市监部门自主改革，更不是监管对象倒逼形成的自下而上的改革。

"政策执行的高位推动是促进政策执行的重要保证。"[2] 从讲求"上下一致"的中央到地方的机构改革来看，上海市此次改革基本迎合了国家市场监管领域机构改革的内容。2013年，国务院正式组建国家食品药品监督管理总局，并入原国家工商行政管理总局、国家质量监督检验检疫总局中的食品安全监管职能。同年12月，

---

[1] 赵玉洁、李海青：《经济发展的动力转变：从权力主导走向公民经济权利驱动——对四十年经济改革的一种审视》，《天津社会科学》2018年第4期，第24—31页。

[2] 贺东航、孔繁斌：《公共政策执行的中国经验》，《中国社会科学》2011年第5期，第61—79页。

第五章 城市精细化治理的三大体制改革制度创新

浙江省出台市县食药监管体制改革意见，紧跟国家食药监机构改革，成立市场监督管理局，整合工商与食药监相关职能和机构。上海市紧随其后，于2013年年底组建浦东新区市场监督管理局，并入工商、质监、食药监、价格监管检查四项职能。2018年3月，国家市场监督管理总局成立，不仅涵盖工商、质监、食药监的产品监管和标准化职能，还集纳了原属发改委、商务部和知识产权局的物价监管、反垄断与知识产权保护职能。① "中央-地方"监管领域机构改革的过程从侧面反映了上海市此次改革权力驱动的基本特征。

第二，从上海市市场监管体制改革过程看，上海市采用区县层面的试点探索与创新结合经验推广的渐进式改革模式。

从改革推广的时空维度来看，上海市形成了区县层面试点，逐步推广至全市的渐进式改革模式。2013年，浦东新区开始试点探索上海市基层监管体制改革；半年后，上海市进一步将市场监管体制改革推向中心城区，扩大试点范围；至2014年，市场监管体制改革已拓展至全市，甚至郊县。改革模式可以分解为三个步骤。第一步，在总结评估浦东新区市场综合监管执法改革试点的基础上，在中心城区全面整合监管职能，推进监管重心下移，余下各区县继续推进市场综合监管执法改革。第二步，继续在浦东新区深化改革，探索将各类监管事项逐步纳入市场综合监管范围，进一步建设统一的市场监管体系。第三步，在市级层面，借鉴天津市的做法，结合上海市实际，组建上海市市场监督管理委员会（或局），负责市场监管领域政策制定、决策协调、监督考核等工作。②

从改革的内容来看，上海市先将原工商、质监和食药监部门的监管权力集中，原工商局、质监局和食药监局"三局合一"，组建区县级市场监管局，后面逐步调整职能部门间的权责体系，又将专

---

① 刘鹏：《组建市场监管总局 培育良性市场经济——对市场监管领域机构改革的思考》，《紫光阁》2018年第4期，第39—40页。
② 上海市工商局课题组：《上海推进市场综合监管体制改革初探》，《中国工商报》，2014年11月27日，第3版。

利、版权、商标进行"三合一",促进知识产权保护,最后将物价局的价格监督检查权力归入区县一级市监局,最终完成整个市场监督管理体制改革。此次改革不论从时空维度的推进还是在改革内容上的职能整合,都遵循经济社会发展的基本规律和客观事实,稳步提升和扩大改革成效。

第三,从改革资源的分配使用方式来看,此次改革彰显出在领导的高度重视下,改革资源具有集中与倾向性使用的特征。

"高度重视"活跃于领导话语体系之中,是当代中国一种特有的治理形势。在中国,"领导高度重视逐渐具有规律性,形成相对稳定的治理工具组合,可以概括为'领导牵头、部门协调、财政支持、结果导向'四个方面,相关主体心照不宣地明白其中的重要性,在工作动力和责任意识上明显高于一般事项,这些是这种治理方式有效性的基本保障"[①]。

上海市此次改革受到市级层面领导的高度重视和鼎力支持。市工商局、质监局、食药监局等相关部门主动"搭台",配合各区县,按照市委市政府的部署,加快市场监管体制改革,从"拉条"到"属地",转变传统领导关系,消除本位思想,从改革大局和整体利益出发,集中改革资源,夯实基层综合监管,加快完成市场监管体制改革任务。在资金方面,为保障改革顺利进行,市委市政府设立专项基金为改革提供物质基础,尤其设立"浦东新区促进质量发展专项资金",为浦东新区解决资金掣肘。拨付专项经费以解燃眉之急是体现领导高度重视的重要方式。此外,此次改革还收到市监管部门以外的其他部门的帮助和支持。例如,上海市机构编制委员会办公室对调整后市监部门的人事编制予以调整;上海市人民政府法制办公室为清理相关法律条文提供巨大帮助;上海市经济和信息化委员会对市监管部门的信息系统予以调整和重

---

① 庞明礼:《领导高度重视:一种科层运作的注意力分配方式》,《中国行政管理》2019年第4期,第93—99页。

组，开发综合管理系统等。

（三）上海市基层市场综合监管体制改革的内在逻辑

市场综合监管体制改革的内在逻辑就是如何处理政府、市场与社会之间的关系，如何构建政府、市场与社会的动力均衡机制。

政府与市场的关系是监管体制改革的主要内容，也是监管研究的永恒议题。以亚当·斯密为代表的古典经济学派认为，市场是"看不见的手"，是一种用于调节资源配置的有效机制，政府只要完成守夜和守门人（gatekeeper）的角色即可。新古典经济学派认为，市场成为配置资源最佳手段的条件是：当且仅当完全竞争性市场、完全信息获取机制和完全独立的市场三者同时实现。任何政府的干预手段，如互惠、再分配制度等，都在降低市场效率、破坏市场最优，都是对自由市场体系运作结果的歪曲。[①] 相反，国家干预学派认为，新古典经济学派的三个假设很难同时实现，市场失灵难以避免，因此，国家干预是必要的。"市场可能失败的论调广泛地被认为是为政治和政府干预做辩护的证据。"[②] "但由于外部条件的缺失和政府的内在缺陷，这种干预不仅没有达到理想目标，反而造成了更多的问题，出现了政府失灵的现象。"[③] 构建"服务型政府"被认为是弥补政府失灵的重要举措，"主张政府与民间力量合作，共同提供社会公共服务"[④]。因此，"一方面，社会组织的多样性、灵活性、志愿性等特征可以在匡正政府失灵与市场失灵方面发挥重要作用；另一方面，萨拉蒙等学者发现，承接公共服务的社会组织普遍存在志愿失灵现象，需要政府的介入和匡正"[⑤]。

[①] ［美］B. 盖伊·彼得斯：《政府未来的治理模式》（中文修订版），吴爱明、夏宏图译，中国人民大学出版社 2012 年版，第 20 页。
[②] ［美］詹姆斯·M. 布坎南：《自由、市场与国家——80 年代的政治经济学》，平新乔、莫扶民译，生活·读书·新知三联书店 1989 年版，第 13 页。
[③] 朱光磊主编：《现代政府理论》，高等教育出版社 2013 年版，第 130 页。
[④] 同上书，第 141 页。
[⑤] 王诗宗、杨帆：《政府治理志愿失灵的局限性分析——基于政府购买公共服务的多案例研究》，《浙江大学学报》（人文社会科学版）2017 年第 5 期，第 184—195 页。

市场发展 → 市场失灵 → 政府干预 → 政府失灵 → 第三部门 → 志愿失灵

  这种治理工具选择的"链式溃败",表明"传统思考进路从逻辑上讲是错误的,因为它把一种工具的适用性建立在其余两种工具不适用的基础之上,而非将其建立在自身适用的基础上"[1]。于是,有学者提出,将政府与市场割裂开来探讨自由经济制度与社会制度之间的关系与发展是没有意义的。"本来就没有完全脱离政府的市场存在,任何市场的运作都离不开政府设定的基本舞台。"[2] 正如波兰尼用"嵌含"(embeddedness)概念点明经济本身并不是一个自主体,实际上必须服膺于政治、宗教和社会关系,我们不能依靠市场来发挥自律作用。卡尔·波兰尼(Karl Polanyi)认为,"市场社会包含了两种对立力量,即放任自由的动向以扩张市场,以及反向而生的保护主义以防止经济脱嵌",市场的稳定是扩张要素和保护要素——"双重动向"(double movement)——共同作用的结果。[3] 与波兰尼一样,普沃斯基认为,政府有权控制市场,并且公众有权监督,可以问责政府的这项权力,而公众参与的水平可以直接影响国家对经济和市场干预的程度和质量。[4] 这种观点显然已经跃出"政府-市场"二维对立,开始迈入政府、市场与社会三维互动框架。此外,为反思治理工具选择的合法性与有效性,公共管理领域引入"治理理论",试图发挥政府组织、市场组织和民间组织的各自优势,以公共利益为目的,依据一定的规则对社会加以调控,以期实现有序的公共生活。[5] 治理理论的适用性在于它能"在

---

[1] 谭康林、郑泽渠:《汕头创建文明城市中社会组织参与研究——基于政府失灵与志愿失灵的比较视角》,《汕头大学学报》(人文社会科学版)2017年第10期,第70—76页。

[2] 刘亚平、苏娇妮:《中国市场监管改革70年的变迁经验与演进逻辑》,《中国行政管理》2019年第5期,第15—21页。

[3] [英]卡尔·波兰尼:《巨变:当代政治与经济的起源》,黄树民译,社会科学文献出版社2017年版,第26页。

[4] 转引自[美]埃莉诺·奥斯特罗姆:《公共事物的治理之道:集体行动制度的演进》,余逊达、陈旭东译,上海译文出版社2012年版,第150—168页。

[5] 俞可平主编:《政治学教程》,高等教育出版社2010年版,第220页。

第五章 城市精细化治理的三大体制改革制度创新

经济运行层面上发挥市场调节、政府调节和社会管理各自功能的强点,并用一方面的功能强点去抑制或消除另一方面的功能弱点,做到功能的'强强结合',而非'弱弱相配',整体考察市场调节、政府调节和社会管理的耦合的可能性与现实性,实现政府、市场、社会三者强强联合与优势互补"①。该理论将原治理工具的链式结构转变为网络式结构,这种结构被认为是"真正成熟的体现,也是最稳定的治理结构"②。

自1978年中共十一届三中全会确立将党的工作重心转移到经济建设上来之后,当代中国走上了市场化取向的改革开放道路,并在1992年中共十四大上正式提出"建立社会主义市场经济体制"的战略目标,目的在于全面塑造中国社会主义现代化建设的内生动力。对于如何发挥市场和政府在资源配置中的作用、如何处理好政府和市场的关系问题,中国共产党经历了从1992年中共十四大报告强调"发挥市场在资源配置中的基础性作用",到2013年中共十八届三中全会通过的《中共中央关于全面深化改革若干重大问题的决定》中强调"使市场在资源配置中起决定性作用和更好发挥政府作用"之认识的革命性转换。2012年中共十八大后,当代中国在政府治理领域着重推进以权责清单为抓手、以"放管服改革"(简政放权、放管结合、优化服务的简称)为主线、以划清政府权力边界来调整政府与市场关系为目标的政府治理现代化改革进程。目前,当代中国的各级政府在机制与制度层面通过列举权责清单、划定行政权力边界的方式,把回应市场和社会主体及公民的需求作为现代政府建设的基本要义,基本确立了"负面清单""权力清单""责任清单"三单建设体系,初步达成市场和社会主体"法无禁止即可为"、政府部门"法无授权不可为"与"法定职责必须为"的目标,基本理顺了政府、市场和社会的各自活动范围与基本功能,

---

① 乔耀章:《政府理论》,苏州大学出版社2003年版,第166—167页。
② 俞可平主编:《政治学教程》,高等教育出版社2010年版,第233页。

创设了规范政府、市场和社会三者关系的基本制度体系,从而建构了把政府、市场和社会关系从理顺走向定型,进而形成制度化政府治理格局的发展动力体系。

三、社会治安综合管理体制改革

作为城市治理的重要内容,社会治安综合管理这一命题由来已久,但对其内涵和外延,不同时期、不同学者之间并没有形成一个统一的定义。① 一般而言,社会治安综合管理是指"在各级党委、政府的统一领导下,各有关部门充分发挥职能作用,协调一致、齐抓共管,依靠广大人民群众,运用政治、经济、行政、法律、文化和教育等多重手段,整治社会治安,打击和预防犯罪,完善社会管理,化解社会矛盾,维护人民权益,保障社会稳定,促进社会和谐,为社会主义现代化建设和改革开放创造良好的社会环境,推进中国特色社会主义事业深入发展"②。从这一定义可见,社会治安综合管理是一个内容较多、涉及面较广的完整机体。首先,社会治安综合管理是由法政部门、行政机关及社会团体、人民群众等多主体共同参与的一项系统工程;其次,社会治安综合治理是由打击和预防犯罪、完善社会管理、化解社会矛盾、维护人民权益、保障社会稳定、促进社会和谐等多个环节组成的工作网络体系。③

中国社会治安综合管理工作经过30多年的发展,在维护社会公共秩序、保障社会稳定等方面取得了很大成效。随着中国政治、经济与社会发展进入新常态,中国社会治安综合管理表现出新特征。中共十八大以来,以习近平为核心的党中央将社会治安纳入

---

① 游祥斌、李祥:《反思与重构:基于协商视角的社会治安综合治理体制改革研究》,《中国行政管理》2014年第12期,第58—62页。
② 中央社会治安综合治理委员会办公室编著:《社会治安综合治理工作读本》,中国长安出版社2009年版,第8页。
③ 陆健:《第一讲:什么是社会治安综合管理学》,《社会》1991年第10期,第13—17页。

第五章　城市精细化治理的三大体制改革制度创新

"建设中国特色社会主义社会治理体系"的视野下，提出建设平安中国的整体目标。① 中共十八大报告强调，要加快构建城市社会治安防控网络。以此为指引，自中共十八大以来，关于城市社会治安服务的研究主题是"如何进一步推进城市社会治安服务的法治化、智能化、立体化、信息化，营造群防群治的治安管理格局，完善共建共治共享的治安服务新模式"②。新时代的社会特征与新时代社会发展需求共同决定中国社会治安综合管理表现出新的特征。首先，社会公共秩序结构层次的多元性特征，决定了社会治安综合管理工作的主体结构必须具有广泛性和综合性，即包括党委、政府、各人民团体、企事业单位、公民与社会组织构成的群防群治体系。其次，社会公共秩序在社会治理工作中的基础性地位，决定了社会治安综合管理的对象是危及社会稳定、破坏公共秩序和公共安全的一切人、事、物，如违法犯罪问题、治安灾害、社会矛盾纠纷等。最后，社会公共秩序的复杂性和不确定性，决定了社会治安综合管理方式的多样性和综合性。从社会治安综合管理的方式来看，它综合了打击、防范、教育、惩罚、管理、改造等环节，各环节相辅相成。

　　上海市是中国首屈一指的特大型城市，社会治安综合管理必然成为城市治理的重中之重。在习近平"深入推进平安中国建设，发挥法治的引领和保障作用，坚持运用法治思维和法治方式解决矛盾和问题，加强基础建设，加快创新立体化社会治安防控体系，提高平安建设现代化水平"③ 的号召下，上海市着力构建"平安上海"。在实践中，上海市社会治安综合管理体制改革围绕"建设平安上

---

①　廖宝光：《习近平新时代社会治安理论体系探析》，《江西警察学院学报》2018年第7期，第47—52页。

②　王枫云、韦梅：《改革开放以来中国城市社会治安服务研究：理论进展与未来走向》，《探求》2019年第3期，第89—96页。

③　习近平：《发挥法治的引领和保障作用　提高平安建设现代化水平》（2014年11月3日），中华人民共和国中央人民政府网站，http://www.gov.cn/xinwen/2014-11/03/content2774561.htm，最后浏览日期：2022年6月25日。

海，构建共建共治共享的社会治安共同体"这一目标，通过推进社会治安综合管理的法治化、社会化、智能化、综合化、精准化改革，坚持系统治理、综合治理、依法治理、源头治理、专项治理相结合的方式，实现城市管理体制、公安行政管理体制、社区警务体制、警察教育体制、社区矫正体制方面的体制机制创新，建立健全上海市社会治安综合管理"立体式、全覆盖"的治安防控体系。

（一）上海市社会治安综合管理体制改革的目标与内容

多年来，上海市民的安全感始终稳居全国较高水平，上海市被誉为"中国最安全的城市"之一。然而，随着经济社会的快速发展和改革开放的全面深化，上海市作为人口众多、外来人口集聚的国际化大都市，各种社会矛盾、纠纷难以避免。在这种背景下，社会治安综合管理的重要性不断凸显，其治理机制朝综合性和多元性方向创新。[①] 社会治安综合管理体制改革的目标与内容就是要"形成有效的社会治理、良好的社会秩序，促进社会公平正义，让人民群众安居乐业，获得感、幸福感、安全感更加充实、更有保障、更可持续，要创新社会治理体制，把资源、服务、管理放到基层，把基层治理同基层党建结合起来，拓展外来人口参与社会治理的途径和方式，加快形成社会治理人人参与、人人尽责的良好局面"[②]。这种共建共治共享的社会治安综合管理格局，旨在构建一个整合多层次、宽领域、全方位、跨时空的社会治安治理集成系统，促进政府、市场、社会各归其位、各谋其政、各担其责，形成治安维护人人尽责、改革成效人人受益、治安成果人人共享的社会治安共同体。

[①] 乔骏：《综治立法：为"平安上海"撑起保护伞》，《上海人大》2010年第8期，第17—18页。
[②] 习近平：《2018年3月8日习近平参加十三届全国人大一次会议山东代表团的审议时的讲话》（2018年3月8日），新华网，http://www.xinhuanet.com/whxw.htm，最后浏览日期：2019年5月2日。

第五章　城市精细化治理的三大体制改革制度创新

1. 改革目标：建设平安上海，构建共建共治共享的社会治安共同体

遵循习近平总书记重要指示精神与中央政法工作会议和全国公安厅局长会议部署要求，结合上海公安工作实际，上海市社会治安综合管理体制改革深入推进，提出"防风险、补短板、强改革、抓队伍"12个字的贯彻落实全面推进"平安上海"建设的总体思路。①

"防风险"就是始终把工作基点放在有效防范、管控、应对风险上，把工作重点放在维护公共安全和保障社会秩序上，准确把握经济发展新常态下社会稳定新形势、新变化、新特点，增强治安管理工作的前瞻性、主动性和针对性，依法全面履行职责使命，确保社会大局稳定和城市公共安全。"补短板"就是以"问题导向"为工作方法，查找问题，剖析成因，把补短板作为攻坚克难、推动社会治安管理改革的重要方式，建立健全涵盖居住、商业、交通、消防、轨道、公共场所等人口密集区域的城市公共安全体系，扎实推进城市基层基础建设，确保城市安全有序运行。"强改革"重点突出城市公安体制机制改革，即牢牢把握公安体制改革这个"主旋律"，通过体制机制创新，尽快形成可复制、可推广、可持续发展的经验，全面提高公安治理和公安治理体系现代化，包括提高公安工作的能力、"调动、整合、使用"社会公共治安资源的能力、维护社会大局稳定的能力、促进社会公平正义的能力、保障人民群众安居乐业的能力，通过改革让人民群众有更多的参与感、获得感和幸福感。"抓队伍"是指加强社会治安综合管理的队伍建设、人才建设和思想建设。紧紧抓住队伍这个关键，坚持政治建警、素质强警、从优待警、从严治警，深入开展"学党章党规、学系列讲话、做合格党员"学习教育，进一步强化思想政治建设，切实提升民警的"政治意识、大局意识、核心意识、看齐意识"，打造一支绝对

---

① 本小节内容根据"'平安中国'网络访谈之一：上海市副市长、公安局局长白少康"、"'平安中国'网络访谈之八：上海市副市长、公安局局长白少康"内容整理。参见 http://www.maxlaw.cn/debao/news/850580828430.shtml。

忠诚、绝对过硬的公安队伍。

上海市人口密度高、地下空间大、现代化程度高，确实存在各种各样传统与非传统的风险隐患，对城市安全造成很大的挑战。为了从这个管理困境中突围，上海市社会治安综合管理体制改革的突破口在于主动提升工作标准，着力完善城市公共安全管理体系和立体化社会治安防控体系，着力打造上海现代警务机制升级版。零点公司数据显示，上海公众安全感和对公安工作的满意度指数已经连续三年实现"双提升"。上海市社会治安防控体系构建治安巡逻防控网、武装应急处突网和群防群治守护网"三张网"，极大提升了应对暴恐活动、个人极端事件和各类街面违法犯罪的能力。"三张网"是在开放、动态的社会环境下，稳住治安面最管用、也最具威慑力的利器和盾牌。"三张网"有三个特点：一是反应快，组建了17支特种机动队，实施"1、3、5分钟快速处置机制"，确保第一时间对突发事件做出有效响应；二是参与面广，既有公安武警联合武装巡逻、地方公安与铁路公安联合武装巡逻，实现应急处置力量的无缝衔接，又有数十万的"平安志愿者"，广泛参与信息采集、线索举报、守望相助等工作；三是可视化，最大限度地把警力压到一线、压到街面，切实提高见警率、管事率，让市民群众随时能看到警察，有实实在在的安全感。

2. 改革内容：建立健全城市社会治安综合管理五大机制

上海市社会治安综合管理体制改革的内容是围绕"建设平安上海，构建共建共治共享的社会治安共同体"这一目标，建立健全公正执法的公安行政管理体制、良好有序的城市维稳管理体制、便民务实的警务服务体制、维系执法公正的权力执法体制、综合素质培养的警察教育体制。通过这五大体制的创新，有效整合社会治安综合管理资源，构建社会治安综合管理安防体系。①

---

① 本小节内容源自《上海年鉴 2017》专文"上海公安全面深化改革"，内容稍做修改。参见 http://www.shanghai.gov.cn/nw2/nw2314/nw24651/nw43437/nw43440/u21aw1311494.html。

第一，公安行政管理体制改革坚持以提高社会综合治理能力为目标，提升公安机关的核心战斗力。针对上海城市治理动态化、信息化条件下公安实战需求，创新警务体制机制，加强公安核心战斗力的建设，上海市主要采取了如下举措。一是创新大数据实战应用。在全国率先建成市、区两级公安大数据实战应用平台体系，狠抓大数据规模应用、创新应用，推动大数据应用向城市管理、社会治理、服务民生等领域拓展延伸。二是创新打击犯罪新机制。建成上海市反电信网络诈骗中心，实现对电信网络诈骗案件"统一受理、统一查询、统一封堵、统一查处"，完善"科学指挥、合成作战、科技支撑、情报导侦"的打击犯罪新机制。三是创新境外非政府组织管理体制。在全国率先成立境外非政府组织管理办公室，健全组织机构，规范工作流程，提前做好《境外非政府组织境内活动管理法》的实施准备。四是创新网络安全管控机制。按照"能采则采、应采尽采"的原则，努力提升移动网络终端普及环境下的大数据采集应用能力。

第二，城市维稳管理体制改革坚持问题导向，进一步提升社会维稳与保障城市公共安全的能力。将公安工作标准全面提升为反恐标准，聚焦影响社会治安稳定、人民群众反映强烈的突出问题，创新社会治理方式，花大力气抓改革、补短板，具体展开了如下探索。一是完善立体化、信息化社会治安防控体系。以防范应对恐怖袭击和暴力犯罪活动为重点，深化"三张网"建设，在全局组建16支特种机动队，对全市59处重点区域实行"1、3、5分钟"到场处置机制，会同上海市社会治安综合治理委员会办公室大力推进群防群治守护网建设，不断扩大防控覆盖面，提升应急处突能力和社会面防控能力。二是构建超大城市公共安全管理体系。从与城市公共安全密切相关领域入手，全面梳理风险隐患，研究防范措施，推动出台加强公共场所安全管理的地方立法，以及加强消防安全管理体系、轨道交通安全管理体系建设的指导意见。三是开展道路交通违法行为大整治。抓住市委加强城市治理补短板的重要契机，牢牢把握现代交通管理规律，综合运用各种资源、方法和手段，落实最严执法、最严管理措施，全面加大对道路交通违法行为的发现、处罚力度，立法律规矩、正遵法风气，并通过推动地方立法、深化交通管理勤务机制改革等举措，健全常态长效工作机制。

第三，便民警务服务体制改革坚持以人民满意为标准，提升社会公共服务精准化输出能力。围绕事关经济社会发展和群众生产生活的改革项目，不断推出如下便民利民新举措，以努力增强人民群众的获得感。一是深化社区警务改革。深入贯彻市委"创新社会治理，加强基层建设1＋6"文件要求，为全市5 415个居村委配备社区民警5 512人，全部实现"一村一警""一居一警"，推动社区民警兼任居（村）委党组织副书记或综治工作站副站长，加快推进社区警务室规范化建设，推动社区警务与基层组织、社区群众深度融合。二是深化出入境管理制度改革。在2015年出台服务上海科创中心建设的12项出入境新政基础上，上海又出台10项新出入境政策措施。三是深化交通管理服务改革。完成公安部部署的跨省异地缴纳交通违法罚款工作试点，创新推出交通事故线上快处移动平台"快处易赔"微信公众号、"上海交警"App等多项"互联网＋"交通管理便民措施。四是深化人口管理服务改革。配合上海市发展和改革委员会研究出台进一步推进上海市户籍制度改革的意见，制定落户管理试行办法，为外地来沪人员提供身份证业务异地办理，减少群众往返奔波的麻烦。五是深化公安窗口服务改革。深入推进窗口单位规范化建设，完成全市400余个窗口单位硬件设施改建，并增设自助查询、微信公众号、免费Wi-Fi等服务，提高办事效率和便民服务水平。在狠抓改革推进的同时，加强与中央和上海市主流媒体沟通合作，加大公安改革成效宣传力度，赢得较好的社会反响。

第四，以"阳光警务"建设为引领的警察执法体制改革，进一步提升公安机关执法公信力。上海市开展新一轮执法规范化建设，健全执法制度，改进执法管理，强化执法监督，具体措施如下。一是深入推进执法公开。建成市局、分局、派出所三级"阳光警务"大厅群,开通案件进展情况网上查询平台,切实以公开促公正、以透明倒逼规范执法。近年来,平台可供公开查询案件超过170万件,公开率达到96.3%。二是积极推进以审判为中心的诉讼制度改革。制定出台行政执法与刑事司法衔接、非法证据排除、律师执业权利保障等一批制度规范,从源头上完善执法制度和执法权力运行机制,提升依法取证工作能力。三是严格落实执法办案责任制,形成市局、分局两个层面的执法权力、执法责任清单,建立领导干部干预执法的通报追究制度,确保执法权力规范运行。

第五,综合素质培养的警察教育体制改革坚持抓好队伍建设,进一步提升公安队伍正规化、专业化、职业化管理水平。在上海市相关部门的大力配合与积极支持下,公安队伍着力推动解决政策性、保障性、体制性难题,激发队伍活力,提升队伍战斗力,具体探索了如下路径。一是抓好公安机关执法勤务警员职务序列、警务技术职务序列改革试点工作。在市人力资源社会保障局、公务员局等部门的大力支持下,浦东新区、徐汇区两家试点分局的套改工作全部完成,为下一步在全市推广积累经验。二是认真落实人民警察职业保障制度改革。全局民警新的警衔津贴标准全部兑现,并做好公安部启动人民警察值勤岗位津贴和加班补贴改革的相关准备工作。三是完善按需分类招警和特殊招录制度改革。会同市公务员局认真总结近年来人民警察分类招警、特殊人才招录、公安专业人才定向招录培养的经验做法,会签印发招录培养改革的3个规范性文件。四是着力推动辅警管理制度改革。根据国务院办公厅《关于规范公安机关警务辅助人员管理工作的意见》,会同市社会治安综合治理委员会办公室、市机构编制委员会办公室、市人力资源社会保障局、市财政局等部门开展专项调研,研究形成辅警管理"1+6"文件草案。

综上,社会治安综合管理体制创新围绕"权力下放、重心下移"这一主题,着重解决城市管理中的职能、职权重叠和效率低下问题，是"城市治理主体通过整合利用相关资源，采用合理工具和手段，以解决城市治理中的问题和实现城市治理目标的过程"①。上海市人口结构的复杂性、流动性和不稳定性所展现出的"流动性城市景观"，破除了传统"封闭式治理逻辑"，"基于变动取向的城市观，城市社会治理内在地呼唤开放的治理逻辑，其目标导向于更有效的资源流动来增强城市活力，表现出城市治理体制改革的开放性特征"。② 因此，加强社会治安综合管理体制改革必须遵循流动化、法治化、系统化、科学化特征。总体而言，从社会治安管理的结构来看，流动性治理要求城市管理体制改革遵循"联系"与"传递"的逻辑，满足保持权力与资源流动的开放性、多元性和流动性。就治安管理的手段来看，主要依靠自上而下的权力资源下放，在基层形成一种多元行动者之间达成多维度联系的行动者网络。可见，社会治安综合管理体制创新要求坚持问题导向和过程导向，聚焦于在更具联动性和流动性的网络建构中提升城市治理的有效性和科学性，更加强调过程中的互动、联通与合作。

（二）上海市社会治安综合管理体制改革的路径与实现方式

中共十八届五中全会提出"加强和创新社会治理，推进社会治理精细化，构建全民共建共享的社会治理格局"，在此基础上，中共十九大报告中明确提出"加强社会治理制度建设，完善党委领导、政府负责、社会协同、公众参与、法治保障的社会治理体制，提高社会治理社会化、法治化、智能化、专业化水平"③。这既是对长期以来中国社会治理与建设的经验总结，也是立足于新时代经济社会不断发展的新实践、新要求、新方向，明确了中国特色社会主

---

① 夏志强、谭毅：《城市治理体系和治理能力建设的基本逻辑》，《上海行政学院学报》2017年第9期，第11—20页。
② 吴越菲：《地域性治理还是流动性治理？城市社会治理的论争及其超越》，《华东师范大学学报》（哲学社会科学版）2017年第6期，第51—60页。
③ 习近平：《决胜全面建成小康 社会夺取新时代中国特色社会主义伟大胜利——在中国共产党第十九次全国代表大会上的报告》，人民出版社2017年版，第49页。

义社会建设与和谐发展的具体要求与实践途径。作为社会治理和城市发展的重要内容,社会治安综合管理体制改革与发展应当契合于"社会化、法治化、智能化、专业化"的社会治理这一前瞻性趋势。因此,上海市社会治安综合管理体制围绕构建"平安上海"的历史使命,通过社会治安治理体制"法治化、社会化、智能化、合作化、精准化"的改革路径,融"系统治理、综合治理、依法治理、源头治理、专项治理"于社会治安综合管理体制现代化进程之中,推动社会治安综合管理重心下移,发挥政府、市场与社会的作用,实现政府治理、社会调节、居民参与的良性互动。

为现实社会治安综合管理能力和治理体制现代化,上海市以"五化一体"的改革路径着力推进社会治安综合管理体制改革,实现以法治化提升社会治安综合管理的合法性,以社会化完善社会治安综合管理体制改革成果的共享性,以智能化促进社会治安综合管理的科学性与有效性,以综合化强化社会治安综合管理体系的合作性,以精细化推进社会治安服务供给的精准性。

第一,完善社会治安综合管理体系法治化建设,着力提升社会治安综合管理的合法性。

社会治安综合管理法治化建设就是要将社会治安管理纳入社会主义法治轨道,是"坚持用法治精神引领社会治安综合管理,用法治思维谋划社会治安综合管理,用法治方法推进社会治安综合管理"[1]的过程。

首先,以法治精神引领社会治安综合管理工作的落实。法治是随着依法治国的全面推进而被提出的,[2]它是治理与善治的重要因素,更是社会治安综合管理的内在灵魂。社会治安综合管理法治化建设,就是要树立法律至上、维护公平公正、弘扬诚实守信的社会

---

[1] 段太平、颜壮丽:《坚持法治引领,推动社会治安综合治理法治化》,《江西警察学院学报》2016年第2期,第8—9页。
[2] 袁方成、余礼信:《法治化与现代化:城乡基层综合治理的取向与路径》,《探索》2015年第6期,第68—73页。

公共价值,构建"友爱的党民关系、友善的政民关系、友好的法民关系",①充分培养和激发治理主体"法治自觉、法治自信、法治自立、法治自强"②的法治精神,引领社会治安综合治理的实践工作。

其次,以法治思维谋划社会治安综合管理工作。"法治化是国家治理现代化的主要内容,是衡量国家治理现代化的主要标准,因而法治化是实现国家治理现代化的关键。"③"综合治理是党和国家解决社会治安问题的战略方针,是一条具有中国特色的解决社会治安问题的根本出路。"④用法治思维来规划社会治安综合管理工作,就是要跳出"就事论事、就平安抓平安、就稳定抓稳定"的局限,坚持标本兼治,坚持源头治理,主动将社会治安综合管理纳入经济社会发展的全局中去规划和推进;要善于在法律层面思考问题、从法律视角分析问题、在法律框架内解决问题,强化法律在社会治安综合管理中的权威性、可靠性,从而最大限度地实现社会善治。

最后,以法治方式推进社会治安综合管理工作。现代社会问题的复杂性和不确定性决定了社会治安综合管理治理主体、治理手段、治理方式和思维的多样性与整合性,因此,依法治理原则必须成为社会治安综合管理坚持的基本准则和行为规范。我们必须着眼于依法治国,以法治方式推进社会治安综合管理体制改革。

具体而言,一方面,要建立健全社会治安综合管理的制度体系,包括完整、独立的法律体系、法律执行体系、法律监督体系、问责体系等。另一方面,要改革治理体制,实现综合治理工作的制度化、常态化发展。要完善对社会治安综合管理的领导体制改革,健全目标管理制度和绩效考核体系,并且按时检查、监察。此外,要完善行政吸纳机制,拓展公众参与、社会参与渠道。通过法制宣

---

① 俞可平主编:《国家底线:公平正义与依法治国》,中央编译出版社 2014 年版,第 129—136 页。
② 同上书,第 124—128 页。
③ 同上书,第 184 页。
④ 段太平、颜壮丽:《坚持法治引领,推动社会治安综合治理法治化》,《江西警察学院学报》2016 年第 2 期,第 8—9 页。

传积极弘扬社会治安综合管理的内涵和工作要求，采取"谁执法、谁宣传"的方式深入推进治安治理的社会教育、普法教育。同时，建立和完善公民参与机制，大力开展社会治安管理实践活动进社区、进楼道，建设覆盖范围广、深入群众的公众参与机制。

第二，完善社会治安综合管理体系社会化建设，鼓励社会组织参与，激发社会治安综合管理体制改革成果的共享性。

社会治安综合管理体系社会化建设是指"公安机关在党委政府主导下，遵循专门工作与群众路线相结合的原则和社会治安综合管理的指导方针，将非执法性质的治安管理职能通过有偿义务或义务分担的方式，过渡转给社会组织、社会力量来承担，变公安机关独家管理为社会资源参与管理的过程"[1]。习近平指出："要发挥社会各方面作用，激发全社会活力，群众的事同群众多商量，大家的事人人参与"[2]，"加强社区治理体系建设，推动社会治理重心向基层下移，发挥社会组织作用，实现政府治理和社会调节、居民自治良性互动"[3]。完善社会治安综合管理体系社会化建设就是要坚持"社会治安系统治理整体思维，转变政府职能，发挥它们在社会治安中的综合协调作用，鼓励和支持社会各方面参与社会治安，建立健全权责明确、利益共享、法治保障的社会治安制度体系，提升社会组织参与社会治安的协作能力和自治水平"[4]。

上海市社区警务机制改革通过健全完善社区和农村警务模式，形成资源共享、责任共担、协调运作的工作机制，并通过用好民力资源，进一步探索完善与政府派出机构、企事业单位、居民自治组织共管共治的合作机制，狠抓治安辅助力量建设，形成警种协作、

---

[1] 福建省三明市公安局课题组：《新形势下治安管理社会化研究——以三明市1+N警务模式为视角》，《公安研究》2011年第12期，第39—45页。
[2] 习近平：《保持锐意创新勇气蓬勃向上朝气 加强深化改革开放措施系统集成》，《人民日报》，2016年3月6日，第1版。
[3] 习近平：《决胜全面建成小康社会 夺取新时代中国特色社会主义伟大胜利——在中国共产党第十九次全国代表大会上的报告》，人民出版社2017年版，第49页。
[4] 廖宝光：《习近平新时代社会治安理论体系探析》，《江西警察学院学报》2018年第7期，第47—52页。

警企联防、警民共建的工作格局,不断推进警务(社会治安)工作的社区化和社会化。近年来,上海社区民警共开展入户走访193万余户(次),发现、消除各类社区安全隐患40万余处。2016年一季度,全市入民宅盗窃案件接报数同比下降25.1%,盗窃车内财物案件数同比下降25.4%;电信诈骗案件数同比下降51.8%,涉案金额同比下降63.8%。

为构建多元共治的社区治理新格局,上海市公安局以党建为抓手推动社区治理,积极推动落实党员社区民警兼任居(村)委党组织副书记、非党员社区民警兼任居(村)委综治工作站副站长,充分发挥社区民警组织协调、宣传引导、指导服务的作用,推动各方力量形成"多位一体"的社区治理模式。① 截至2017年4月,全市共有党员社区民警3 299人,其中,2 826人兼任居(村)委党组织副书记,占全市党员社区民警的88.95%。通过协调各方齐抓共管,在社区治理,尤其是整治"群租""黑车"等顽症中发挥了重要作用。此外,为进一步提升社区安全防范水平,上海市公安局还积极推动居(村)委治保主任专职化,使其与社区民警协作配合更加紧密,合力做好社区群防群治、防范宣传、矛盾纠纷排查等工作。截至2017年4月,全市居(村)委治保主任专职化程度已达95%。

第三,完善社会治安综合管理体系智能化建设,促进社会治安综合管理方式的科学性与有效性。

智能化警务是信息社会、智慧社会的产物。它要求以互联网等信息技术为载体,通过大数据分析、人工智能等手段,建立警务区块联动互通的"一站式"终端新形态,提高警务服务的精准化、信息化、数据化和智能化水平。从具体实践来看,社会治安综合管理智能化发展要求形成"技术-组织-功能"互嵌形态,在信息技术的发展与应用过程中建立信息化、智能化社会治安管理的运营模式,

---

① 《上海全面深化社区警务改革、创新基层社会治理》(2017年5月1日),中华人民共和国公安部网,http://www.mps.gov.cn/n2255079/n4242954/n4841045/n4841055/c5690846/content.html,最后浏览日期:2019年5月5日。

强调信息技术在社会治安管理过程中的迁移和延伸,以整体性组织方式将治安治理与信息时代相融合,实现以技术性治理带动社会治安综合管理的整体性、系统性和智能性。上海围绕"数据警务""阳光警务""智能警务",大力实施公安大数据战略,着力建设智慧公安、打造数据警务,不断推进公安机关社会治理能力的跨越式发展,努力开创新时代上海公安工作新局面。①

上海市社会治安综合管理机制智能化改革的关键在于警务科技创新,通过进一步健全完善立体化、信息化社会治安防控体系和超大城市公共安全体系,维护上海社会治安的持续稳定和城市公共安全的有序运行,具体有以下两种有代表性的做法。

一是,数据建模将警务工作从事后破案转变为事前预警。为进一步提升打击效能,上海公安机关将充分发挥科技信息化手段的作用,从人流、物流、资金流、信息流入手,分析梳理犯罪嫌疑人的作案规律,研发针对特定类型案件的数据模型,加强经营、深度打击、集群破案,不断提升打击犯罪的能力与水平。每名社区民警都配备新一代移动警务终端,做到警务信息"随采集、随录入",现场查询、当场反馈群众的咨询类求助。

二是,以信息主导警务,以技术辅助警务,让每一个民警都是一个"一站式多功能服务终端"。面对日益复杂的社会治安形势,上海公安将按照"警力不足素质补、民力补、机制补、科技补"的理念,以"信息主导警务",在动态分析全市发案数据的基础上,实行弹性用警机制和动态化勤务模式,进一步提高警力使用效率。同时,进一步优化派出所综合指挥室的管理与运作,加强视频监控与街面警力的联勤联动,着力打造立体化信息化社会治安防控体系。上海公安机关对警用 PDA(掌上电脑)终端进行改造升级,街头出现的每个巡逻民警都能成为一个综合平台。改造后的警用 PDA,信息传输速

---

① 《"建设智慧公安 打造数据警务"——努力推进公安机关社会治理能力跨越式发展》(2017 年 12 月 8 日),人民网,http://sh.people.com.cn/n2/2017/1228/c134768-31084681.html,最后浏览日期:2019 年 5 月 5 日。

率从2G跃升至4G，后台辅以强大的数据资源库作支撑，让每个巡逻民警都可以做到一键查询、秒级响应。此外，上海市公安局还在互联网上建立了市局、分局、派出所三级"阳光警务"大厅群。其中，在派出所"阳光警务"大厅专门设置社区警务模块，方便群众网上查询了解相关法律政策、社区治安状况等信息，并可以预约办事。

第四，完善社会治安综合管理体系合作化建设，强化社会治安综合管理体系的合作性与协同性。

社会治安综合管理体系的合作化建设是基于智能化和社会化改革，利用智能技术的平台建设与社会参与机制，整合社会治安综合管理资源，实现治理主体合作、人与技术共谋，共同推进社会治安综合管理体系合作化建设，强化社会治安综合管理体系的合作性与协同性的过程。"从长远角度看，信息技术和政府改革的联姻很有可能导致行政管理在形式和能力方面的重大修正"①，"这种能力还会继续调整政府的结构、政府成员间竞争和合作的关系以及政府和企业的关系"②。

首先，社会治安综合管理需要政府、市场和社会之间的主体合作。社会问题的复杂性决定了任意一维主体的治理结构和行为均存在失灵风险，正如上文在市场监督管理体制改革中提到的"链式溃败"。按照"治理理论"的内涵，治理的本质特征就在于"它是政府、公民和社会对公共事务的合作管理"③。因此，要加强上海市各区县之间、社区之间、商务楼宇之间的横向空间之间的警务联结合作，打破传统警察组织条块分割的封闭状态，突破人为界限，加强警种之间、地区之间的警务交流与协作，释放最佳效能。这将给当前科学解决许多公安管理难题带来新思路。

其次，随着大数据时代、智能时代的到来，社会治安综合管

---

① ［美］简·芳汀：《构建虚拟政府：信息技术与制度创新》，邵国松译，中国人民大学出版社2004年版，第27页。
② 同上书，第31页。
③ 俞可平主编：《政治学教程》，高等教育出版社2010年版，第222页。

理体制改革必然面临新要求并承载新使命,如何实现"人-技术"和谐、人技共谋,共同创造社会治安稳定、有序、可持续发展,成为改革的首要目标和落脚点。为适应新形势的需要,上海市区域警务合作进一步扩展到互联网上。各区县警方、各警种以公安微博为渠道,开展跨区域的合作,增进交流和资源共享。除了突发事件处理外,各地警方还通过微博间的互动,更广泛地传播防范知识、新型犯罪手段的预防等,并建立权威信息发布渠道,及时引导舆论。

第五,完善社会治安综合管理体系精细化建设,优化社会治安公共服务供给的精准性。

社会治安综合管理体系精细化建设就是要打造社会治安综合体系精细化之针,绣超大城市精细化治理之花,描绘"平安上海"的布局、构图,用法治化、智能化、社会化、合作化磨细社会治安综合体系精细化之针,依靠组织社会资源,形成多元共治局面来"备线",绣成超大城市安全管理之花。在精细化社会治安综合管理建设中,"描图""磨针""备线""绣花"一个都不能少。

精细是相对于粗放而言的,上海市社会治安综合管理体系精细化建设要求建立并完善精细化治安管理体系,发展"一村一警""一居一警"的警务机制;同时,以人本主义为核心,优化社会治安公共服务供给机制。具体表现为:依靠科技手段收集、汇聚治安信息资源,利用智能平台(App、客户端、微信小程序)分析处理社会治安案件信息,发布处理结果,宣传政策法规,实现个人与警员(P2P)、个人与组织(P2O)、个人与政府(P2G)之间线上互动、在线办事的一站式服务的网络终端。将人本主义和需求导向作为公共服务供给侧改革的指导原则,实现公共服务供给精准化。此外,社会治安综合管理体系精细化建设还要求建立警务考评体系,"通过规则的系统化和细节化,运用程序化、标准化、数据化和信息化手段,使组织管理各单元高效、协同和持续运行并努力实现组织目标最优化的考核理念、考评方法和管理文化"①。

本章小结：以城市基层治理体制创新提升城市精细化治理的管理力

城市精细化治理是一个将管理、服务、秩序有机融合的互动过程。在此过程中，城市政府须用"服务"肩挑"管理"与"秩序"，这适应了城市治理内涵的深刻转型，即从增长型治理向服务型治理转变。强调用"服务"肩挑并非否认城市管理和城市秩序的重要性，恰恰相反，对于城市服务而言，高效率和高水平的城市管理，以及强大的城市秩序建构能力显然十分重要，甚至可以说是城市服务的基本保障。因此，笔者主张，无论是提升管理力，还是提升服务力，抑或是提升秩序力，均是提升城市精细化治理能力应然内容体系的重要组成部分，是推动实现城市精细化治理无法绕开的重要方面。

管理力是由城市政府的管理职能塑造，而公共管理职能是上海市强调的基层政府及其派出机构必备的"三公"职能（公共管理、公共服务、公共安全）之一。推动实现城市精细化治理，必须更好地履行城市政府的公共管理职能，注重提升政府在基层治理中的管理力。

要切实提升管理力，城市政府要在以下两个方面下功夫：一方面，转变传统粗放式的管理思维和理念，将精细化治理思想引入城市公共管理活动，并且在此过程中吸取科学管理、分类管理和法治管理思想的有益内容，把精细化管理与科学管理、分类管理、法治管理等进行有机结合；另一方面，关注城市基层治理体制创新，通过推动实现城市基层治理体制的改革和创新，有效提升城市精细化治理的管理力，为管理力的提升创造体制动力。

---

① 曹新平：《基层公安机关开展精细化考评的探索与思考——以上海市公安局长宁分局为例》，《上海公安高等专科学校学报》2015年第1期，第10—15页。

第五章　城市精细化治理的三大体制改革制度创新

本章聚焦于分析和考察上海市在城市管理综合执法体制改革、基层市场综合监管体制改革和社会治安综合管理体制改革三大基层治理领域的体制创新实践，总结通过改革和创新城市基层治理体制提升城市精细化治理之管理力的主要经验。就其实质而言，城市基层治理体制创新的奥秘在于调整城市基层治理的既有结构，使其更好地适应中共十九届三中全会提出的"推动治理重心下移，尽可能把资源、服务、管理放到基层"的决策部署。

毋庸置疑，推动城市"治理重心下移"就是要推动管理、服务与资源向下流动，而城市"基层治理体制创新"就是城市基层应对治理重心下移的结构性调适，是城市政府在基层治理场域中确定作为行动者的组织（政府、市场与社会）之间的关系，以及界定各自边界的问题。

城市基层治理场域作为一个具有容纳治理主客体和治理资源的关系结构场域，是各类治理主体发挥治理能效的时空基础。为此，城市政府必须学会在一定的时空范围内，合法充分、高效合理地利用权力，提升其管理和配置组织、权力、空间、人员、事务、资源、技术、价值等城市治理要素的能力，从而促进多样化要素的持续良性互动，最终推动实现城市精细化治理目标。

第六章

城市精细化治理的三大综合平台机制创新

城市精细化治理不仅强调城市治理子系统的精细化，而且强调要具备系统化思维，着力避免城市管理和服务中的碎片化现象。随着当代中国城市发展进入内涵式发展新阶段，相当一部分城市治理问题超越了各部分分工管辖的范围，需要城市治理不同子系统之间的联动协作才能得到有效解决。

经过多年探索，中国城市治理领域已经形成网格化管理、政务服务管理、区域化党建三大综合平台机制创新经验。这一系列综合平台机制创新经验使得中国城市治理在各个子系统中的精细化水平得到不断提高的同时，有效地生成和增强了中国城市治理的合力，从而提升了城市治理的整体性和有效性。

网格化管理聚焦于城市基础的部件管理和城市居民的日常生活需求满足，通过推动政府内部各部门之间的联动和协作，实现对于城市治理中普通的部件与事件问题的解决。政务服务管理面对包括居民、市场主体等在内的更为广泛的受众，以首问负责、一窗受理、全程代办、服务承诺等制度，提升服务受众的满意度。区域化党建聚焦于辖区内的党政部门、事业单位、国有企业、民营企业、社会团体等主体，围绕区域发展和治理秩序，强调通过党建引领构建区域化治理的阵地性、共治性、创新性等特征，以推动更大范围、更深层次的治理合力的生成。

第六章　城市精细化治理的三大综合平台机制创新

一、城市网格化管理

2017年10月24日，上海市发布《中共上海市委、上海市人民政府关于加强本市城市精细化治理工作的实施意见》（沪委发〔2017〕25号）。2018年1月31日，《贯彻落实〈中共上海市委、上海市人民政府关于加强本市城市精细化治理工作的实施意见〉三年行动计划（2018—2020年）》正式发布。文件规定，上海推进城市精细化治理的重要举措之一，就是拓展和深化城市网格化管理的功能："不断拓展城市网格化管理范围，深化完善管理要求，加大对问题发现和处置的督办和督查力度，提高城市网格化管理考核的科学性，增强对城市管理问题的快速发现和处置能力，推进城市网格化管理精细化过程全覆盖。"城市精细化治理时代，网格化管理所具备的统筹协调功能越来越重要，需要不断完善城市网格化管理综合平台，不断拓展和深化网格化管理的内容和范围，深挖网格化管理在大数据分析支持政府决策、提高城市管理预见性等方面的作用。

网格化管理一体化服务平台通过与城市公安系统的信息共享和协同机制，有助于推进城市智慧公安建设。此外，网格化管理作为当前城市管理中重要的功能性综合平台，通过与"12345"热线等的打通，建构了完整的从问题发现到问题识别，再到问题解决和绩效评估的综合性管理体系。一方面，网格化管理系统的触角深入政府职能部门并向下延伸到居委会层级，通过主动发现与被动发现相结合的方式，及时发现城市管理中存在的问题。另一方面，网格化管理系统还通过监督考核机制，在平台内部对不同类型的城市管理问题向相关责任部门进行派单，督促进行综合执法与部门协同等，以解决问题为导向，打破部门边界。同时，网格化管理平台需要厘清各行业管理资源，构建与城管执法、房屋管理、市场监管、绿化市容、公安消防、城市规划、交通、水务等部门信息流转顺畅、管理责任清晰、指挥协调有效的工作机制。从国家认证能力的角度看，网格化管理从模糊到清晰、从部件到事件、从管理到服务的不断发展，背后遵循的是提升国家认证能力这一基本逻辑。作为国家能力的基础，国家认证能力的提升使得政府能够收集到更加全面、规范的社会事实信息，从更加完备的治理信息、初步破解的部门分割、不断增强的政府回应性和提升的政府预见性四个方面为城市治理主体提升治理能力提供重要的基础和可能性。[1]

网格化管理平台还能够通过系统集成及相关数据的积累，对所在辖区范围内的城市管理的各种问题的类型、发生的频次等进行统计。借助大数据技术等数据分析技术，可以对城市管理中的常见问题进行非常直观、明确的总结，并能够通过数据分析，预测城市管理的各种问题与可能的发展趋势，使得城市管理部门能够提前应对，增强城市管理的预见性。从某种意义上说，建立城市认证体系是实现城市精细化治理的基础，认证城市收集的全面、规范、精细的城市治理信息，是政策制定精细化及执行精细化的信息基础，城市的认证化也成为实现精细化治理的基本路径和必然选择。[2] 对于城市治理来说，精细化不仅体现在能够细致、高效地应对和解决各种问题，更是需要能够对城市管理的问题有一定的预见性，把城市管理问题在萌芽阶段解决，以更好地体现城市精细化治理的水平。

总之，作为城市精细化治理重要的功能性综合平台，网格化管理的演进和变迁的过程也是城市治理不断精细化演进的过程。网格化管理在政府内部构建了重要的协同平台，旨在最大限度地精准化回应、解决城市居民日常生活中的需求和问题，提升城市精细化治理的水平。

---

[1] 钱坤：《国家认证能力与城市治理——以网格化管理为中心的分析》，《现代城市研究》2019年第1期，第124—130页。

[2] 钱坤：《认证化：城市精细化治理的信息基础与实现路径》，《湖北行政学院学报》2019年第2期，第67—73页。

二、政务服务管理

政务服务是政府向市场、社会和公民提供的包括行政审批服务和部分公共服务在内的服务的统称。政府承担政务服务的部门一般被称为政务服务中心，是中国行政审批制度改革进程中出现的新型机构。政务服务中心遵循高效便民的服务精神，以整合、协作、集中的运作模式，依靠先进的服务手段，承担着代表政府部门集中办理行政审批业务和部分公共服务事项的职责。[1] 从广义上讲，除了政务服务中心外，实践中的行政服务中心、行政审批中心、社区事务受理中心等都属于政务服务的范畴。

中共十八大报告指出："深化行政审批制度改革，继续简政放权，推动政府职能向创造良好发展环境、提供优质公共服务、维护社会公平正义转变。"[2] 中共十九大报告进一步强调，要"转变政府职能，深化简政放权，创新监管方式，增强政府公信力和执行力，建设人民满意的服务型政府"[3]。

行政审批制度改革和政务服务中心建设是政府职能转变的重要突破口，亦是服务型政府建设的重要方面。事实上，从1999年中国第一个政务服务中心在浙江省金华市诞生以来，政务服务中心所坚持的"服务投资、方便市民、并联审批、全程代理、强化监督"的理念和"一站式"审批的模式，推动了政务服务改革在全国范围内的兴起。行政审批制度改革在全国范围内经过16年的多轮推进，从削减事权到强化监管，再从规范管理到提高效率、改善服务，取得了显著的成效，审批事项大幅减少，管制领域不断压缩，办事效

---

[1] 中国行政管理学会课题组：《政务服务中心建设与管理研究报告》，《中国行政管理》2012年第12期，第7—11页。
[2] 胡锦涛：《坚定不移沿着中国特色社会主义道路前进 为全面建成小康社会而奋斗》，《人民日报》，2012年11月9日，第2版。
[3] 习近平：《决胜全面建成小康社会 夺取新时代中国特色社会主义伟大胜利》，《人民日报》，2017年10月19日，第2版。

率显著提高，审批行为日趋规范，办理环节持续简化，流程再造受到关注；改革工作的深入推进有力地推动了政府职能转变，优化了行政资源配置，提升了行政效能，促进了廉政建设。① 在一定程度上，政务服务中心建设是行政审批制度改革的重大成果。特别是，以行政审批制度改革形成的政务服务中心为模板，各地纷纷推进满足城市居民公共服务需求的社区事务受理中心等旨在方便城市居民享受各种公共服务的机构设置。

（一）政务服务管理的动力机制

以政务服务中心为代表的改革，背后事实上有三方面的动力机制：一是政府职能转变和服务型政府建设的要求；二是破除政府部门分割、推动政府流程再造的要求；三是现代信息通信技术的广泛使用带来的政府科层体系的适应性变革的影响。

长期以来，中国围绕经济建设这个中心任务，导致各级政府对于公共服务的重视程度不够，人民群众并没有完全享受到经济发展带来的福利。自中共十六大开始，服务型政府概念的提出逐渐为政府职能转变指明了方向。服务型政府是在公民本位、社会本位理念的指导下，在整个社会民主秩序的框架下，通过法定程序，按照公民意志组建起来的以公共服务为宗旨并承担服务职责的政府。② 服务型政府理念的提出，事实上表明了整个政府施政理念的重大转型，即从以政府为中心的"官本位"转向以人民群众为中心的"民本位"。故而，政府越来越重视包括公民个体、市场主体和社会主体在内的服务对象的需求，开始从服务享受者的角度来看待政府公共服务提供的模式与逻辑。政务服务中心的出现是政府职能转变和服务型政府建设的必然结果。政府通过简政放权，以及行政审批服

---

① 艾琳、王刚、张卫清：《由集中审批到集成服务——行政审批制度改革的路径选择与政务服务中心的发展趋势》，《中国行政管理》2013年第4期，第15—19页。
② 刘熙瑞：《服务型政府——经济全球化背景下中国政府改革的目标选择》，《中国行政管理》2002年第7期，第5—7页。

第六章 城市精细化治理的三大综合平台机制创新

务、公共服务的一站式提供，最大限度地方便市场主体、公民享受政务服务，极大地提升人民群众的获得感和满足感。现在，旨在更好地满足社会各主体的服务需求的政务服务改革通过转变服务理念和服务方式，极大地提升了民众的满意度，深刻地改变了政府部门与民众之间的关系。

以政务服务中心建设为代表的政务服务管理创新，在科层系统内部带来的是政府部门的整合和政府流程的优化与再造。政务服务管理创新以服务为中心，在更好地提供服务的过程中，必然需要政府科层体系内部进行变革，包括不同部门的整合和政府流程的再造。通过政府内部的整合与再造，实现更好发挥服务功能。政务服务中心的建设经历了如下改变：从物理空间上的集聚到流程的优化和部门的协同，再到政府的行政审批制度改革等一系列简政放权的改革举措。系列改革举措推动了政务服务的职能和体系的重构。正如学者们一再强调的，对于政务服务中心而言，要实现真正的突破，必须把政府当作一个整体，以客户需求为导向，对各个相关部门的审批流程进行重新归集、调整和整合，并且需要构建整体协同的一体的运作机制，需要从政务服务中心物理集中、业务集成和数据集成的优势来重新构建整体性的政务互动体系。[①] 政府内部部门之间的整合和政府服务流程的再造，既是服务型政府建设的必然要求，也是推动更为有效的服务提供的必由之路。

政务服务中心的建设折射出的逻辑之一是技术与组织互动。随着现代信息通信技术的广泛使用，政府科层体系进行了适应性变革，以更好地进行公共管理、提供公共服务。无论是网格化管理，还是政务服务中心，发挥作用的前提都是现代信息通信技术在政府内部的应用带来的政府服务成本的降低，进而可以更好地、更加精细化地向民众提供服务。可以说，技术因素在综合平台机制创新中

---

① 张定安：《以改革创新的精神推进政务服务中心又好又快发展》，《中国行政管理》2012年第12期，第12—14页。

发挥着重要的基础性作用。特别是互联网、物联网、大数据技术等的运用打破了传统僵化的科层体制，提高了城市公共服务供给的效率，改变了城市治理主体与客体间的互动方式。

先进的现代信息通信技术的应用打破了政府部门之间的分割与藩篱，推动了部门间政务服务相互衔接、协同联动，打破了信息孤岛①。可以看出，技术的应用最终解决的还是政务服务背后涉及的科层体系内部协同和整合的问题。因此，无论是新技术的应用，还是部门间信息孤岛问题的解决，最终归宿都是更高效、更便捷地为民众提供政务服务，提高人民群众的获得感和满足感。

（二）政务服务管理的浙江现象与上海经验

1. 浙江省"最多跑一次"改革

2016年，浙江省首次提出"最多跑一次"改革，目的是通过政府内部的整合与变革，推动解决企业和群众办事"最后一公里"问题。截至2017年年底，"最多跑一次"事项覆盖80%办事事项，基本实现"'最多跑一次'是原则、'跑多次'为例外"，使人民群众得到了实实在在的获得感、幸福感和安全感。2018年11月30日，浙江省十三届人大常委会第七次会议第三次全体会议审议通过了《浙江省保障"最多跑一次"改革规定》，对"行政服务中心的法律地位""重复提交材料、转嫁责任证明、办事时间长""信息孤岛"等群众反映强烈的改革难点和痛点问题，从规范性层面予以破除。浙江省"最多跑一次"改革主要有六个方面的内容：一是推行"一窗受理、集成服务"；二是梳理公布"最多跑一次"事项；三是推进便民服务、投资审批、市场准入等重点领域改革；四是建立"12345"统一政务咨询投诉举报平台；五是推进"最多跑一次"改

---

① 政务服务中的信息孤岛一般是指，各个政府部门的信息来源彼此独立、信息平台相互排斥、信息处理难以关联互助、信息运用不能互换共享的信息壁垒和信息堵塞现象。参见陈文：《政务服务"信息孤岛"现象的成因与消解》，《中国行政管理》2016年第7期，第10页。

革向事中事后监管延伸；六是打破信息孤岛，实现数据共享。2018年5月，中共中央办公厅、国务院办公厅印发《关于深入推进审批服务便民化的指导意见》，把浙江省"最多跑一次"改革实践作为典型经验之一向全国全面推广。

浙江省"最多跑一次"改革背后蕴含的主体其实是民众，贯彻的是中共十九大报告提出的"以人民为中心"的发展思想。"最多跑一次"改革事实上体现了一种超越政府中心主义的治理逻辑，其六条基本经验是：基于法理权威最大限度统一共识；基于"互联网＋"和大数据的全过程民众参与；基于法治原则的主体责任；新技术与传统机制融合的内部协调；内化潜在冲突的主体间协调；多种渠道的实时监督。① "最多跑一次"改革是新时代以人民为中心的思想与实践的统一，与行政生态有着天然的逻辑关系。改革要以开放、高效、服务、精细的行政文化为依托，从创新机制、破解难题、强化服务、资源共享等方面入手破解壁垒，优化政府行政生态。② 以"最多跑一次"改革为代表的政务服务改革，事实上是更加便捷、高效、精细地回应民众服务需求的举措，为城市精细化治理提供了重要的经验借鉴。

2. 上海市"一网通办"改革

2018年3月，上海市提出加快智慧政府建设，全力打响"一网通办"政务服务品牌，推动上海市实现政府治理能力现代化。在正式提出"一网通办"政务服务品牌之前，上海市已经在提高政务服务质量方面做了很多有益的工作，包括政务外网、电子政务云、网上政务大厅等"一网一云一窗"的格局。随后，上海市对线下的政务服务进行流程再造、数据共享、业务协同，全市网上政务服务统一入口和出口，线下便民服务一窗受理、集成服务、就近办理，减

---

① 郁建兴、黄飚：《超越政府中心主义治理逻辑如何可能——基于"最多跑一次"改革的经验》，《政治学研究》2019年第2期，第49—60页。
② 舒洁：《"最多跑一次"改革优化政府行政生态》，《人民论坛》2018年第26期，第54—55页。

环节、减证明、减办事时间、减跑动次数,从"群众跑腿"转向"数据跑路"。2018年10月17日,经过三个月的试运行,上海政务"一网通办"总门户正式上线,为实现"服务事项一口进出,线上线下充分融合、服务事项全覆盖,全市通办、全网通办、单窗通办,只跑一次、一次办成"目标打下了坚实的基础。

2019年,为加快推进"一网通办"改革,根据国家有关要求,上海市政府办公厅编制了《2019年上海市推进"一网通办"工作要点》,将2019年的改革重点划分成九个部分:以"减环节、减时间、减材料、减跑动"为目标,全力推进业务流程革命性再造;加强政务服务事项标准化建设,扩大政务服务覆盖面;持续深化行政审批制度改革,充分激发市场活力和社会创造力;全面建成全流程一体化在线服务平台,夯实"一梁四柱"和公共支撑体系;以广泛深度应用为导向,充分提升政务服务能级;深入推进公共数据治理,提升数据整合共享应用能力;依托事中事后综合监管平台,完善"互联网+监管"体系;全面对接国家政务服务平台,加快推进长三角地区"一网通办";加强"一网通办"运营管理和监督考核。可以看出,上海市"一网通办"政务服务创新已经不再是简单的政务服务方面的改革,而是以此为契机和切入口,推动整个政府科层体系的全面改革。通过先进技术的引入与政府的组织变革,政务服务管理这一综合平台机制创新已经成为助推政府精细化治理,不断提高精细化治理能力与水平的重要基础。

三、区域化党建

(一)区域化党建的生成逻辑与功能发挥

区域化党建是党为适应新的经济社会发展态势而提出的新型党建工作方针与路径,旨在通过党组织对区域内行政、居民区及驻区各类组织的渗透,实现政治、组织、文化等全面引导和整合。网格化管理平台聚焦政府内部，通过政府内部功能性平台的建构，切实推进城市精细化治理。然而，城市治理不是政府部门唱独角戏，需要城市各主体全面参与，这要求有一个有效的功能性综合平台统筹协调城市治理各相关主体。区域化党建平台应运而生，在一定区域范围内，通过党组织的联结作用，对区域内的各种行政、事业单位、居委会及其他有党组织的社会组织等城市管理主体进行整合，使得城市管理力量得以在政府范围之外进行整合。

区域化党建是以街道党组织为领导核心，以居民区党组织为基础，区域内各类党组织和全体共产党员共同参与的党建工作格局。区域内党组织发挥了其特有的稳定性、权威性优势，为多重主体搭建了协商协同平台，探索了参与共治路径，实现了区域资源统筹，区县、街镇、居村三级联动，条与块优势互补，围绕发展重点、民生关切整合资源，放大了工作实效，虽不改变隶属关系、利益格局，却实现了多方主动跨前参与，有利于综合施策、提升治理精细化水平。[①]

上海市对于区域化党建的探索兴起于20世纪90年代末，当时推进区域化党建的原因主要有五个方面：一是适应两新组织（新经济组织和新社会组织）迅猛发展的需要；二是增强党的阶级基础，扩大党的群众基础，进而巩固党的执政基础的需要；三是服务于日益老龄化的社区实际，以满足不断增长的养老、保健和医疗等服务的需求；四是应对大流动大变动的基层社会现实，加强社区内各方力量的共建、共创、共治；五是通过党组织整合政府提供的公共产品、公共服务，市场（企业）提供的商品、有偿服务，社会（社会组织、民间组织）公益性服务，发挥三方面资源和力量的合力，使之互换、互动、互补，构成比较完整的服务群众的网络体系，推动

---

① 冯小敏：《上海城市基层党建回眸与启示》，《中国浦东干部学院学报》，2017年第5期，第97—102页。

和谐社会、和谐基层社会的建设。①

区域化党建的这种整合功能是基层政府在其辖区范围内，对城市治理各相关主体的有效整合。随着城市发展进入新阶段，这种能够对城市治理各相关主体进行整合的综合平台的重要性愈加凸显。一方面，区域化党建平台能够收集城市管理各主体的需求，使得城市管理更加有针对性，也更加精细；另一方面，区域化党建平台可以动员并统筹协调区域内丰富的城市管理资源，既包括物资资源，也包括人力资源。总之，通过这种区域内的整合，绝大部分城市管理主体能够积极参与到城市管理工作中来，不仅动员了更多的管理资源，更是能够对这些资源进行统筹协调，极大地提高了资源的利用效率，提升了城市精细化治理的效能。

（二）城市精细化治理中的区域化党建——上海经验

随着社会的转型，单纯依靠行政权力、仅仅依靠单位组织进行社会整合的单位制党建模式日趋式微。正是在这一背景下，1996年，上海市首倡"社区党建"并迅速实施；2004年，上海市试点"区域化大党建"并逐步扩展；2009年，中共中央组织部推行"三有一化"并分类实施。②

2009年11月，《中共上海市委关于贯彻〈中共中央关于加强和改进新形势下党的建设若干重大问题的决定〉的实施意见》制定下发。其中，第十条强调："健全协调机制，完善区域化党建体制和格局：适应特大型城市社会建设和管理需要，进一步完善以社区（街道）党组织为核心、居民区党组织为基础、服务群众为重点、驻区单位党组织和社区内全体党员共同参与的区域化党建体

---

① 周鹤龄：《我所参与的改革：国企领导干部制度改革与社区党建回忆录》，上海交通大学出版社2018年版，第332—333页。
② 卢爱国、黄海波：《近年来城市基层区域化党建研究述评》，《湖南师范大学社会科学学报》2016年第3期，第45—52页。

制和格局。"① 上海市区域化党建工作正式拉开序幕，在不同层级建立起多层次开放型区域化党建平台，推进区域化党建工作在实践中不断发展。上海市建立起的这一整套区域化党建的层级体系，在推进城市精细化治理、提高城市治理能力的过程中发挥着重要作用。

在区级层面建立区域化党建协调机构。上海市16个区均已建立起区一级党建联席会议，统筹协调全区范围内的区域化党建工作。徐汇区以区域党建促进会的形式，搭建涵盖区委、区政府与区域单位党组织之间，以及区域各单位党组织之间的全方位、宽领域、多层次对话交流与协作共建平台。徐汇区区域化党建平台下设经济发展、教育发展、医疗卫生等八个专委会，分行业、分领域统筹驻区单位资源。长宁区"凝聚力工程"学会、杨浦区区域化党建联盟、奉贤区区域化党建"贤城先锋联盟"等，都是区一级层面区域化党建平台的不同形式。

在街道层面新建统筹区域党建的社区党委。在街道层面，通过不同实体承担区域化党建工作的组织、协调、联络、服务等职能，发挥平台的资源整合作用，开展互联共建。青浦区盈浦街道以党建服务中心为载体，搭建党员干部教育平台、党建成果展示平台、社区资源整合平台、党建活动交流平台、居民群众服务平台五大平台。普陀区长寿路街道着力打造"双链联动"机制，即驻区单位的资源供应链对接社区居民的需求链。区域化党建在街道层面则力求做得更细更实，让百姓有更多获得感。

在居民区层面推行"大党委制"。倡导社区民警、业委会、物业公司、驻区单位、社会组织等方面的党员代表兼任居民区党（总）支部委员。在街道之下设立不同片区，每个片区设立片长，负责片区

---

① 《中共上海市委关于贯彻〈中共中央关于加强和改进新形势下党的建设若干重大问题的决定〉的实施意见》（2010年3月15日），中共松江区委党校网站，http://qdx.songjiang.gov.cn/shsjdx/infodetail/?infoid=db7cac21-ddbc-476d-904b-8320fc0b9827&siteid=1&categoryNum=015002，最后浏览日期：2022年6月26日。

内区域化党建的具体工作。浦东新区洋泾街道在社区引入"轮值会长制度"和"党建观察员",开展区域化党建签约工作。社区有影响力的单位签约率达到100%,保证党建联席工作长效化。

上海市在推行区域化党建工作的过程中,建立了区—街道—居民区三个层级的区域化党建组织模式。其中,区级党建联席会发挥统筹引领作用,街道层级的党建平台整合各方面资源,居民区层面的"大党委"切实开展工作。这种自上而下的重视及组织建设,使得上海市的区域化党建工作得以在全市范围内推行开来。以区域化党建为代表,2014年以来,上海市委认真贯彻落实习近平总书记2014年、2015年、2016年全国"两会"期间参加上海代表团审议时的重要指示精神,坚持把加强基层党的建设、巩固党的执政基础作为贯穿社会治理和基层建设的一条红线,以改革创新精神探索加强基层党的建设引领社会治理的路径。

在城市精细化治理阶段,区域化党建主要发挥区域党建工作的重要阵地、各方治理资源的整合平台、城市基层社会治理创新的动力源的作用。党建是共通的语言,城市基层辖区内包括政府、企事业单位、社会团体等在内的治理主体,都可以通过区域化党建这个阵地进行联动和沟通,共同推动区域城市精细化治理水平的提高。以区域化党建平台为阵地依托,城市基层政府可以最大限度地发挥辖区内各方面治理资源的合力,通过资源整合带动各项旨在提高城市精细化治理水平的治理行动。更重要的是,有了区域化党建这个阵地和资源整合的平台,城市基层针对一些小问题的治理创新就有了组织和资源的保障,从而能够推动差异化、精细化的治理创新,以回应城市社会的精细化治理需求。

从这个角度来看,区域化党建作为重要的综合平台机制创新,构建了包括政府、市场和社会主体在内的统筹协调机制,使得推动城市精细化治理走向深入的各项行动和机制,能够最大限度地发挥作用。

第六章 城市精细化治理的三大综合平台机制创新

本章小结：以综合性平台的搭建提升城市精细化治理的组织力

中共十九大报告第一次把政治建设纳入党的建设基本内容总布局，第一次明确提出"组织力"概念，第一次明确提出"党的建设质量"概念。① 组织力主要指基层党组织为完成其承担的职责任务、实现党组织的工作目标而组织凝聚、动员并影响基层社会各方面力量的能力，由政治领导力、组织覆盖力、群众凝聚力、社会号召力、发展推动力和自我革新力构成。②

显然，组织力着眼的是完成相应目标的组织基础的问题，即唯有构建实现目标所不可缺少的组织机构，围绕治理目标的治理行动才有可能有效实现。当前，随着中国城市化进程的不断推进，以城市精细化治理来推动城市治理能力的提升，从而建构与城市发展规模和发展阶段相适应的路径，是未来城市治理能力提升的主要方向。精细化治理并不意味着忽视整体和系统，反而更加重视整体和系统相较于部分所能够发挥的更大作用。换言之，城市精细化治理不仅需要在城市治理的一些短板和粗放的领域不断提升城市治理能力，而且需要从系统和整体的角度，统筹协调各个部分和子系统，使得各个部分和领域的精细化治理能力提升行动更有方向性，互相之间也能够协调配合以发挥更大作用。从这个意义上讲，如何构建推动实现城市精细化治理的组织基础，提升城市基层党组织的组织力，便成为极为重要的理论和实践命题。

整体来看，中国的城市精细化治理实践虽然有包括公民个体在内的社会多元主体的共同参与，但城市精细化治理目标的实现依然需以党和政府为主导。然而，政府科层体系固有的部门分割所导致

---

① 刘红凛：《政治建设、组织力与党的建设质量——新时代党的建设三大新概念新要求》，《思想理论教育》2018年第7期，第74—79页。

② 黄海清：《基层党组织组织力初探》，《党建研究》2018年第2期，第36—38页。

的执行不力和资源浪费等问题，已成为推进城市精细化治理不得不面对和需要破解的问题。构建和拓展网格化管理、政务服务管理和区域化党建三大综合平台机制创新，一方面在一定程度上能够解决当前政府面临的部门分割和碎片化问题，另一方面也能够为城市精细化治理目标的实现构建坚实的组织基础。

　　上海市的网格化管理创新是在不打破既有的组织结构的情况下，通过现代信息通信技术的运用，基于虚拟系统的综合平台，推动政府面对综合性问题时的内部协同机制的构建。政务服务管理除了通过先进技术的引入来推动不同部门之间的整合，打破部门之间的藩篱，更是以更加便捷、高效地提供政务服务而推动政府组织结构的重新整合，从而为包括市场主体、公民个体等在内的更广范围内的主体提供政务服务。区域化党建则是以地域空间为单位，对辖区范围内的党政部门、事业单位、国有企业、民营企业、社会团体等进行整合与动员，为区域治理水平的提高和治理能力的增强提供多方力量支持。区域化党建与网格化管理和政务服务管理的不同之处在于，虽然都是综合平台，但是区域化党建通过党建这一共同共通的语言，实现了包括党和政府在内的更大范围的治理主体的动员与整合，为多元主体参与城市精细化治理提供了组织依托。

　　网格化管理、政务服务管理和区域化党建三大综合平台的构建，为统筹城市精细化治理各个分领域和部分的综合治理行动、动员与整合多元主体共同参与，搭建了重要的组织基础，即通过综合性平台的搭建与促进其功能的发挥，推动构建与提升城市精细化治理的组织力。

第七章
城市精细化治理的三大民生服务模式创新

民生服务是城市治理的出发点和落脚点,更是城市美好生活的具体体现。对于城市居民来说,城市美好生活主要通过绿色整洁的环境秩序、快速便利的交通秩序、安全稳定的治安秩序、多彩温馨的生活秩序和高效优质的服务秩序等系统化秩序来展现。

随着城市发展进入以美好生活建构为主题的新阶段,全国各地纷纷把节能减碳、数字化治理、老旧小区改造作为推进城市治理现代化、提升民生服务水平的重点任务予以重点推进。在这一过程中,生活垃圾分类、社区智慧大脑建设和老旧小区社区营造成为以民生服务为取向的推进城市精细化治理的三大实践模式创新。

一、生活垃圾分类

随着我国城市化进程的不断加快,城市规模的不断扩张带来的是城市生活垃圾产量大增,城市垃圾治理已经成为城市人居环境质量和可持续发展的重要方面。2017年3月,国务院办公厅转发国家发展改革委、住房城乡建设部《生活垃圾分类制度实施方案》,明确提出垃圾治理的主要目标是:"到2020年底,基本建立垃圾分类相关法律法规和标准体系,形成可复制、可推广的生活垃圾分类模式。"2018年中国国际进口博览会期间,习近平总书记考察上海时指出，垃圾分类工作就是新时尚。① 早在 2016 年 12 月 21 日，习近平总书记在中央财经领导小组第十四次会议上就强调，普遍推行垃圾分类制度，是关系 13 亿多人生活环境改善，关系垃圾能不能减量化、资源化、无害化处理的重要工作。② 推动生活垃圾分类对破解"垃圾围城"困境、减少温室气体排放、延缓全球气候变暖的进程、应对国家能源短缺、改善城市生态环境具有重要意义。③ 2000 年，国家建设部确定北京、上海、广州、南京、深圳、杭州、厦门、桂林八座城市为垃圾分类试点城市，但是大多数城市垃圾分类的效果不彰。统计显示，即使是最早试行垃圾分类的北京市，分类投放正确率仅为 16.92%—34.56%。④ 对于正在快速城市化过程中的中国来说，垃圾分类治理问题是一个亟待解决的难题。

（一）城市生活垃圾分类的实践模式：以上海为例

上海作为改革开放的桥头堡，是我国开展先行先试的重要城市，早在 2014 年就已形成以促进厨余垃圾分类为主要目标的"绿色账户"激励模式，在全市加以推广。然而，尽管至 2016 年年底全市已取得 1 万余个小区 500 万户参与分类、200 万户开通分类积分卡的成绩，活跃率却仅为 30%。⑤ 随着 2018 年 3 月上海市正式发布《关于建立完善本市生活垃圾全程分类体系的实施方案》和《上海市生活垃圾全程分类体系建设行动计划（2018—2020 年）》，再次在全市范围内吹响了全面推进垃圾分类工作的号角。2019 年

---

① 《垃圾分类工作就是新时尚》，《文汇报》，2018 年 11 月 15 日，第 5 版。
② 《中央财经领导小组第十四次会议召开》（2016 年 12 月 21 日），中华人民共和国中央人民政府网站，http://www.gov.cn/xinwen/2016-12/21/content_5151201.htm，最后浏览日期：2022 年 7 月 1 日
③ 陈绍军、李如春、马永斌：《意愿与行为的悖离：城市居民生活垃圾分类机制研究》，《中国人口·资源与环境》2015 年第 9 期，第 168—176 页。
④ 邓俊、徐琬莹、周传斌：《北京市社区生活垃圾分类收集实效调查及其长效管理机制研究》，《环境科学》2013 年第 1 期，第 395—400 页。
⑤ 詹顺婉：《上海"绿色账户"活跃率不足三成，垃圾分类如何从口号走向行动》（2017 年 3 月 2 日），东方网，http://shzw.eastday.com/shzw/G/20170302/u1ai10387881.html，最后浏览日期：2022 年 7 月 1 日。

第七章 城市精细化治理的三大民生服务模式创新

1月31日，上海市第十五届人民代表大会第二次会议正式审议通过《上海市生活垃圾管理条例》，于2019年7月1日1起正式施行，将上海的生活垃圾分类工作正式纳入法治化轨道。总体而言，上海的垃圾分类综合治理工作从2013年以来的主要实践模式可以根据工作推进的不同阶段总结为三种模式，即绿色账户模式、基层动员模式和常态化治理模式。

1. 绿色账户模式

绿色账户，是指由上海生活垃圾分类减量联席会议办公室为鼓励和引导市民正确践行垃圾分类管理法规、参加日常生活中的干湿垃圾分类，记录其参与行为情况的专属绿色诚信档案和用于存放垃圾分类奖励积分的电子账户。绿色账户作为通过激励手段推动城市垃圾分类的主要模式，从2013年开始逐步在上海推广开来。2014年《上海市促进生活垃圾分类减量办法》正式颁布实施，成为推动绿色账户模式的新动力。截至2022年7月，绿色账户已经覆盖759万户。

在上海的城市社区，绿色账户模式主要是由居委会进行广泛宣传并负责居民办理绿色积分卡的工作，日常的垃圾分类工作主要由每个社区的保洁员或者社区内的志愿者负责。社区居民定时定点将生活垃圾进行分类后交给保洁员或志愿者检查，符合分类要求的就可以刷卡获得积分。街道每个月都会给居委会补贴，其中相当一部分被拿来激励保洁员。居民获得的绿色积分可以兑换物品，主要以生活日用品为主。

在政府层面，2011年至2017年，生活垃圾分类减量连续7年被列为上海市政府实事项目加以推进。2015年5月，绿色账户微信公众号试运行；7月，包括微信端、APP端和桌面端在内的绿色账户"互联网＋"平台正式上线。从2016年开始，为吸引更多年轻人参与垃圾分类，上海将绿色账户与银行卡、支付宝等进行对接，通过垃圾分类获得的信用积分，可用于将来的信用支付。

总之，绿色账户模式的核心在于通过激励机制的创新，以奖励促分类，推动垃圾分类工作的开展。虽然《上海市促进生活垃圾分类减量办法》中也明确了居民垃圾分类义务并规定了相应的惩罚措施，但是由于多为原则和倡导的规定，难以在实际中具体操作。

2. 基层动员模式

2018年1月31日发布的《贯彻落实〈中共上海市委、上海市人民政府关于加强本市城市管理精细化工作的实施意见〉三年行动计划（2018—2020年）》中，将垃圾综合治理列为上海"持续精准补短板，全面提升城市管理和公共服务水平"的重要内容。2018年3月，上海出台了《关于建立完善本市生活垃圾全程分类体系的实施方案》，明确要求建立生活垃圾的全程分类体系。2018年4月，上海进一步出台了《上海市生活垃圾全程分类体系建设行动计划（2018—2020年）》，要求到2020年年底，上海市生活垃圾综合处理能力达到3.28万吨/日以上，其中，湿垃圾资源化利用能力达到7 000吨/日，生活垃圾资源回收利用率达到35%以上。

随后，在上海全市范围内掀起了一场推进垃圾分类工作的运动。上海各地的基层政府和社区全部动员，探索了一系列做法，包括崇明堡镇虹宝社区的"定时定点"投放、静安区彭浦镇的"乐投放"、奉贤区的垃圾分类积分"小乐惠"、金山区的"扫二维码积分"等。在这个过程中，基层社区居委会、社区积极分子（志愿者）等成为推动社区生活垃圾分类的主力军。在不断完善垃圾箱房、分类垃圾桶等设施的基础上，社区居委会工作人员和社区志愿者进行多种形式的宣传，并在垃圾投放点旁蹲点值班，对社区居民的垃圾投放行为进行监督、指导。有的社区面积小，社区内部人员之间相对比较熟悉，居民生活垃圾投放点也（垃圾箱、垃圾箱房）不多，监督、指导的效果相对较为明显。有的社区面积较大，垃圾投放点（垃圾箱、垃圾箱房）相对较多，社区根本无力在每一个垃圾投放点上投入大量人力以进行监督和指导，导致垃圾分类的效果不是很好。

3. 常态化治理模式

《上海市生活垃圾管理条例》（简称《条例》）共十章六十五条，将生活垃圾分为可回收物、有害垃圾、湿垃圾、干垃圾四类，在明确政府不同部门相应职责的基础上，从规划与建设、促进源头减量、分类投放、分类收集运输处理、资源化利用、社会参与、监督管理、法律责任和附则等方面对垃圾分类管理进行了全面、明确、详细的规定。《条例》正式施行之后，上海的生活垃圾治理工作从基层动员模式进入常态化治理模式，开始推动生活垃圾治理的常态化和长效化。

实际上，基层动员模式与绿色积分模式本质上并无太多不同，都缺少对于居民不规范行为的强制措施，相关行动缺少法律依据，导致只能通过激励及劝导、人工监督的方式来推进社区生活垃圾分类综合治理工作。最终陷入"政府热、居民冷"的困境，使得垃圾分类综合治理的效果不明显。《条例》的出台则补上了这一相对薄弱的环节，对于各种不按要求进行垃圾分类的行为都有相应的处罚措施。截至2022年7月，《条例》已正式实施三年，上海市生活垃圾分类成效显著：全市各区、各街镇全面创建成为示范区、示范街镇，社区和单位分类达标率均保持在95%。在住建部每季度对全国46个试点城市垃圾分类考核排名中，上海始终保持第一。此外，在垃圾分类工作满意度评价中（约14.32万市民参与），98%以上市民对垃圾分类工作表示满意。[①]

（二）激励性生活垃圾分类综合治理模式的内在困境

从上海市垃圾分类综合治理实践可以看出，无论是绿色积分账户模式还是基层动员模式，仅仅依靠激励性的手段，无法从根本上解决城市生活垃圾分类问题。激励性的生活垃圾分类综合治理模式存在固有的内生困境，主要问题包括：垃圾分类法律法规体系不健

[①] 史博臻：《〈上海市生活垃圾管理条例〉施行三周年，"三增一减"显实效》（2022年7月1日），文汇报，http://www.whb.cn/zhuzhan/cs/20220701/474509.html，最后浏览日期：2022年7月2日。

全；社区垃圾分类治理动力不足；激励机制作用范围有限；居民垃圾分类的自觉意识不强。

1. 垃圾分类法律法规体系不健全

我国与社区生活垃圾分类相关的法律法规主要有以下几部：《中华人民共和国环境保护法》《中华人民共和国固体废物污染环境防治法》《城市市容和环境卫生管理条例》《城市生活垃圾管理办法》等。在地方层面，有诸如上海市2014年出台的《上海市促进生活垃圾分类减量办法》为代表的地方性法律法规。但是，无论是全国性法规还是地方性法规，多数都只是对城市生活垃圾的分类收集做出了原则性的规定，但这些规定缺乏可操作性，没有对政府、企业和个人在城市生活垃圾分类中应负的责任和义务进行明确的规定，更没有制定有关违反垃圾分类行为的惩罚标准。[①] 上海市2014年出台的《上海市促进生活垃圾分类减量办法》中也有对居民垃圾分类义务的规定和相应的处罚标准（见表7-1），但是这些惩罚措施在具体实践中难以操作，缺少居民垃圾分类的违规行为的认定标准，罚款处罚在实践中也难以执行。最终，这些原则性的惩罚规定流于形式，难以在实践中真正发挥作用。在相关法律法规体系不健全的情况下，只能通过激励性导向的措施来推动社区生活垃圾分类治理。

表7-1　生活垃圾分类惩罚措施

	规定内容	违反规定的行为	惩罚措施
第十八条（分类投放管理责任人职责）生活垃圾分类投放管理责任人承担下列职责：	（一）按照本办法规定设置生活垃圾分类收集容器	未按照规定设置分类收集容器	由城管执法部门责令限期改正，可处50元以上500元以下罚款
	（二）将分类投放的生活垃圾分类驳运至垃圾箱房或者垃圾小型压缩收集站	生活垃圾分类投放管理责任人未将分类投放的生活垃圾分类驳运	由城管执法部门责令改正；拒不改正的，处1 000元以上3 000元以下罚款

---

① 谭文柱：《城市生活垃圾困境与制度创新——以台北市生活垃圾分类收集管理为例》，《城市发展研究》2011年第7期，第95—101页。

第七章　城市精细化治理的三大民生服务模式创新

续　表

规定内容		违反规定的行为	惩罚措施
第二十一条（分类投放要求）单位和个人应当规范投放生活垃圾，并符合下列要求：	（一）有害垃圾投放至有害垃圾收集容器，不得投放至其他垃圾收集容器	未按照规定投放生活垃圾	单位未按照规定投放生活垃圾的，责令改正；拒不改正的，处100元以上1 000元以下罚款
			个人未按照规定投放生活垃圾的，责令改正；拒不改正的，处50元以上200元以下罚款

资料来源：根据《上海市促进生活垃圾分类减量办法》整理。

2. 社区垃圾分类治理动力不足

社区是联结国家与城市居民的"最后一公里"，社区治理体系是国家治理体系的末端组成部分。① 中共十九届三中全会提出"构建简约高效的基层管理体制"的目标，习近平总书记强调"要推动社会治理重心向基层下移，把更多资源、服务、管理放到社区"。可以说，重心下移和强化基层已经成为新时代社会治理创新的关键词之一。② 但是，治理重心的下移带来的基层组织正规化及大量的行政任务进入社区亦成为不可忽视的问题，即饱受诟病、越改越严重的社区行政化问题③。在这样的背景下，基层社区承接大量的自上而下的行政任务，再加上社区内部的很多事务，导致需要投入大量人力物力资源的垃圾分类工作往往很难得到重视，政府及基层社区都显得动力不足。以上海为例，虽然垃圾分类减量连续七年被列为政府实事项目，但是在具体实践中往往简化为动员社区居民开通

---

① 王德福：《城市社会转型与社区治理体系构建》，《政治学研究》2018年第5期，第6—9页。
② 容志：《推动城市治理重心下移：历史逻辑、辩证关系与实施路径》，《上海行政学院学报》2018年第4期，第49—58页。
③ 潘小娟：《社区行政化问题探究》，《国家行政学院学报》2007年第1期，第33—36页。

绿色积分账户。绿色积分卡的覆盖家庭数量和比例年年上升，但是真正的活跃使用率却不高。由于政府没有直接的资源投入，又缺少相关法律法规，基层社区在实践中缺少推动垃圾分类工作的有力抓手。

3. 激励机制作用范围有限

在缺少相关法律法规体系的情况下，垃圾分类的效果取决于激励机制能够发挥作用的程度。如果越多城市居民在激励性机制的动员下，愿意根据垃圾分类的要求来规范日常垃圾投放行为，激励性垃圾分类模式的效果就越好。然而，在实践中，诸如绿色积分账户等激励性机制的作用范围很有限，往往仅局限在部分社区老年人群体中。在上海的绿色账户模式时期，社区中的垃圾分类绿色积分工作主要由社区保洁员具体负责实施，街道给予固定的补偿。实践中主要存在两个方面的问题：其一，分类投放垃圾获取绿色积分账户积分的时间有限制，一般是上午 9:00—10:00，下午 2:00—3:00（部分社区后来改为 5:00—6:00），诸多上班族由于上班而难以获取绿色积分，最终只有部分社区老年人使用绿色账户积分卡；其二，绿色账户积分兑换的物品价值有限，基本上都是一些日常生活用品，对除部分老年人群体之外的城市居民吸引力有限。再加上基层社区在社区居民开卡之后动员、发动、监督社区居民认真执行垃圾分类的动力不足，激励性模式下的城市生活垃圾分类治理的效果一直不显著。

4. 居民垃圾分类的自觉意识不强

垃圾分类归根结底是一个城市居民的观念问题。广大城市居民户对生活垃圾分类收集方式的理解、支持和自觉参与，是城市垃圾分类综合治理成败的关键条件。① 虽然近年来城市居民的生活水平不断提高，环保意识不断觉醒，但是受到传统观念的影响，垃圾分

---

① 何德文、柴立元、张传福：《国内大中城市生活垃圾分类收集实施方案》，《城市环境与城市生态》2003 年第 1 期，第 62—64 页。

类减量的意识仍然不强。在缺少针对垃圾分类违规行为的强制性措施的情况下，仅仅依靠激励性措施，很难在短时间内改变城市居民的认知和观念。2018年上海市全面推动垃圾分类综合治理行动，虽然很多社区探索了一些有益的做法和模式，但是根本上依然是激励性为主的模式，只能依靠社区工作人员和社区志愿者的不间断蹲点来监督社区居民的垃圾分类行为，缺少可操作的惩罚措施来规范社区居民的不分类行为。在城市社区居民的垃圾分类自觉意识不高且没有强制性措施的情况下，垃圾分类综合治理的绩效很难提高。

（三）"强制＋激励＋教育"模式：城市生活垃圾分类的整体性治理新路径

城市生活垃圾分类有效治理模式的建构，需要以强制性的惩戒措施为核心主导逻辑，辅之以配套的信用、荣誉、利益等激励性政策与机制，再以家庭为基本单位，构建横跨社区、单位、学校，联通现实生活与网络空间的综合教育督促机制，形成覆盖全体居民的"强制＋激励＋教育"并举的长效模式和机制。生活垃圾分类看上去是个体认知理念与家庭行为，关涉的是社区集体与社区生活的大事，更关涉的是长久教育过程的后果，更深层次意义在于全民动员的人心政治是否释放出足够的凝聚力和向心力。故而，城市垃圾分类综合治理的有效路径在于，以法律法规体系完善的强制性措施为基础，规范违法违规垃圾分类行为；以激励性措施为辅，构建分类施策的治理策略；以综合教育措施为根本，彻底改变居民个体的观念与行为。

在这个过程中，不仅需要政府、企业、事业单位、学校、社区等多元主体的共同参与和努力，而且需要强制、激励性和教育性措施等的综合施策，从而构筑城市生活垃圾分类综合治理的整体性治理新路径，真正从源头上解决城市生活垃圾治理问题。

1. 以强制性措施为基础，规范违法违规垃圾分类行为

在城市生活垃圾分类综合治理中，完善相关法律法规体系，对

社区居民违法违规投放垃圾的行为进行有效督促和惩处,是推动城市生活垃圾分类工作的重要基础。城市生活垃圾分类工作难以继续深入推进的关键症结在于,基层社区缺少对于违法违规居民垃圾投放行为的可操作的惩戒措施,城市社区居民未能建立垃圾分类是一种义务的观念。激励性措施的作用有限,一方面,覆盖的群体有限,从目前的实践中看,能够动员的只有部分老年人群体;另一方面,仅凭激励性措施无法从根本上改变社区居民的观念,即无法建构社区居民的义务性观念,只能依靠城市居民的自觉的认知提高和行动。故而,社区垃圾分类模式从激励性向强制性转型的关键在于,形成了一整套覆盖社区所有居民的可操作的垃圾分类的强制性督促、惩戒措施,为社区居民义务性观念的建构打下了基础。总之,以法律法规的完善为社区垃圾分类工作提供有力的强制性措施,对违法违规垃圾投放行为进行惩戒,可以有力地推动社区垃圾分类工作。

2. 以激励性措施为辅,构建分类施策的治理策略

城市生活垃圾分类工作模式从激励性向强制性的逻辑转换,并不意味着对于激励性措施的完全否定,强调垃圾分类激励性措施不再是主导性的内在逻辑,而应当成为法律法规等强制性措施为核心的辅助性措施。换言之,垃圾分类工作不可能完全通过强制性措施来推动,也需要激励性措施作为补充。除了诸如绿色积分账户等传统激励性措施之外,与相关法律法规配套的社会信用、社会荣誉等政策与机制也应当成为重要补充。在社区层面,要发挥社区居民的多重角色和身份,激励社区中的党员、党政事业国企单位干部、白领精英、学生家长等自觉带头,针对不同的社区群体采取不同的策略。对社区中的老年退休人群,以绿色账户积分兑换的方式进行宣传激励;对社区中的青中年工作群体,可将其与个人信用、社会声誉等有机结合;对于社区中的学龄儿童,可与学校联动将学生在社区中的垃圾分类行为作为社区社会实践的重要组成部分,激励幼童群体的垃圾分类行为。总之,在强制性措施为核心和基础的情况

下，通过针对社区中不同群体的分类施策的激励性措施，构建"硬约束＋软激励"相结合的社区垃圾分类新路径。

3. 以综合教育措施为根本，彻底改变居民个体的观念与行为

城市垃圾治理是一项长期工程，社区中的垃圾分类工作亦不例外。除了规范社区居民垃圾分类行为上的"硬约束＋软激励"措施之外，更重要的在于城市居民对垃圾分类减量的认知和理念的转变。城市居民的认知和观念的转变需要全方位的教育和宣传，而最基本的单元就是家庭。家庭是社区垃圾分类工作和垃圾源头减量化治理的基本单位和对象，通过建立以家庭为基本单位，横跨社区、单位、学校，联通现实生活与网络空间的综合教育督促机制，从而掀起一场城市垃圾分类的人民战争，坚持不懈地推动城市居民的认知和观念转变。在这个过程中，政府要重视环保教育，从小抓起，将环境保护、垃圾分类回收等知识内容融进教材，贯穿于幼儿园、小学、中学、大学教育的全过程；加强环保宣传，让公众知晓垃圾分类的意义并形成习惯。①

以社区垃圾分类综合治理为代表的城市垃圾治理行动，不仅需要完善的法律法规体系提供强制性措施、针对不同人群的激励性措施，而且需要建立全体系、全覆盖的综合教育督促机制，把垃圾分类、源头减量化等理念通过教育和宣传内化为普通民众的一般认知。城市垃圾分类治理既是一项长期工程，因为城市居民的认知和观念的改变不是短时间内能够实现；又是一项综合性工程，因为无论是激励性措施还是强制性措施，都不可能单凭某一类措施完全实现目标。

通过对上海市城市垃圾分类综合治理实践的案例梳理，我们可以看到，无论是绿色积分账户模式还是基层动员模式，以激励性措施为内在逻辑的城市生活垃圾分类实践面临效果不彰的内生困境。

---

① 薛立强、范文宇：《城市生活垃圾管理中的公共管理问题：国内研究述评及展望》，《公共行政评论》2017年第1期，第172—196页。

以《上海市生活垃圾管理条例》的出台的实施为标志，上海市城市生活垃圾分类综合治理的内在逻辑开始从激励性转向强制性。无论是在理念上还是在实践中，完善相关法律法规，提供有效的强制性措施是垃圾分类工作能够深入推进的重要基础。法治化固然是城市垃圾分类治理的方向，但是要真正达成以垃圾分类和垃圾源头减量化为代表的城市垃圾治理目标，更重要的是建立"强制＋激励＋教育"的综合治理模式，构建城市生活垃圾分类的整体性治理新路径。

二、社区智慧大脑建设

近年来，上海市杨浦区围绕本区建设和管理的发展目标与中心任务，结合城乡建设和管理发展新阶段的特征需求，在推进"智慧城市"建设的大背景下，积极引入"互联网＋"等应用理念和模式，通过加强行业信息技术创新和应用服务创新，推动"智慧杨浦"建设。《杨浦区推进"智慧城市"建设三年（2011—2013）行动计划》《杨浦区"智慧城市"建设三年行动计划（2015—2017）》《杨浦区加强智慧城市建设，建立数字化城市管理系统的规划》等文件的出台不断助推"智慧杨浦"建设走向深入。2018年，杨浦区发布了全新的"智慧城市三年行动计划设想"，计划用三年时间，实现让"智慧社区大脑"覆盖全区，建成公安智能感知、城市基础数据管理、空间地理信息可视化和物联网接入共享四大智能平台之目标。通过物联网等新技术的使用，推动杨浦区智慧城市精细化治理的发展，多层次、全方位地满足社区居民不同的需求，为居民的日常生活提供全新、优质的安全保障，实现"通过以物联网，达到最后以人联网的"目的。

控江路街道是杨浦区智慧治理模式创新的典范，通过对控江路街道探索的详细分析，可以为我们提供有益的经验借鉴。控江路街道位于上海市杨浦区中部，东至双阳路，与延吉新村街道相邻；西

第七章　城市精细化治理的三大民生服务模式创新

至杨树浦港，与江浦路街道、四平路街道分界；南至周家嘴路，与大桥街道接壤；北至走马塘，与五角场街道、五角场镇毗邻。行政区划面积2.15平方公里，居委会25个，自然小区61个，户籍人口8.3万人、3.2万户，所辖小区住房多半是建于20世纪50年代和60年代的老房子。

2017年，控江路街道会同区科学技术委员会、东方明珠公司在全国率先开展基于广电NGB-W物联专网应用落地，在辖区范围内部署了20 000余个传感器，成为上海探索"智慧社区大脑"的首个试点街道。控江路街道通过实施"神经元""社区大脑"和"流程再造"三项工程，形成了以智能化手段支撑社区精细化治理的控江模式。

（一）控江模式：城市精细化治理的新型实践模式

以物联网为代表的新一代信息通信技术的广泛应用，是控江模式的主要支撑手段和基本特点。控江路街道以20 000余个智能传感器为基础，使每一个传感器都成为一个物联网的接入点，起连接烟雾报警器、智能井盖、水质监测、水电抄表、电梯运行、楼道门禁等设施的作用。这些传感器把城市管理的各种问题转化为信息，传递到网格中心，网格中心再把相关信息传递给不同的部门或居委会四级综治中心，使得有责任处置的单位在第一时间发现并及时高效处置相关问题。自2017年第四季度建成"智慧社区大脑"后，控江辖区的入室盗窃案件和涉黄涉赌案件报案数均下降了80%。控江路街道的智慧治理控江模式的基本经验主要有三个方面。

第一，以物联网为代表的新一代信息通信技术的广泛应用，成为有效实现社区精细化治理的重要工具。具体又包括三个方面。

首先，建设以智能传感器等为核心的城市运行"神经元"系统，实时感知城市运行的各种数据。除了对城市公共空间的感知外，控江街道还形成了覆盖"小区-楼道-家庭"的"4-3-4（件套）"综合感知体系，将智能触角深入居民家庭这一城市基本单元。所有"神经元"智能传感器能够实时感知相关信息，并将信息传递到"智慧社区大脑"这一处理信息的"神经中枢"。

其次，建设完善城市基础信息数据库。城市基础信息数据库与公安智能感知、空间地理信息可视化和物联网接入共享等智能化平台一道，构成城市运行管理的重要基础和社区精细化治理的必备条件。

最后，建设"社区大脑"，打造数据综合管理应用平台。借助大数据技术、人工智能技术等，实现对"神经元"系统收集到的信息的高效处理，能够实时一览社区管理情况与现状，查询、分析、调用、管理数据和信息，对城市管理中出现的各种问题能够第一时间响应、及时高效处置。更重要的是，通过相关数据的分析，能够在被动应对和解决问题的基础上，增强城市管理的可预见性，将更多问题消灭在萌芽状态。

第二，以体制机制创新为突破口，通过流程再造，实现技术与组织的深度嵌入与融合，最大限度地发挥技术优化治理的效能。

新一代信息通信技术，如大数据、物联网、人工智能等，有极大的提升城市管理效率的潜能，然而，作为客观技术，只有与现实中的既有组织结构及组织中的人更好地契合，才能够真正发挥技术优化治理的作用。

控江路街道通过将"智慧社区大脑"系统与市公安局有关系统、市发改委有关诚信系统对接，将网格中心与综治中心力量进行整合，形成可与公安派出所实时联动的新综管中心，破除部门间的信息孤岛与碎片化问题。通过实施流程再造，打通线上和线下，由街道主导、多方参与、条线融入，加强网格中心规范化建设，将先进技术运用与既有工作模式进行重新整合。通过加强居委会四级综治指挥平台建设，完善对物业公司的考核机制等，已经重新修订、再造各类管理流程 10 项、考核清单 7 项。

第三，以标准化、模块化、打包化为导向，形成可复制、可推广的设备配置规范与技术运行标准。

第七章 城市精细化治理的三大民生服务模式创新

控江路街道在试点"智慧社区大脑"之初就将形成可复制、可推广的做法与标准作为主要目标,在传感器的选择、技术参数的设置、设备类型的配置等方面以标准化为指引,尽可能地使得控江路街道的实践经验能够在杨浦区乃至整个上海市推广开来。

通过打造诸如进出小区的"四件套"(人脸识别高清探头、人体红外感应计数提示器、机动车进出控制、共享单车围栏)、进出楼道的"三件套"(门磁监控、二维码开门、电子巡更)、进入家庭的"四件套"(远程抄表、煤气泄漏报警、饮用水检测、独居老人生命探测等公共服务探测器)等应用模块,将这些模块进行模块化、打包化、标准化后,再将其在更大的范围内进行复制推广。杨浦区平凉路街道、大桥街道等街道,宝山区、静安区临汾路街道、普陀区十个街镇、虹口区广中路街道等都已经根据各自不同的需求,选择不同的标准化模块,开始推进社区大脑建设。

(二)社区大脑智慧治理模式推进过程中存在的主要问题

上海市杨浦区控江路街道通过将物联网等新一代信息通信技术应用于城市管理中,大大提升了城市管理的能力,取得了良好的效果。同时,社区大脑智慧治理的控江模式在推进过程中依然存在一些问题。

第一,控江模式聚焦于对城市社区基础设施运行的精准感知,作用更多地体现在城市公共安全的保障和城市公共管理的精准高效,但对于如何更好地为居民提供公共服务则略显欠缺。

控江路街道的智能传感器,通过从公共场所到"社区-楼道-家庭"的相关设备设施运行状况的精准感知,及时识别城市管理过程中可能出现的各种安全问题,比如公共场所的烟雾报警感知、楼道的智能门禁、食品安全的视频监控等,在事关城市居民生产、生活安全等方面起了很大的作用。然而,通过传感器实现的主要是对于相关信息的被动采集,如何运用物联网等先进技术手段,实现城市公共服务的精准化提供,以及对居民的多样化、差异化的需求的主动感知、识别和满足等更高层次目标，是需要在实践中进一步探索的问题。

第二，社区精细化治理不能只是政府唱独角戏，新技术的运用需要考虑如何更好地动员和服务城市居民，通过创设各种智能化、社会化平台与机制，让城市居民共同参与到社区精细化治理的过程中来这一深层次问题。

智能化技术的广泛运用确实为社区精细化治理提供了重要的工具手段并创造了新型发展空间，然而，城市管理不仅仅是政府部门的事情，政府部门也无力对于众多事务实行大包大揽。

如何利用物联网、大数据、人工智能等新技术，创设各种公共表达的智能化、社会化平台，创新各种公共参与的智能化、社会化机制，更便利地感知、精准性识别、优质化提供满足城市居民多样化、差异化的公共服务需求，更好地推动城市居民主动参与到城市管理中来，实现"共建、共治、共享"的多元化城市治理格局，在控江路街道推动"智慧社区大脑"建设过程中，尚付之阙如。

第三，"智慧社区大脑"系统与街道网格化管理系统有待进一步融合，政府管理体制机制整合与创新力度不够，限制了新技术在社区精细化治理中的深入运用与效果发挥。

"智慧社区大脑"系统不仅与街道综治中心力量进行整合的力度不够，而且与街道网格化管理系统依然是相互分割的两套系统，如何实现两套系统的有效整合仍然是一个问题。

新技术应用背后的政府管理体制机制整合与创新方面探索得还不够，虽有对接诸如公安系统、发改委系统的数据库等破除部门分割的做法，但无论是在深度上还是在广度上都存在不足，并且在其他相关政府部门中并没有得到一体化的应用。通过新技术的应用，达到再造政府运作流程、重塑政府一体化运行机制、重构政府管理体制等目标，因缺乏相关法律法规、政策手段与运作经费等的配套保障，未达到其理想效果。

此外，如何通过成熟的模块化管理技术与运行系统的应用与建设,以及大规模的复制推广与实际应用,破除行业垄断和超额利润,加强有效监管,不断降低"智慧社区大脑"的运行成本,为社区精细化治理奠定物质技术基础,更是各级政府和社区值得思考的问题。

(三) 社区智慧大脑治理模式进一步优化的对策建议

第一,及时总结经验,提炼可复制、可推广的有效做法,注重运用成本-效益法,分析大规模推广的约束性条件,加强顶层设计,探索将技术治理、末端治理与基层治理有机结合、用技术优化治理的新方法、新机制、新模式。

根据控江路街道"智慧社区大脑"模式在实践中获得的基本经验,运用成本-效益分析法,深入分析大规模推行这一模式的约束性条件,摒弃一些不受社区居民欢迎、实际绩效非常有限、成本代价极其高昂的形式主义做法,通过技术集成、模块标准化、系统应用、大规模推广、有效监管等方式,降低"智慧社区大脑"的运行成本,将其与智慧城市建设、基层治理有机结合起来,将技术治理、末端治理的有益经验推广至更为复杂的基层治理与社会治理之中,形成技术优化治理的新方法、新机制、新模式。

第二,进一步深化现代信息通信技术在城市管理和服务各领域、全过程中的作用,推动"智慧社区大脑"系统与网格化管理系统的深度融合,强化城市运行部件和事件数据信息的分析研判,推动城市公共服务提供的精细化。

首先,加强城市管理基础信息系统和"神经元"系统的建设与应用,对城市基础运行数据信息实行实时采集、动态录入、及时传输、集中分析,以利于及时回应和解决城市运行过程中发生的各种安全问题。其次,让"智慧社区大脑"系统成为网格化管理系统进一步拓展功能的助推器,用物联网等新技术优化网格化管理的功能,提升其效率。最后,加强城市管理相关数据信息的分析应用,对收集到的数据信息进行深度分析与挖掘,提供能够推动城市公共管理、公共安全、公共服务精细化的有效信息,切实提高城市在

"三公共"领域的管理与服务能力。

第三,创设基于新技术的公共参与平台和机制,不断提升城市居民参与社区精细化治理的深度和广度,发挥先进技术的撬动作用,探索各具特色的楼宇管理与社区治理模式。

突破单一安全导向的"社区智慧大脑"功能应用瓶颈,在居家养老服务、居民健康信息收集、社区集体文化活动开展、社区综合治理等方面,不断延伸"智慧社区大脑"综合系统,有机结合"微信群""社区通""社区移动掌上服务终端""服务 App"等新技术方式,不断拓展先进技术的应用场景,创设基于新技术的公共参与平台与机制,充分挖掘新技术在推动城市居民参与社区精细化治理中的独特作用。

通过先进技术的撬动作用,不断提升城市居民参与社区精细化治理的意愿和效能,充分激发社会活力,发挥社会各方的合力,增强城市居民的获得感,提高满意度,形成全社会共同参与城市管理、共建和谐有序城市治理秩序的良好局面,形成"共建、共治、共享"的社会治理新格局。

第四,以技术嵌入与融合为突破口,不断推动政府体制机制整合与优化,最大限度地实现治理技术与科层组织的良性互动进程,提升政府整体治理绩效,推动"物联网社区"尽快进入"人工智能社区"新阶段。

控江路街道"智慧社区大脑"模式的应用与探索,是在特定区域的试验,因此,需要及时总结得失,将其上升到普遍经验、运行机制和制度创新层面,以便在更大范围内的复制推广,以利于将局部范围的体制机制整合与优化做法推广至所有党政部门机构整合与优化过程之中。

推动政府体制机制整合与优化的深入发展,提升政府整体治理绩效,需要将行之有效的新型治理技术嵌入既有科层组织体系之中,推动两者的互动与重构,并在不同的政府层级与部门之间打破分割治理的藩篱,实现与社区精细化治理密切相关的诸如公安部门、发展和改革部门、城管部门、民政部门等政府部门的数据库的打通和相互调用之目标,切实加强城市各执法部门之间的联动与协同,建立信息共享、工作联动、事务会商、结果互认等新型运作机制体系,并不断推动"物联网社区"尽快进入"人工智能社区"新阶段,创造性地走出一条"技术优化制度、技术发展制度、技术成功制度"的社区精细化治理新路。

三、老旧小区社区营造

中共十九大报告指出,"新时代中国社会的主要矛盾是人民日益增长的美好生活需要和不平衡不充分的发展之间的矛盾"①。社区是城市的基本构成单元,是城市居民的生活交往空间,社区治理的好坏直接关系到城市治理的质量与城市居民的获得感和满意度。城市居民的社区美好生活是满足人民美好生活需要的重要组成部分。正如有学者指出的那样,中国改革开放 40 年的发展历程,实际上就是一个重新发现和重新培育社区的过程,社区的重要地位体现在它是拯救城市的一道底线。②

中国的城市化率从 2001 年的 37.7% 攀升至 2017 年年底的 58.52%,以平均每年 1.3 个百分点的速度快速提高。伴随着城市化率的不断提高及城市规模的不断扩张,相当一部分老旧城市社区经过多年的风吹雨淋与缺乏维护,正在逐渐衰败。以 2017 年《上海市城市总体规划(2017—2035 年)》为代表的城市总体发展规划,开始重视超大城市进入存量发展阶段后的各种新任务、新问题,而存量更新将逐步取代增量扩张,并成为未来城市空间供给的重要

---

① 习近平:《决胜全面建成小康社会 夺取新时代中国特色社会主义伟大胜利——在中国共产党第十九次全国代表大会上的报告》,人民出版社 2017 年版,第 11 页。
② 刘建军、王维斌:《"社区中国":原理、地位与目标》,《城乡规划》2018 年第 3 期,第 54—60 页。

途径。①

超大城市进入存量更新和内涵治理的新阶段后,运用城市更新与社区营造的理论和方法来提升城市发展的质量水平,已成为一种趋势和潮流。在一些超大城市,在社区层面,借助专业力量制订社区发展规划,积极动员广大社区居民参与社区治理,投入各种资源改善社区居住环境,鼓励孵化各类相互扶持的志愿社团,共同营造诸如"美好家园""缤纷社区""社区花园""睦邻社区""美丽楼道"等社区共治形态,成为推进社区营造和城市更新的普遍做法。

换言之,以社区居民的居住生活条件和环境改善为突破口,借助社区协商和居民参与,推进社区治理形态的更新,促进社区公共交往,推动社区共同体意识的生成,增强社区居民的认同感,成为满足社区居民对美好生活的向往的新途径。

(一) 老旧小区的治理困境

大多数老旧小区面临的问题具有很大的相似性,以解决这些问题为出发点的社区营造的经验,能够为城市社区治理提供很重要的借鉴。城市老旧小区的治理困境一般可以概括为以下几个方面:社区公共基础设施落后、社区公共交往缺乏和社区共同体精神缺失。

1. 社区公共基础设施落后

社区是城市的基本单元,是城市居民日常生活的主要场所,社区生活质量的高低是城市居民获得感和幸福感的重要评判标准。对于大量城市老旧小区来说,社区公共基础设施已经开始大大落后于居民需求,主要表现在社区公共空间布局不合理、公共基础设施陈旧。十多年前的社区是无法预想到当前的经济社会发展状况的,导致很多老旧小区的社区公共空间布局不合理,与当下的居民生活存在极大张力,最明显的例子就是小区停车问题。2015 年《上海市

---

① 苏海威、胡章、李荣:《拆除重建类城市更新的改造模式和困境对比》,《规划师》2018 年第 6 期,第 123—128 页。

第七章 城市精细化治理的三大民生服务模式创新

第五次综合交通调查报告》显示，上海市居住区夜间停车矛盾日益突出，全市居住区配建停车位为179万个，居住区夜间停放需求为290万辆。①

经过十几年的使用，很多社区中的大部分公共基础设施已经非常陈旧，相当一部分甚至已经丧失作用。在快速城市化过程中，政府将更多注意力放到城市建设方面，老旧小区的更新改造一直未能成为工作重点，故而没有大量的政府投入。再加上社区内部缺乏推动诸如社区微更新这样的公共事务的内生动力，导致大量城市老旧小区处在一个长期缓慢的衰败过程之中。

2. 社区公共交往缺乏

社区公共空间的衰败，不仅仅体现在社区公共基础设施层面，社区居民的公共交往更是处于相对低水平的状态。城市社区治理模式从行政型社区向合作型社区和自治型社区发展，代表着我国城市社区发展的方向。② 无论是合作型还是自治型社区治理模式，其前提基础都在于社区居民的公共参与和公共交往。但是，由于活动室、休憩点、小公园等公共交往空间的缺失和功能的丧失，破败的社区面临着同样逐渐消失的社区公共交往。社区居民之间固然由于较长时间的居住形成了我们可以称之为"半熟人社会"的社会形态，但是，居民之间的熟悉往往是非常私人的熟悉和交往，缺乏以社区公共事务为导向的公共交往。

偏向于私人性的社会交往在小区中的表现是，社区中零星散落着位于部分居民楼下的、用自家旧的桌椅板凳搭建的休憩点，经常会有同一栋楼或者附近楼栋的居民围坐在一起聊天。但是，这种交往的私人性更强，更多的是一种分割式的、碎片式的社区交往，局限于本楼栋或者极少数楼栋之间，缺少具有社区整体感的公共交

---

① 李蕾：《320万辆，小客车实有量五年翻番》，《解放日报》，2015年9月9日，第5版。
② 魏娜：《我国城市社区治理模式：发展演变与制度创新》，《中国人民大学学报》2003年第1期，第135—140页。

往。由此导致的问题是，社区居民对于社区活动的参与度不高，社区动员的难度很大。

3. 社区共同体精神缺失

社区共同体是一个充满争议的概念。有的学者指出，城市社区已经不再是传统意义上的共同体，甚至随着商品房社区的增加，城市社区的共同体色彩可能会进一步淡化。[1] 有学者强调，把陌生人变成熟人的社区共同体是城市社区建设的重要内容[2]，是化解城市社区问题的有效理念[3]。在城市居民个体化、异质性的背景下，城市社区可能真的无法回到传统意义上的共同体，但是共同体所具有的那种公共精神却是当前城市社区所缺少的。故而，就目前社区的具体现实来看，共同体精神的缺失实际上就是社区居民公共精神的缺失，可能诱因包括公共基础设施的落后、公共交往的缺少，具体的表现包括私人空间对公共空间的侵占、社区动员效率低下、社区自治难以开展等。

总体而言，老旧小区的治理困境在于，社区公共基础设施的落后及由此导致的社区公共交往的缺少和共同体精神的缺乏，使得社区整体上陷入了一种不断衰败的状态。对于这样的老旧小区，单纯的通过政府自上而下的资源投入进行物质基础设施的更新改造是不够的，更重要的是在基础设施改造基础上的社区公共交往的恢复和社区共同体精神的重新培育。

（二）老旧小区社区营造的过程

自 2018 年 3 月起，在上海市浦东新区周家渡街道党工委和街

---

[1] 桂勇、黄荣贵：《城市社区：共同体还是"互不相关的邻里"》，《华中师范大学学报》（人文社会科学版）2006 年第 6 期，第 36—42 页。

[2] 李宽：《城市社区共同体的生成机理：从陌生人到熟人》，《重庆社会科学》2016 年第 5 期，第 49—55 页。

[3] 杨君、徐永祥、徐选国：《社区治理共同体的建设何以可能？——迈向经验解释的城市社区治理模式》，《福建论坛》（人文社会科学版）2014 年第 10 期，第 176—182 页。

道办的大力支持下，在周家渡街道云台第二居民区党总支居委会和广大居民的全力配合与积极参与下，在复旦大学唐亚林教授的指导下，由复旦大学国际关系与公共事务学院大都市治理研究中心唐亚林教授团队与上海复旦规划建筑设计研究院施海涛研究员团队联合组成的试验团队，在周家渡街道云台第二居民区开展"'美好周家渡'整体治理模式试验区创建暨云台二社区营造"活动，将党建引领、居民参与、社会协商、小区营造、智慧应用、长效机制、多方合力等核心要素，有机地统一在城市基层整体治理模式创建与社区营造的整个过程中。

（1）设计准备阶段（2018年5月至6月）。一方面，全面深度地收集资料。专家团队与居民区党总支书记、居委会主任、社区积极分子进行深度访谈，了解居民区的基本情况，并多次实地考察走访试点居民区。通过访谈和实地走访，专家团队对居民区的问题、资源、项目清单、小区的公共空间布局及现状等有了较为全面的了解。另一方面，通过多种方式广泛动员居民。通过发放《致云台二居民区居民的一封信》，以及社区党总支和居委会采用党员大会、党员议事厅、家庭小党校等各种会议形式，进行广泛的宣传和动员，让党员和群众深入了解即将开展的样板居民区建设。

（2）方案形成阶段（2018年7月至9月）。首先，在前期深入了解居民区情况的基础上，通过"居民推选＋随机抽选＋协商指定"的方式，选取40名议事员，组建居民议事会，构建居民参与的组织基础。其次，在复旦大学联合实验团队和学生志愿者的带领下，居民议事员代表走遍云台第二居民区的每一个角落，充分表达他们对样板居民区打造的意见，并由随行志愿者完整记录。在议事大会上，居民代表和志愿者全面表达意见，作为具体实施方案设计的基础。在第二次居民议事大会上，居民们依次投票选出自己心仪的建设方案。最后，方案被提交至街道职能部门、区域化党建单位、党支部、家庭小党校等，将党的领导落在实处，由他们提出相应的意见建议，并最终由专家团队进行汇总。综合各方面意见之后，专家团队拿出最终的营造方案，提交街道党工委进行决策。

（3）施工建设阶段（2018年11月至2019年3月）。在这个阶段，以居民区党总支为核心，由居民代表、街道工作人员、居委会工作人员、第三方专家团队、施工方组成联合监督委员会。通过将居民区内的施工点划分为四个片区，以睦邻党支部、家庭小党校和居民党小组为基础，成立四个监督小组，分工到组到人，落实责任到组到人。每个片区的监督小组负责施工过程中施工方与居民的矛盾调解、监督施工质量等任务。在施工过程中，对原有设计方案的适当微调等很多问题在居委会及监督小组层面都能得到解决，剩下的问题也能通过街道现场办公会的形式得以解决。

（4）长效维护阶段（2019年4月至今）。施工结束后，各监督小组就地转化为长效维护小组，并分门别类地制定系统化的管理规章制度等，负责新建社区基础设施的日常维护、合理使用，以及对不当使用行为的制止等工作。社区营造实践仅仅是一个开始，社区内更新改造的各种设施需要社区居民的积极维护，这既是保证这些设施能够长久地发挥作用，又是实现社区参与的重要机制。围绕新建设施的维护，以及基于这些设施开展的各种活动，推动了社区中的积极分子和各种自治组织顺利地开展社区公共交往，促进了社区整体活力的提升。

最为典型的案例是样板居民区建设点之一的共享花园，在以睦邻党支部为核心的志愿维护小组的发动下，周边楼栋的社区居民主动参与到花园的建设和维护中来，自发投入近8 000元购买各种花草苗木进行种植。除此之外，共享花园的建设，还将不远处的居民活动室中经常打麻将的社区居民吸引出来，参与到共享、共建、共治社区建设中来，社区居民参与社区公共事务和公共交往的热情被极大地激发了。

（三）老旧小区社区营造的治理逻辑

社区公共空间并不仅仅是物理意义上的空间，由于社区居民的生活、交往，社区公共空间已经成为一个综合政治、经济、文化多方面意涵的概念，社区居民也赋予社区公共空间诸如交往、关系等的丰富内涵。表面上看，社区营造是政府主导下的对于社区空间的重构，但其核心在于通过营造实现了对社区的再造，即以社区物理空间重构为基础，推动居民参与方式、社区公共交往乃至整个社区的治理模式实现再造，最终建构成一个具有共同体精神的社区。

1. 社区公共空间再造

社区公共空间再造是社区营造所要达到的基础目标，也是撬动社区其他方面再造的重要支点。当前，我国相当一部分社区由于建成时间较早，已经逐渐开始进入更新改造期。正如有学者指出的，城市更新作为城市发展的调节机制正以空前的规模和速度在全国各地展开，进入了一个新的历史阶段。① 最早根据权力的逻辑或者资本的逻辑建立起来的城市社区，由于建设之初并未完全考虑居民的生活逻辑，随着社区居民的长期生活，在既有的社区公共空间中集聚了大量的矛盾。社区居民对于既有的社区公共空间布局有很大意见，当前中国经济社会的快速变革使得多年前的社区空间布局已经不能满足当下居民生活的需求，通过城市（社区）更新实现对于社区空间的重构成为必然选择。在这个城市发展的新阶段，居民的生活逻辑而非权力的逻辑或者资本的逻辑成为社区营造的主导思想。在各地的社区营造过程中，以居民的需求为导向、积极吸引居民参与来开展社区空间再造成为十分鲜明的特点。

2. 居民参与方式再造

通过社区居民的参与协商解决社区治理问题的理念，即协商民主，是中共十八大报告提出的我国人民民主的重要形式。中共十九大报告强调，形成完整的制度程序和参与实践，保证人民在日常政

---

① 阳建强：《中国城市更新的现况、特征及趋向》，《城市规划》2000年第4期，第53—55页。

治生活中有广泛持续深入参与的权利。① 但是，当前相当一部分社区治理问题的产生，就在于空有参与的形式而没有参与的实质。正如有学者指出的，基层协商民主的一个突出特点就是追求解决的结果重于协商的民主程序，形式的参与和参与的形式比实质是否参与协商更为突出。② 往往并不是社区居民没有参与的热情和意愿，而在于没有一整套能够发挥作用的有效参与方式。很多问题本来可以通过积极引导社区居民参与的方式来解决，但仅有参与的形式，没有科学的、有效的程序和方法来实现实质性的参与。

云台二的社区营造的意义，除了把社区空间按照居民的意愿进行改造之外，更重要的是在这个过程中使得居民熟知参与社区公共事务的程序和方法，能够将社区居民的意见充分表达之后进行整合，形成大家都能够接受的共识。第三方营造专家综合罗伯特议事规则和多种协商议事规则制定了社区协商议事规则，在营造过程中取得了良好的效果。这也为社区后续众多治理问题的解决打下了重要的基础，即社区居民可以按照本次社区营造的参与方式，针对社区内的公共事务进行协商，找到大家都能够接受的解决方案。

3. 社区公共交往再造

一方面，在基础设施方面通过社区中心花园的更新改造，以及一系列通过社区健身步道有机联系起来的相对集中的公共休憩点，共同组成了社区公共交往的物质基础平台。另一方面，云台二的社区营造在营造过程中，通过动员居民、召开居民议事会、组建社区施工建设监督小组等方式，使得整个社区围绕社区改造进行了多次协商和交流，并在每一个已经建成的改造点建设长效维护小组，为社区公共交往建构了组织基础。无论是很多社区营造在做的社区花园的营造，还是Y小区做的社区广场、休憩点的营造，都是为社区

---

① 习近平：《决胜全面建成小康社会 夺取新时代中国特色社会主义伟大胜利》，《人民日报》，2017年10月28日，第1版。
② 韩福国：《超越"指定代表"和"随机抽样"：中国社会主义复式协商民主的程序设计》，《探索》2018年第5期，第71—81页。

居民相互之间的公共交流、交往提供平台和载体。通过围绕关涉大多数居民利益的社区公共事务的社区协商，社区居民在这个过程中形塑了稳定、有效的公共交往。这种公共交往之所以能够构建起来并长久维护下去，主要原因在于居民深受社区公共基础设施落后之苦，社区营造过程中又是全程参与。社区居民对于新建社区公共空间的自愿维护，是与其日常生活紧密结合在一起的，故而居民们对此拥有很高的热情。在他们看来，这是在建设、维护"自己的家"。

4. 社区治理模式再造

在政府层面，云台二的营造提供了完全可行的、有具体路径并见到成效的社区治理新模式。2018年6月12日发布的《中共中央、国务院关于加强和完善城乡社区治理的意见》提出，要在2020年基本形成基层党组织领导、基层政府主导的多方参与、共同治理的城乡社区治理体系。社区营造或许在某种程度上提供了一条切实可行的路径，居民、政府、第三方、物业公司等社区多元主体共同围绕社区空间的更新改造进行一系列互动，共同形塑了新的社区多元自治模式。

首先，居民在社区治理中实现了从形式参与到实质参与的转变。社区居民在社区营造过程中，将自己的意见真真切切地转化为方案和建设项目，更是在这个过程中习得了一整套科学的社区参与协商的程序和方法，是社区后续开展协商治理的重要基础。其次，基层政府在社区营造过程中，改变了以往社区更新改造过程中"唱独角戏"和资源下沉过程中的碎片化现象，通过居民意见的收集，形成方案后在分配各个部门进行实施，部门之间的协同问题得到了一定程度的缓解。最后，在这个过程中，社区内部生成了一个个有着共同体精神的、积极参与社区公共交往和社区协商的社区治理组织体系和骨干人员，实现了社区发展和治理内生动力的激发和再造。

本章小结：以城市居民的美好生活向往为追求提升城市精细化治理的服务力

　　城市精细化治理是一个融管理、服务、秩序于一体的互动过程，在此过程中，城市政府需注重用"服务"肩挑"管理"与"秩序"，帮助城市政府适应城市治理内涵的深刻转型，即从增长型治理向服务型治理转变。因此，毫无疑问，提升城市政府的服务力，显然是提升城市精细化治理能力的应然内容之一。要真正实现城市精细化治理，城市政府必须切实面对如何更加有效地履行其公共服务职能的现实问题，必须提升其服务于城市居民日常生活、服务于社区发展、服务于城市美好社会建构的能力。

　　由于城市发展已进入以美好生活建构为主题的新阶段，因而本章将重点放在考察城市居民美好生活向往导向下的城市精细化治理实践上。以上海市在三大民生服务领域——生活垃圾分类、社区大脑与智慧社区建设和社区营造（老旧小区改造）——的创新实践为考察对象，本章总结了上海市在提升城市精细化治理之服务力方面的主要经验，提出上海市优化民生服务、提升城市治理服务力的可能举措。

　　本章的分析表明，生活垃圾分类有效提升了城市的节能减碳水平，社区智慧大脑建设有效提升了城市的数字化治理水平，老旧小区社区营造提升了民众参与社区治理的水平。三大民生实践模式创新的共通点在于：根据社区出现的问题和居民需求"对症下药"，从组织、人、事、资源、技术、机制等层面优化城市资源配置，创建党建引领与政府主导下的多元主体共治格局，增强城市居民的获得感、满足感和幸福感。未来的城市发展应当围绕服务城市居民、造福城市居民、创建城市美好生活与城市美好社会这一根本出发点和落脚点，以满足居民美好生活的向往提升城市精细化治理的服务力，提高城市科学化、精细化、智能化治理水平，最终推动实现城市治理现代化目标。

结　语

党建引领城市基层治理创新：
一种新型城市治理范式的成长

随着城市发展进入精细化、内涵化治理的新阶段，城市完善基层治理体系、提高基层治理能力，是回应城市基层社会转型需要及实现国家治理体系和治理能力现代化的必然选择。城市基层治理现代化离不开立基于基层治理实践的治理创新，更离不开党建在这个过程中的引领作用。

一、城市精细化治理时代的基层治理创新

长期以来，中国的城市化过于重视城市的规模扩张，而对于体现城市内涵与质量的城市治理能力重视不足，由此带来的是与城市发展阶段极不相称的相对粗放的治理方式和低下的治理能力。

日益复杂多样的城市治理问题的涌现，迫切要求提升城市治理能力。城市治理需要在两个维度上取得前瞻性和关键性的突破：一是要致力于解决特大城市治理中需要面对的核心瓶颈问题，尤其是在人口管理与服务、社会矛盾化解、风险治理与公共安全维护等问题上探索新路径；二是要在改进社会治理方式、推动政府行政管理模式创新、激发社会组织活力等方面，走出一条适合特大城市自身发展特点和规律的社会治理新路子。①

---

① 李友梅：《我国特大城市基层社会治理创新分析》，《中共中央党校学报》2016年第2期，第5—12页。

城市治理的逻辑：城市精细化治理的理论与实践

　　随着中国的城市化率达到一个较高的水平，国家将经济社会发展和国家治理的重心转移到城市、城市群上来，城市治理创新成为国家治理现代化的重要支撑。2015 年的中央城市工作会议在时隔 37 年后再次召开，会议强调抓城市工作，一定要抓住城市管理和服务这个重点，不断完善城市管理和服务，彻底改变粗放型管理方式，创新城市治理方式，特别是要注意加强城市精细化治理。有学者从加速发展的城市化、公民意识的觉醒、技术的信息化和供求的市场化四个方面强调城市治理进入了精细化时代，规范化、协同化、数字化和精益化是精细化治理的基本特征。① 复杂城市事务的治理、"城市病"的解决、居民多样化需求的满足、良好城市秩序的构建等城市治理多目标体系的建构，都需要转变城市整体治理模式，将精细化治理纳入适应城市转型及城市治理需要的城市治理新型范式之中。② 作为一种新型治理范式，精细化治理是对传统粗放式、经验化治理模式的反思、批判和超越，代表城市治理现代化的基本方向，是未来中国城市治理和发展的主导性策略。③

　　城市精细化治理时代需要系统性的体制机制的创新和完善，更需要的是城市在直接面对城市居民与各种治理问题时的基层治理创新和精细化治理能力的提升。城市基层的特殊性表现在：首先，城市基层处于城市公共管理和服务的第一线，既承担公共政策的执行职责，又需要在执行过程中针对具体情况对政策加以调节，是社会政策制定和执行的"调节阀""稳定器"；其次，城市基层由最多元的治理主体组成，不同主体代表政府、社会、市场三方不同的利益诉求和行为方式，构成诸多角色相互作用的社会网络，形成社会治理创新的必然载体；再次，城市基层直接面对社会需求，是联系和

---

　　① 陈晨：《城市精细化治理转型路径分析》，《中共珠海市委党校珠海市行政学院学报》2015 年第 1 期，第 38—41 页。
　　② 唐亚林、钱坤：《城市精细化治理的经验及其优化对策——以上海"五违四必"生态环境综合治理为例》，《上海行政学院学报》2019 年第 2 期，第 43—52 页。
　　③ 唐皇凤：《我国城市治理精细化的困境与迷思》，《探索与争鸣》2017 年第 9 期，第 92—99 页。

结语　党建引领城市基层治理创新：一种新型城市治理范式的成长

服务群众的"最后一公里""最后一步路"，是公共服务的关键提供者和群众利益的直接"守夜人"。① 城市基层治理在城市治理，乃至国家治理中都处于基础性的位置，以精细化治理为导向的城市基层治理创新，是直接面对广大人民群众、满足最紧要的基层治理需求、解决基层治理中难点与痛点问题的关键机制，是推动实现城市精细化治理的根本路径。

唯有以人民群众对美好生活的向往为依归，以回应最广大人民群众的现实需求为突破口，通过基层治理体制机制的创新，动员多元主体参与其中，在基层党组织的引领下，整合各方面的资源，向基层提供精细化、精准化的管理与服务，才是实现城市精细化治理的有效路径。

常言道："基础不牢，地动山摇。"基层社会治理是国家治理的重要组成部分，国家治理体系和能力现代化也离不开基层治理现代化。② 中共十九大报告明确指出，要"加强社区治理体系建设，推动社会治理重心向基层下移"③。近年来，党和政府努力推进执政重心的下移，以加强党同人民群众的血肉联系，防范脱离群众的危险。④ 同时，以治理重心下移解决社会治理的权力配置问题，目前已成为关键的政策话语之一，管理、服务与资源则是治理重心下移的突破口。⑤ 可以看出，大量的资源下沉、政府管理和服务的重心向基层转移客观上都为城市基层的治理创新提供了必要条件，也彰显了国家对基层治理的重视。由此带来的是城市基层围绕地区实际

---

① 陈勇、李呈、李甦：《城市基层社会治理面临的现实挑战和应对维度》，《北京政法职业学院学报》2014年第4期，第92—100页。
② 容志：《推动城市治理重心下移：历史逻辑、辩证关系与实施路径》，《上海行政学院学报》2018年第4期，第49—58页。
③ 习近平：《决胜全面建成小康社会　夺取新时代中国特色社会主义伟大胜利——在中国共产党第十九次全国代表大会上的报告》，人民出版社2017年版，第49页。
④ 家齐、李旭超：《重心下移：近年来党和政府执政的新趋势》，《社会主义研究》2012年第1期，第80—85页。
⑤ 郭圣莉、张良：《实现城市社会治理重心下移》，《领导科学》2018年第31期，第20—21页。

及面临的具体问题而开展的一系列治理创新实践,取得了较好的效果。

需要注意的是,重心下移并非简单的资源下沉和权力下放,而是国家主导下的基层治理,乃至城市治理体系的系统性重构。① 城市基层治理创新,针对具体问题和实际情况的碎片式的创新固然重要,但城市基层治理体制机制的整体性、系统性创新更加关键。城市网格化管理平台、政务服务管理平台、区域化党建平台等城市基层综合平台机制创新,是精细化导向下城市基层治理体制机制的整体性、系统性创新的典型代表。只有将针对某个领域和某个问题的"点"上的创新与针对基层治理体系的整体性创新相结合,才能够真正推动与基层社会相适应的基层治理体系和治理能力的现代化,城市精细化治理才能够真正落到实处。

二、党建引领下的城市基层治理创新

在党委、政府、社会力量多元合作治理的背景下,城市基层政府面临如何从"直接政府"向"间接政府"的新型政府治理范式转型的难题。随着解决公共问题的手段越来越需要广泛依靠协作关系,政府需要学会设计并管理近年来逐渐成为解决公共问题之核心的各种复杂的合作体系。② 政府越来越从公共产品和服务的直接提供者,转变为多元主体参与治理背景下合作网络的管理者。

更重要的是,当前中国城市社区治理创新仍面临一些深层瓶颈问题,要从根本上破解这些问题,单单依靠行政的力量和机制是不够的,有必要创造性地运用中国情境下政党的组织优势和富有弹性、黏合力的政党运行机制,从而适应多元、分化、开放的经济社

---

① 容志:《推动城市治理重心下移:历史逻辑、辩证关系与实施路径》,《上海行政学院学报》2018年第4期,第49—58页。
② [美]莱斯特·M. 萨拉蒙:《政府工具:新治理指南》,肖娜等译,北京大学出版社2016年版,第7—14页。

结语　党建引领城市基层治理创新：一种新型城市治理范式的成长

会新形势，构建国家治理体系的坚实微观基础。① 党建是共通的语言，党建更是推动不同治理主体整合的关键机制：一方面，党建可以在行政系统内部推动不同部门之间的协作与整合；另一方面，通过区域化党建等平台，可以推动政府、市场、社会等多元主体的有效对接和整合。

在基层治理领域越来越强调如何通过政府-社会合作来实现更加有效的治理的趋势下，党建成为统合各方主体的关键力量，是保障政府治理与社会多元主体良性互动的一种最重要的组织机制，也是确保基层公共部门逐步向社会"赋权"的同时能够有效实施秩序"把关"作用的重要组织机制。② 通过城市基层党工委的战略部署与领导、区域化党建的资源统合、基层党组织的全面嵌入和基层党员的积极参与，党建的力量成为引领城市基层整体治理创新的关键因素。

党建在城市基层治理中的战略性意义在于：首先，城市基层党建是提升基层社会治理系统整合能力、塑造政府治理与社会自我调节良性互动的重要条件；其次，城市基层党组织的政治引领功能是社区公共性和公共领域规范、有序发展的重要制度基础；最后，城市基层党建是有力拓展当前治理网络的重要组织支持体系。③ 2017 年，中共中央、国务院出台的《关于加强和完善城乡社区治理的意见》提出："到 2020 年，基本形成基层党组织领导、基层政府主导的多方参与、共同治理的城乡社区治理体系，城乡社区治理体制更加完善，城乡社区治理能力显著提升，城乡社区公共服务、

---

① 李友梅：《关于城市基层社会治理的新探索》，《清华社会学评论》2017 年第 1 期，第 190—195 页。
② 李友梅：《中国社会治理的新内涵与新作为》，《社会学研究》2017 年第 6 期，第 27—34 页。
③ 李友梅：《关于城市基层社会治理的新探索》，《清华社会学评论》2017 年第 1 期，第 190—195 页。

公共管理、公共安全得到有效保障。"① 城乡基层治理体系建构的首要因素在于党的领导，唯有落实党建引领，才能够真正推动城市基层治理的创新和城市基层治理秩序的建构。

如何推动党建引领基层治理创新落到实处，很多学者提出了自己的看法。有学者认为，发挥基层党组织在社会治理中的领导核心作用，必须提升基层党组织的组织力，激发人民民主参与社会治理实现多元共治；必须提升基层党组织的活力和创造力，避免陷入过度行政化；必须克服本领恐慌，提高基层干部领导和参与社会治理的能力。② 也有学者强调，基层党组织只有增强自身实力，才能成为引领社会治理创新的前提和保障。城市基层党组织只有增强为人民服务意识，从组织建设到社会治理都体现创新，才能有效做好基层党组织建设和社会治理新模式建设。③ 还有学者从提升基层党组织组织力角度，强调一方面要增强基层党组织自我革新力，另一方面要发挥好领导核心作用，协调基层治理各主体间关系。④ 总的来看，党建引领机制有两个维度：一是提升组织力，通过基层党组织催化群众合作，提高社区自主治理能力；二是强化领导力，通过基层党组织优化治理体系协作效率，提高社区问题解决能力。⑤ 换言之，党建引领城市基层社会治理，需要从两个方面着手：一方面，大力强化基层党组织自身建设，强化基层党组织的组织力，激发基层党组织的活力，把基层党组织建设成为基层治理的主心骨；另一方面，充分利用党建作为共同共通的语言和整合多元主体的平台，

---

① 《关于加强和完善城乡社区治理的意见》，《人民日报》，2017年6月13日，第1版。
② 陶元浩：《基层党建引领社会治理创新——以深圳市南山区为例》，《中国领导科学》2018年第6期，第96—99页。
③ 侯琳琳、林晶：《城市基层党组织何以引领社会治理创新》，《人民论坛》2018年第8期，第94—95页。
④ 张娅：《党建引领基层社会治理的逻辑、现状及优化路径——以湖北省为例》，《湖北行政学院学报》2019年第3期，第84—89页。
⑤ 王德福：《催化合作与优化协作：党建引领社区治理现代化的实现机制》，《云南行政学院学报》2019年第3期，第13—20页。

结语　党建引领城市基层治理创新：一种新型城市治理范式的成长

优化基层治理体系各主体之间的协作，动员多元主体参与基层治理、提高基层自主治理能力。

城市精细化治理时代，党建越来越成为城市基层治理中的关键主体和核心动力源，成为推动城市基层治理创新及城市治理体系和治理能力现代化的必然路径。党建引领城市基层治理创新正在成长为一种新型城市治理范式，即通过"权力-空间"中轴，以党的基层组织建设为根本，以人为核心，以获得感与满意度为标准，以事为纽带（党务、政务与社务互嵌），以项目为载体平台，以协商参与为机制，有机整合居住小区、网格化片区、区域化党建、社会组织自治、城市社区自治、街道管理、行业管理等不同层次、不同内容、不同功能的社区共同体，形成组织、人、事、资源、技术、价值"六位一体"党建引领城市治理大格局。

附录

附录一

中国各大城市精细化治理的实践探索与经验总结

根据国家统计局发布的《经济社会发展统计图表：第七次全国人口普查超大、特大城市人口基本情况》，截至 2020 年 11 月 1 日，中国的超大城市有上海、北京、深圳、重庆、广州、成都、天津七座城市。超大城市拥有巨大的人口规模和经济体量及极度复杂的社会系统，如何有效管理好、运行好、维护好一座超大城市，是全球城市治理的共同难题。2017 年全国"两会"期间，习近平总书记提出"城市管理应该像绣花一样精细"的总体要求。中共十九大报告进一步指出，"中国特色社会主义进入新时代，中国社会主要矛盾已经转化为人民日益增长的美好生活需要和不平衡不充分的发展之间的矛盾"[①]。随着城市化进程的不断发展和深入，以及社会生活水平和人民精神要求的提高，人民对城市管理的现代化要求和期望也越来越高。

当代中国的城市发展模式开始从以"卖土地""造新城""盖楼房"为重点的"摊大饼"式规模化发展模式，向以"补短板"为重点的"精细化"式内涵化治理模式转变。实施城市精细化治理，提升城市管理效能，是城市实现高质量、可持续发展的必然选择，也

---

① 习近平：《决胜全面建成小康社会 夺取新时代中国特色社会主义伟大胜利——在中国共产党第十九次全国代表大会上的报告》，人民出版社 2017 年版，第 11 页。

是市民享受优质公共服务的重要途径。全国各大城市纷纷开始了各自的城市精细化治理的探索，梳理这些探索的经验对进一步深化城市精细化治理有一定的借鉴意义。

一、北京

北京以组织机构建设为依托，以标准化为动力，以大数据应用为手段，以背街小巷精细化治理为重点，以城市管理重心下移和体制机制创新为保障，提高城市法治精治共治水平，积极构建有效的超大城市精细化治理体系。

（一）北京市城市管理委员会

北京市城市精细化治理以北京市城市管理委员会为组织机构依托，整合相关部门的城市管理职能，发挥综合管理与专业管理相结合的效能。

2016年5月，北京市委十一届十次全会召开，表决通过了《中共北京市委北京市人民政府关于全面深化改革提升城市规划建设管理水平的意见》，明确推进规划国土机构合并、组建城市管理委员会、深化城市管理执法体制改革三项重点改革任务，基本上明确了北京市城市管理的顶层设计。2016年7月22日，北京市人民政府决定设立北京市城市管理委员会，试图通过该委员会的成立，形成城市管理的合力，进一步完善综合管理与专业管理相结合、多部门共同履行城市管理职责的格局。新成立的北京市城市管理委员会将成为北京市城市管理主管部门，整合市政市容委全部职责，发改委相关的煤、电、油、气日常职责，还有园林绿化局、水务局、综合管廊建设的部分职责。

同时，根据北京市机构编制委员会《关于调整区级城市管理体制下移执法重心有关问题的通知》（京编委〔2017〕1号）精神，指导区级城市管理机构完成组建，推动完善远郊区城市管理监督指挥中心设置。通过自上而下的城市管理机构的组建，北京市建立起涵盖城市管理主要功能的组织机构体系，为城市精细化治理的各项举措的深入推行提供了重要的组织依托。

（二）以标准化推动城市精细化

标准化是城市精细化治理的必要条件、重要基础和技术支撑。标准化是手段和过程，精细化是目的和结果。

中共十八届三中全会审议通过了《中共中央关于全面深化改革若干重大问题的决定》，在关于政府职能改革的论述中明确指出："政府要加强发展战略、规划、政策、标准等制定和实施。"[①] 这是首次在正式文件中将标准与战略、规划、政策同列，彰显了政府在治理过程中对标准的重视和依赖，极大地提升了标准化工作在政府职能变革中的地位与作用。运用标准化治理城市是城市精细化治理的世界潮流，世界城市精细化治理越来越倾向于运用标准，通过提供现代化的标准体系、完善标准实施保障体系，不断拓展标准化在城市治理中的运用领域。东京早在2003年就制定了《粒子状物质排放标准》，香港制定了一系列食品标准体系，诸如《食物及药物（成分及标签）规例》《食物掺杂（金属杂质含量）规例》《食物内矿物油规例》等。

北京市以标准化为切入视角，以标准体系为具体形式，以法律法规为实施保障，以社会共治为行动指南，通过标准化的方式推进城市精细化治理。2017年，北京市共发布地方标准215项，其中，城市管理服务标准190项（一些重要的标准详见表附1-1），占比88%，充分体现首都标准的高要求。地方标准的制定和实施在治理交通拥堵、大气污染、节能减排等"大城市病"及规范城市管理运行过程中起到了约束与支撑作用。

---

① 《中共中央关于全面深化改革若干重大问题的决定》，《人民日报》，2013年11月16日，第1版。

表附1-1 北京市城市管理标准体系

城市管理领域	标准体系内容
城市规划与建设	发布《电动汽车充电基础设施规划设计标准》《建筑智能化系统工程设计规范》《村庄规划用地分类标准》《公共建筑节能工程施工质量验收规程》《建设工程监理规程》《房屋建筑修缮工程定案和施工质量验收规程》等地方标准,强化规划设计、施工验收、运行管理等全流程标准创制的统筹与衔接;发布《屋顶绿化规范》《园林绿化工程施工及验收规范》《集雨型绿地工程设计规范》《湿地恢复与建设技术规程》等园林绿化地方标准,提高城市绿化美化水平
城市基础设施运行	《公共厕所运行管理规范》《管道燃气用户安全巡检技术规程》《环卫车辆功能要求》《收费公路联网收费系统》等市政、交通地方标准
城市安全与应急管理	《易制爆危险化学品存放场所安全防范要求》《危险化学品常压储罐安全管理规范》《安防监控中心值机服务规范》《系留气球施放安全规范》等地方标准;《安全生产等级评定技术规范》系列标准29项
城市公共服务	《社区管理与服务规范》《网格化社会服务管理信息系统技术规范》《养老机构服务质量规范》《大型活动志愿服务管理规范》《公共卫生信息数据元属性与值域代码》《信息化项目软件运维费用测算规范》《旅游特色小镇设施与服务规范》《街道(乡镇)、社区(村)人力资源和社会保障平台服务规范》等社会管理和公共服务地方标准

(三)城市管理重心下移和体制机制创新

重构城市管理体系和方式,加强"大城管"体系建设,深化街道管理体制改革,完善街巷长制。

北京市城市管理重心下移的重要举措是"大城管"体系建设,目的在于解决城市管理和执法体制存在的突出矛盾与问题,补足城市管理工作中的短板,构建权责明晰、服务为先、管理优化、执法规范、安全有序的城市管理体制机制,加快推进城市治理体系和治理能力现代化。通过强化城管综合执法部门与各城市管理部门的工作衔接,完善与公安、消防、市场监管、安全生产等部门的联合执法机制。深化街道管理体制改革,建立职责清单,完善街道乡镇实体化综合执法平台,实现"街乡吹哨,部门报到"。完善街巷长制,发挥小巷管家作用,建全长效管理机制,深入推进以背街小巷为重点的精细化治理。

二、广州

城市管理也是生产力，广州市以法律法规和行业标准先行，以基层综合执法改革和"互联网+"智慧化城市管理为保障，通过八大领域的八大行动，全面提高城市精细化治理水平。

（一）工作精细化，管理标准化

不断完善地方性法规、政府规章、地方性技术规范和标准规范（详见表附1-2），提升在环卫作业质量、园林绿化管养、人口管理等方面的管理强度和管理标准。

表附1-2 广州市城市管理标准体系

城市管理领域	标准体系内容
地方性法规	《广州市市容环境卫生管理规定》《广州市建筑废弃物管理条例》《广州市水域市容环境卫生管理条例》《广州市违法建设查处条例》
政府规章	《广州市生活垃圾分类管理规定》《广州市餐饮垃圾和废弃食用油脂管理办法》
地方性技术规范	《关于规范环卫行业用工的意见》《城市容貌规范》《生活垃圾分类设施配置及作业规范》《生活垃圾运输车辆管理技术规范》
标准规范	《广州市环境卫生规范和质量标准》《广州市清扫保洁和道路清洗作业规范》《广州市生活垃圾路边临时收运点作业管理规范》《广州市城中村环卫作业管理规范》《广州市清扫保洁机械化作业规范》《广州市环卫专用作业车辆规范》《广州市垃圾收运管理规范》《广州市环卫设施设备管理规范》《广州市环卫公厕管理规定》

广州市不断提升城市管理强度和管理标准，健全市、区、街（镇）三级环卫作业标准和监管体系，逐步实现环卫作业质量监管制度化、标准化和常态化。细化园林绿化管养标准，强化三级巡查机制，探索网格化管理模式。修订来穗人员和出租屋分类、档案管理办法，建立干净整洁平安有序出租屋标准体系。系统推进分类分层管理，科学确定分层分类的管理指标体系，增强管理指标与管理

效果、管理效率和管理效能的相关性。完善分类分层管理的配套措施，特别是配套完善相关疏导体系，增强分类分层的管理效果。

（二）以规划为指引，聚焦八大领域，推进八大行动

广州市以城市管理委员会和基层综合执法改革为保障，构建专门的城市管理职能机构和基层执法新模式，不断推动城市精细化治理水平。

2017年4月9日，广州市印发《广州市城市管理第十三个五年规划（2016—2020年）》，是今后一个时期广州市深入推进行政管理体制和公共服务等重点领域改革、优化干净整洁平安有序城市环境、加强和创新社会治理、提升城市管理水平、推动广州市城市竞争力升级、提升人民幸福生活质量、建设具有岭南特色的生态广州的重要指导纲领。

早在2009年，根据《广州市人民政府机构改革方案》，广州市就组建了"大城管"广州市城市管理委员会，整合了原市容环卫局、爱国卫生运动委员会办公室（爱卫办）、城管办、城管执法局及市政园林局、建委的部分职能。建立"两级政府、三级管理、四级网络"的管理体制，实现管理重心下移，形成了市、区、街（镇）权责统一的层级管理框架，加强综合执法、环卫保洁、市政燃气等城市管理队伍规范化建设，实现了服务、管理、执法的有机融合。城市管理委员会的建立，整合了城市管理的相关职能和执法权限，极大地提升了广州市城市管理的效能。

在此基础上，广州市不断探索城市管理重心下移，推动城市基层执法体制改革。"一支联合队伍管执法"的基层综合执法新模式是整合街道、公安、综合执法、交警、市场监管、质监、食药监等部门执法力量，利用路面巡查和大数据库后台，不断"拔钉子"，解决了不少"看得见的管不了、管得了的看不见"的执法难题。

广州市城市管理委员会出台的《广州市城市管理三年提升计划（2017—2019年）》，紧紧围绕优化干净整洁平安有序城市环境，围

绕环境卫生、市容景观、垃圾综合治理、燃气管理服务、综合执法、智慧城管、安全生产、队伍建设八大领域,深入开展"洁化""靓化""三化""优化""有序化""智慧化""固机制""强素质"八大行动,利用三年时间,构建完善环境卫生干净整洁、市容景观靓化有序、垃圾综合治理深化推进、燃气管理服务提档升级、综合执法规范高效、智慧城管格局形成、安全生产无责任事故、队伍建设上新台阶的城市管理体系,全面提高精细化治理水平。

(三)数字化助力、智慧化先行,以大数据、人工智能等现代信息通信技术推动城市精细化治理

广州市通过搭建智慧城管云平台、基础支撑平台和公众互动平台,建设城市管理数据中心和大数据分析预警平台,夯实智慧城管基础,并将进一步加强城市管理部件、事件智能感知体系建设,整合完善环境卫生、市容景观、城镇燃气、建筑废弃物、城管执法等智慧监管系统。打造集城市管理部件、视频监控和业务管理等数据于一体的数据中心,推动建立用数据说话、用数据决策、用数据管理、用数据创新的城市管理新机制。到2020年,基本形成"全面覆盖、共享融合、敏捷高效、开放互动"的智慧城市管理体系。

三、其他城市精细化治理的探索与经验

(一)杭州

杭州市通过城市管理标准科学化、城市管理制度系统化、城市管理手段智慧化、城市管理服务人本化、城市管理设施精品化,打造精细化治理文化,编制精细化治理"词典"(数据库),推动"标准化+"计划,开展管理品牌建设,打造精细化治理样板。

杭州市通过对现有的标准、规范、制度、数据进行梳理,将标

准规范制度"归位",纳入相应的管理树状图和管理流程图中。在完成管理树状图、管理流程图和相关制度规范梳理的基础上,开展"精细化治理电子词典"建设,将管理设施的基本情况,管理法规、标准、规划、权责清单情况,以及管理程序性制度情况,统一纳入数据库,形成城市精细化治理词典,发挥查询、统计、学习等功能。切实发挥标准化在全面提升杭州城市精细化治理水平中的保障、支撑和引领功能,实施"标准化+服务"战略,提升服务水平;实施"标准化+创新"战略,固化经验成果;实施"标准化+智慧"战略,提升管理效率。

杭州市城市管理的另一个特色在于现代信息通信技术的广泛使用。2005年,杭州市成为全国首批十个数字城管试点之一。2015年,杭州已是全国数字化城管运行得最成功的城市。通过推出"贴心城管"App,除了城区413个信息采集员主动巡查上报问题外,杭州市民可以通过"我来爆料"栏目,上传市容环境、市政公共设施、园林绿化、街面秩序等方面的问题,形成了"技术优化治理+公众广泛参与"的新模式。

(二) 青岛

青岛市制度、标准先行,全面落实"街长制",把城市精细化治理责任落实到"最后一米、最后一人"。全面动员市民,建立"城市管理+志愿服务"的社会参与城市治理模式和工作机制,注重先进技术优化城市管理。

2017年5月,青岛市城市管理局制定了《青岛市关于进一步推进城市精细化治理工作的实施方案》,明确了城市精细化治理的工作要求、主要内容和实施步骤。针对青岛市市容市貌存在的突出问题,制定了《青岛市城市精细化治理工作标准和考核细则》,明确了市容秩序、广告牌匾、市政设施、环境卫生、园林绿化、违法建设、河道近岸7大类21项内容的工作标准和考核办法。

2017年9月22日,青岛市正式印发《关于全面实行"街长制"

推进城市精细化治理工作的实施方案》，提出在城区每条道路设立街长，实施街长负责制。各级街长采取巡查等方式，围绕市容秩序、广告亮化、市政设施、空间立面、环境卫生、园林绿化、停车秩序、小区楼院、管理执法九个方面内容，按要求定期对所负责道路及两侧楼院城市管理问题进行检查，并建立"一本账"，发现和掌握所负责道路及两侧楼院城市管理问题，督促协调作业养护部门有针对性地开展工作，落实精细化治理责任。

青岛市还在全市建立"城市管理＋志愿服务"的社会参与城市治理模式和工作机制，组建城管志愿队伍，与社会公益组织建立"城管公益志愿联盟"，经常性地邀请市民参加城市治理"体验日""开放日""城市治理文明行"等活动，引导社会共同参与城市治理。推进科技监督，完善智慧化监管平台和综合性数据库，实施"互联网＋城市治理""互联网＋公众参与"行动，将城市部件、事件全部纳入数字化城市管理指挥平台。

（三）重庆

重庆市推行"大城细管、大城智管、大城众管"，以城市精细化标准体系构筑坚实基础，以智慧化助推城市精细化，立足市民期待，关注市民需求，坚持人民城市为人民。

2017年4月11日，重庆市正式发布《重庆市城市精细化治理标准》（简称《标准》），成为全国首个关于城市精细化治理的相关标准。《标准》是一份全面的城市精细化治理操作指南，涵盖城市管理涉及的市容环境卫生、市政设施、灯饰照明、城市供排水、城市户外广告、城管执法、智慧城市等九个方面。《标准》对城市管理的全过程进行了精细化设计，每项管理内容的管理目标、标准、流程过程、分工、职责、奖惩、信息公开等都有明确要求。一方面约束了管理者与服务者的行为，另一方面也规范了被服务者与公众的行为。

为推进城市精细化治理，重庆市整合信息平台，推进"智慧市政"建设。截至2021年年底，重庆市在全国第一个实行全市41个区县数字城管同标管理和考核评价，全市数字化城市管理覆盖面积1 600平方公里，覆盖率达95%，管理部件1 011万个，划定单元网格6.45万个，接入专业处置部门（单位）2 165个，每年发现并处置城市管理问题约250万件。

四、国内城市精细化治理的主要经验

通过对北京、广州、杭州、青岛、重庆等城市在城市精细化治理等方面的做法与经验的总结，可以发现，建立专门的城市管理职能部门、注重全面细致的标准体系的建构、广泛运用先进技术手段和创新城市基层综合执法体制机制等是普遍的选择。

（一）建立专门的城市管理职能部门

整合分散在各个委办局的城市管理相关职能，作为城市管理的专门主管部门，系统性、整体性地推进城市精细化治理的各项工作。

北京、广州、杭州、重庆等的城市管理委员会以及青岛的城市管理局，基本上都是整合了城市管理分散在各个职能部门的职能。专门的城市管理职能部门的建立整合了分散的城市管理职能，避免了政府内部不同部门之间的协作困境，加强了城市管理工作的有效性与整体性。

（二）注重全面细致的标准体系的建构

世界城市精细化治理越来越倾向于运用标准，运用标准的城市管理领域的范围也在不断拓展，伦敦、巴黎、东京、香港等都制定了较为全面详细的标准体系。在中国城市精细化治理实践中，制定城市管理的标准体系是实现城市精细化治理的重要手段和路径。例如，北京提出城市精细化治理的"北京模式"，以标准化为视角，以标准体系建设为具体形式,以法律法规为实施保障,以社会共治为行动指南。重庆在全国率先颁布体系化的《重庆市城市精细化治理标准》,全面实现以标准推动城市精细化治理。其他城市在推进城市精细化治理过程中,制定相应的标准体系也成为共同的选择。

(三) 广泛应用先进技术手段

通过互联网、大数据等现代信息通信技术的广泛使用,不断提高城市管理的效率,走出技术优化治理、技术优化制度的城市精细化治理之路。

现代信息通信技术成为城市精细化治理过程中不可缺少的手段,或者说是必然路径。通过使用技术,城市治理能够达到人力所不能及的精细和精准程度。通过大数据技术等的运用,更是能够达到以往城市管理无法实现的预见性,即通过城市运行大数据的收集与分析,对城市管理中可能出现的各种问题进行一定的预测,帮助城市管理者提前做好准备,将问题消灭在萌芽状态。客观技术的使用往往也需要相应的组织流程和内部结构随之进行调整,也在倒逼政府内部的流程再造,使得组织和技术实现最优的融合,发挥技术的最大效果。

(四) 创新城市基层执法体制机制

城市管理的重心下移通过相关职能的整合与不同部门之间的联合执法,能够更有效地应对愈加复杂的城市管理问题。

各大城市在推进城市精细化治理的过程中,都在通过各种方式将城市管理的重心向基层移动,诸如北京的"大城管"体制和"街乡吹哨,部门报到"的工作机制、广州的"一支联合队伍管执法"的基层综合执法新模式等。各大城市都在试图通过将更多的城市管理力量下沉到基层,弥合基层城市管理事务多且复杂与基层城市管理力量少且分散之间的张力,更有效地以问题为导向、以城市居民的需求为导向,真正实现城市精细化治理。

附录二

超大城市交通精细化治理的问题与对策

通过对上海市这座超大城市交通精细化治理的问卷分析、深度访谈与规划文本的综合研究，从基于日常生活实践的视角，对超大城市交通精细化治理的问题与对策提出系统的分析和建议。

一、问题分析

第一，超大城市交通基础设施建设水平与城市规模和发展水平不相匹配。区区对接路、"断头路"尚未完全打通，城市慢行交通设施、无障碍设施有待进一步完善，公共停车设施有待重点加强。

城市交通管理是城市日常运行的重要保障，没有高效稳定运转的城市交通体系，就没有良好的城市发展。当前，超大城市的交通基础设施建设经过大规模的增量建设已经得到很大提升，但与国际大都市相比仍有较大差距。区区和省级对街道路仍有很多未能打通，城市"断头路"依然大量存在。慢行交通通行空间、无障碍设施的连续畅通仍有待进一步保障。停车矛盾突出的住宅小区、医院、学校等及周边公共停车设施，以及大型综合交通枢纽、城市轨道交通外围站点（P+R）等公共停车设施建设有待加强。

第二，城市交通服务品质有待进一步提高。既有交通体系面临设施人性化程度不高、出行服务便利性和多样性不足的问题。轨道交通组织、地面公交线网有待进一步优化，市民公交出行服务平台需要进一步提高准确性，人性化的交通标识、无缝衔接的换乘组织等交通出行者的主观服务获得感有待提升。

超大城市交通体系的精细化治理短板，不仅体现在交通基础设施的规模和功能上，更体现在交通服务的品质和可持续发展能力上。轨道交通运营组织有待进一步优化，全轨交网络高峰运能有待挖掘，轨交、公交两网融合需要加强，新开轨交站点周边50米配套公交设施有待完善。小到人性化的指路标识、残疾人无障碍设施的合理布局、出租车里配套的儿童座椅，大到无缝衔接的换乘组织、安全有序的交通环境等外在显性的交通服务品质，均与交通参与者的真实出行感受密切相关。这些细节的改善和服务品质的提升，可以大幅提升交通出行和服务的获得感。

第三，出租车行业顽症治理和网约车市场规范清理有待加强，互联网租赁共享单车等的规范发展、有序投停有待提高，非法客运车辆、危险货物运输等监管有待强化。

非法客运车辆整治需要加强，中心城区出租车临时停靠点设置有待进一步推广。不断挖掘多元主体的创新能力，鼓励市场主体通过创新去满足出行需求，是推动综合交通创新的必由之路。网约车市场监管制度和监管能力有待加强，互联网租赁共享单车的规范发展、有序投放的监管有待加强，对于综合交通发展的重点领域、新业态、新模式的发展态势和运行实践，要加强动态研究和审慎监管。

第四，交通管理的制度法规和技术标准体系的健全程度与精细化程度有待加强，统筹协调的交通体制机制仍需强化，大数据、地理信息系统（GIS）、人工智能等先进技术的深度运用有待进一步加强。

制度性的法律法规及技术性的规范、标准是实现交通规范化管理的重要保障，要加强交通领域的地方性法规、政府规章的立改废释和相关政策制定工作。加强市政交通设施管理、交通运行管理等方面的管理标准编制，提高交通运行服务水平。

当下条块分割的空间管理模式对出行行为的一体化产生了割裂，不同管理主体以各自管理目标为诉求，在各自的空间领域进行管理，必然产生分割治理、联动不畅等弊端。例如，红线内地块不愿意承担一定的到发性交通组织或者停放义务，而红线外的市政道路空间则较难在公交优先、排堵保畅、慢行交通保障（分属不同的管理主体）等多种目标下实现路权的优化调整。又如，多模式交通的换乘空间组织在多元主体的管理下，票检、安检、流线、动静交通衔接等环节割裂。交通综合管理涉及规划、建设、公安、交通、发改，以及区县街镇等各条块，是一项综合系统工程，需要加强城市交通综合管理的统筹协调能力。

超大城市交通信息化基础、出租车智能化系统、交通大数据的应用等交通智能化水平仍需提高，要发挥大数据、地理信息系统（GIS）、互联网、人工智能等信息技术在提高交通管理效能、辅助科学的交通决策等方面的能力。

二、对策建议

第一，交通基础设施建设向管建并举、以管为主转型，注重对存量交通基础设施的盘活和功能提升。持续推进区区和省际对接道路规划、建设，不断打通"断头路"，保障慢行空间和无障碍设施，着力提升路网整体通行效率和能力。

通过多年的大规模建设，超大城市交通基础设施已经由"还债型"向"功能型"转变，市民对出行服务的要求已经从早期的基本出行保障转变为注重出行服务质量，再到追求更好的出行体验和多元价值的转变。除了通过需求管理和存量挖潜，打通对接路、"断头路"以优化路网通行效率等做法之外，还要关注优化交叉口设计以改进通行条件，优化换乘组织以提升一体化公交服务水平等措施。不断完善慢行交通设施，加强公共交通，以及公共开放空间周边步行、非机动车道及停车设施的建设和管理，保障慢行交通通行空间，保障无障碍设施连续、畅通。

第二，不断加强交通组织管理，优化轨道交通运营组织，调整地面公交线网，推进公交专用道规划建设和执法管理，推进两网融合，完善新开通轨道交通站点周边50米内配套公交基础设施，运用市场手段落实"最后一公里"交通衔接。不断提高交通体系设施人性化水平，丰富出行便利性和多样性，提升城市交通服务品质。

不断完善新建城市道路等设施移交接管机制，保障养护有序衔接、交通设施安全运营。不断优化轨道交通运营组织，提高运行效率，增加轨交高峰运能，优化轨交网和公交网的两网融合，运用共享单车等市场手段，落实"最后一公里"交通衔接，实行手机二维码快速购票进站等服务举措，完善市民公交出行服务平台，不断提高公交实时到站信息预报准确度。进一步提高交通设施标识的人性化程度，合理布局残疾人无障碍设施，推动换乘组织无缝衔接，不断提高交通设施效率和服务品质。

第三，加强出租汽车管理，整治非法客运车辆，试点推进中心城区出租车临时停靠点设置，提升车辆智能化水平。从整个综合交通体系稳定有序的角度，创新管理制度和监管模式，推动交通服务创新的有序运行。加强交通安全管理，强化隐患排查整改督办和落实，加强危险物运输过程的安全监管。

整治非法客运车辆，保证重点区域非法客运基本可控。不断优化出租汽车服务，开发研制新型出租汽车一体化多功能车载终端，提升车辆智能化水平。交通服务创新不仅属于单独的商业模式范畴，必须与整个综合交通体系建立密切合作关系，既要更多地发挥价、费、税对交通行为和交通服务的调节作用，鼓励优质优价，增加发展动力，又要积极规避相关不利的影响，在引导其符合总体交通政策导向的背景下加强规制约束。从严从细落实安全责任，强化隐患排查整改督办和落实，推进属地责任落实，充分运用信息技术、新手段提升管理效能。

第四，发挥立法、标准化管理体系的引领、推动和保障作用，不断健全以城市交通各行业管理法规为龙头，以一系列配套规章、规范性文件等为支撑的法律框架体系。不断推动备案制度的施行，创新事中、事后监管体制，以可感知、可量化为要求，将标准管理融入日常工作，形成长效的常态管理机制。

确保满足交通安全的需要，关注综合交通发展的重点领域、新业态、新模式的发展态势，研究起草相关法规规章政策，加强轨道交通安全、出租汽车等地方性法规、政府规章的立改废释和相关政策的制定实施。交通行政管理在简政放权和审批制度改革的背景下，逐渐采取备案制度和实施事中、事后监管体制改革。在市政交通设施管理领域，重点围绕公路设施养护、城市道路设施养护、路桥设施使用等方面，编制相关管理标准；在交通运行管理领域，重点围绕公共客运服务、公共交通站点管理、公共客运应急管理等方面，编制相关管理标准，提高交通运行服务管理水平。

第五，统筹协调的交通体制是交通精细化治理的重要支撑，要进一步加强条块之间的沟通与联动，推进整个系统的平衡与统筹，推进符合精细化治理需要的综合交通管理体制机制改革。

在交通基础设施相对薄弱的大建设时期，行政管理资源相对集中于建设部门，有利于设施建设推进。但在系统功能更加健全、交通体系更加复杂的新发展时期，需要进一步加强条块之间的沟通与联动。不能"就交通论交通"，要从交通综合管理的角度，进一步统筹交通、市政、绿化、公安、城管等主体。依托党建引领、市区联动、街（镇）社合作，完善相关主体的协调机制。

第六，充分运用大数据、互联网、人工智能等现代信息通信技术，构建面向综合交通的业务管理和辅助决策体系，完善道路出行信息采集系统，研究建立互联网统一叫车平台，不断提高交通精细化治理水平。

不断推进超大城市交通基础设施的智能化改造，充分利用道路线圈、车辆GPS、车牌识别、轨道站点闸机、手机信令等方式，汇聚整合行业基础数据、监管数据、营运数据。通过大数据技术的应用和分析，在公共交通线路规划建设、公共交通运行组织、交通安全运行等方面发挥不可替代的重要作用，可以极大提升超大城市交通精细化治理水平。

面向公交优先发展战略，推进高效能的公交骨干系统建设和功能更汇聚的交通综合信息采集系统，建设公共交通智能化示范应用工程和市级公共停车信息平台，完善道路出行信息采集网络，提高综合出行 App 信息发布应用水平，提高服务品质和能力。

接入网约车监管平台，完善出租车监管平台，研究建立互联网统一叫车平台，通过大数据等信息技术，提升交通监管水平。

主要参考文献

专著

1. [美] 埃莉诺·奥斯特罗姆：《公共事物的治理之道：集体行动制度的演进》，余逊达、陈旭东译，上海译文出版社 2012 年版。
2. 北京市"2008"环境建设指挥部办公室、北京市社会科学院主编：《现代城市运行管理》，社会科学文献出版社 2007 年版。
3. [美] B. 盖伊·彼得斯：《政府未来的治理模式》（中文修订版），吴爱明、夏宏图译，中国人民大学出版社 2012 年版。
4. 陈振明：《理解公共事务》，北京大学出版社 2007 年版，第 402 页。
5. [美] 弗雷德里克·泰勒：《科学管理原理》，马风才译，机械工业出版社 2007 年版。
6. 郭理桥：《现代城市精细化管理》，中国建筑工业出版社 2010 年版。
7. [法] 亨利·勒菲弗：《空间与政治》（第二版），李春译，上海人民出版社 2008 年版。
8. 胡建淼、金伟峰：《行政法与行政诉讼法》，高等教育出版社 2012 年版。
9. [美] 简·芳汀：《构建虚拟政府：信息技术与制度创新》，邵国松译，中国人民大学出版社 2004 年版。
10. [加拿大] 简·雅各布斯：《美国大城市的死与生》（纪念版），金衡山译，译林出版社 2006 年版。
11. [英] 卡尔·波兰尼：《巨变：当代政治与经济的起源》，黄树民译，社会科学文献出版社 2017 年版。
12. [美] 莱斯特·M.萨拉蒙：《政府工具：新治理指南》，肖娜等译，北京大学出版社 2016 年版。

13. 连玉明主编:《城市管理的理论与实践》,中国时代经济出版社 2009 年版。
14. [美]刘易斯·芒福德:《城市发展史——起源、演变和前景》,宋俊岭、倪文彦译,中国建筑工业出版社 2005 年版。
15. [美]乔尔·科特金:《全球城市史》(修订版),王旭等译,社会科学文献出版社 2010 年版。
16. 乔耀章:《政府理论》,苏州大学出版社 2003 年版。
17. 司汉武:《知识、技术与精细社会》,中国社会科学出版社 2014 年版。
18. 唐亚林、陈水生主编:《社区营造与治理创新》(《复旦城市治理评论》第 4 辑),上海人民出版社 2018 年版。
19. 唐亚林、陈水生主编:《街区制与基层治理创新》(《复旦城市治理评论》第 5 辑),上海人民出版社 2020 年版。
20. 唐亚林、刘伟:《政府治理的逻辑:自贸区改革与政府再造》,复旦大学出版社 2020 年版。
21. 唐亚林、朱春:《文化治理的逻辑:城乡文化一体化发展的理论与实践》,复旦大学出版社 2021 年版。
22. 唐亚林:《当代中国政治发展的逻辑》,上海人民出版社 2019 年版。
23. 唐亚林:《区域治理的逻辑:长江三角洲政府合作的理论与实践》,复旦大学出版社 2019 年版。
24. 唐亚林等:《社区治理的逻辑:城市社区营造的实践创新与理论模式》,复旦大学出版社 2020 年版。
25. 温德诚:《政府精细化管理》,新华出版社 2007 年版。
26. 俞可平主编:《国家底线:公平正义与依法治国》,中央编译出版社 2014 年版。
27. 俞可平主编:《政治学教程》,高等教育出版社 2010 年版。
28. [英]约翰·伦尼·肖特:《城市秩序:城市、文化与权力导论》,郑娟、梁捷译,上海人民出版社 2011 年版。
29. [美]詹姆斯·M. 布坎南:《自由、市场与国家——80 年代的政治经济学》,平新乔、莫扶民译,生活·读书·新知三联书店 1989 年版。
30. 朱光磊主编:《现代政府理论》,高等教育出版社 2013 年版。

城市治理的逻辑：城市精细化治理的理论与实践

论文

1. 艾琳、王刚、张卫清：《由集中审批到集成服务——行政审批制度改革的路径选择与政务服务中心的发展趋势》，《中国行政管理》2013年第4期。
2. 毕娟、顾清：《论城市精细化管理的制度体系》，《行政管理改革》2018年第6期。
3. 曹现强、宋学增：《市政公用事业合作治理模式探析》，《中国行政管理》2009年第9期。
4. 陈慧荣、张煜：《基层社会协同治理的技术与制度：以上海市A区城市综合治理"大联动"为例》，《公共行政评论》2015年第1期。
5. 陈平：《解读万米单元网格城市管理新模式》，《城乡建设》2005年第10期。
6. 陈剩勇、于兰兰：《网络化治理：一种新的公共治理模式》，《政治学研究》2012年第2期。
7. 陈水生：《从压力型体制到督办责任体制：中国国家现代化导向下政府运作模式的转型与机制创新》，《行政论坛》2017年第5期。
8. 陈思、凌新：《社会治理精细化背景下社会组织效能提升研究》，《理论月刊》2017年第1期。
9. 陈甬军：《中国城市化发展的新阶段与新任务》，《社会科学研究》2012年第1期。
10. 邓晰隆、陈娟：《"公共政策选择性执行"问题及其对策研究》，《甘肃行政学院学报》2006年第4期。
11. 董幼鸿：《大城市基层综合治理机制创新的路径选择——以上海城市网格化管理和联动联勤机制建设为例》，《上海行政学院学报》2015年第6期。
12. 郭圣莉、张良：《如何实现城市社会治理重心下移》，《国家治理》2018年第3期。
13. 韩雪峰：《完善市场监管和执法体制——"市场监管领域综合行政执法体制改革研讨会"会议综述》，《中国行政管理》2018年第8期。
14. 贺东航、孔繁斌：《公共政策执行的中国经验》，《中国社会科学》2011年第5期。
15. 胡鞍钢：《如何理解"两只手"优于"一只手"——中国政治经济语境中的政府与市场关系》，《人民论坛·学术前沿》2014年第20期。
16. 胡税根、徐元帅：《我国政府公共服务标准化建设研究》，《天津行政学院学报》2009 年第 6 期。
17. 胡重明：《再组织化与中国社会管理创新——以浙江舟山"网格化管理、组团式服务"为例》，《公共管理学报》2013 年第 1 期。
18. 蒋源：《从粗放式管理到精细化治理：社会治理转型的机制性转换》，《云南社会科学》2015 年第 5 期。
19. 李程骅：《新型城镇化战略下的城市转型路径探讨》，《南京社会科学》2013 年第 2 期。
20. 李大宇、章昌平、许鹿：《精准治理：中国场景下的政府治理范式转换》，《公共管理学报》2017 年第 1 期。
21. 李乐：《美国公用事业政府监管绩效评价体系研究》，《中国行政管理》2014 年第 6 期。
22. 李友梅：《关于城市基层社会治理的新探索》，《清华社会学评论》2017 年第 1 期。
23. 李友梅：《中国社会治理的新内涵与新作为》，《社会学研究》2017 年第 6 期。
24. 刘鹏、刘嘉、李和平：《综合吸纳专业：放管服背景下的食药安全监管体制改革逻辑》，《华南师范大学学报》（社会科学版）2018 年第 6 期。
25. 刘熙瑞：《服务型政府——经济全球化背景下中国政府改革的目标选择》，《中国行政管理》2002 年第 7 期。
26. 刘亚平、苏娇妮：《中国市场监管改革 70 年的变迁经验与演进逻辑》，《中国行政管理》2019 年第 5 期。
27. 卢守权、刘晶晶：《整体性动态治理模式：内涵、方法与逻辑框架》，《中国行政管理》2017 年第 3 期。
28. 麻宝斌、李辉：《政府社会管理精细化初探》，《北京行政学院学报》2009 年第 1 期。
29. 闵春发、汪业周：《物联网的意涵、特质与社会价值探析》，《中国人民大学学报》2011 年第 4 期。
30. 庞明礼：《领导高度重视：一种科层运作的注意力分配方式》，《中国行政管理》2019 年第 4 期。
31. 彭勃、付建军：《城市基层治理中的清单制：创新逻辑与制度类型学》，《行政论坛》2017 年第 4 期。

32. 秦上人、郁建兴:《从网格化管理到网络化治理——走向基层社会治理的新形态》,《南京社会科学》2017年第1期。

33. 容志:《推动城市治理重心下移:历史逻辑、辩证关系与实施路径》,《上海行政学院学报》2018年第4期。

34. 宋刚、邬伦:《创新2.0视野下的智慧城市》,《城市发展研究》2012年第9期。

35. 唐皇凤:《我国城市治理精细化的困境与迷思》,《探索与争鸣》2017年第9期。

36. 唐亚林、钱坤:《城市精细化治理的经验及其优化对策——以上海"五违四必"生态环境综合治理为例》,《上海行政学院学报》2019年第2期。

37. 唐亚林:《"所有的道路都通向城市"的中国之道》,《探索与争鸣》2016年第12期。

38. 唐亚林:《当代中国大都市治理的范式建构及其转型方略》,《行政论坛》2016年第4期。

39. 唐亚林:《基于管理、服务与秩序的超大城市精细化管理:一个分析框架》,载唐亚林、陈水生主编:《城市精细化治理研究》(《复旦城市治理评论》第3辑),上海人民出版社2018年版。

40. 唐亚林:《区域中国:乡愁和城愁的交融与舒解——兼与李昌平、贺雪峰、熊万胜商榷》,《探索与争鸣》2018年第2期。

41. 唐亚林:《新中国70年:政府治理的突出成就与成功之道》,《开放时代》2019年第5期。

42. 王佃利、沈荣华:《城市应急管理体制的构建与发展》,《中国行政管理》2004年第8期。

43. 王敬波:《论我国城管执法体制改革及其法治保障》,《行政法学研究》2015年第2期。

44. 王诗宗、杨帆:《政府治理志愿失灵的局限性分析——基于政府购买公共服务的多案例研究》,《浙江大学学报》(人文社会科学版)2017年第5期。

45. 王炜:《城市交通系统可持续发展规划框架研究》,《东南大学学报》(自然科学版)2001年第3期。

46. 王郁、李凌冰、魏程瑞:《超大城市精细化管理的概念内涵与实现路径——以上海为例》,《上海交通大学学报》(哲学社会科学版)2019年第2期。

47. 文宏：《当前地方市政管理中的"碎片化"现象及成因分析》，《甘肃社会科学》2015 年第 2 期。

48. 吴越菲：《地域性治理还是流动性治理？城市社会治理的论争及其超越》，《华东师范大学学报》（哲学社会科学版）2017 年第 6 期。

49. 夏志强、谭毅：《城市治理体系和治理能力建设的基本逻辑》，《上海行政学院学报》2017 年第 9 期。

50. 熊竞：《大数据时代的理念创新与城市精细化管理》，《上海城市管理》2014 年第 4 期。

51. 徐鸣：《监管限度内中国监管绩效评价体系的构建研究》，《当代经济管理》2019 年第 7 期。

52. 许庆瑞、吴志岩、陈力田：《智慧城市的愿景与架构》，《管理工程学报》2012 年第 4 期。

53. 薛澜、李希盛：《深化监管机构改革　推进市场监管现代化——以杭州市为例》，《中国行政管理》2018 年第 8 期。

54. 杨宏山、黄文浩：《论城市的性质与治理使命》，《中共中央党校学报》2016 年第 6 期。

55. 杨建军、闫仕杰：《共享发展理念视域下社会治理精细化：支撑、比照与推进》，《理论与改革》2016 年第 5 期。

56. 杨君、纪晓岚：《当代中国基层治理的变迁历史与理论建构——基于城市基层治理的实践与反思》，《毛泽东邓小平理论研究》2017 年第 2 期。

57. 杨敏：《作为国家治理单元的社区——对城市社区建设运动过程中居民社区参与和社区认知的个案研究》，《社会学研究》2007 年第 4 期。

58. 叶娟丽、马骏：《公共行政中的街头官僚理论》，《武汉大学学报》（哲学社会科学版）2003 年第 5 期。

59. 叶敏：《从运动式治理方式到合力式治理方式：城市基层行政执法体制变革与机制创新》，《行政论坛》2017 年第 5 期。

60. 游祥斌、李祥：《反思与重构：基于协商视角的社会治安综合治理体制改革研究》，《中国行政管理》2014 年第 12 期。

61. 余敏江：《以环境精细化治理推进美丽中国建设研究论纲》，《山东社会科学》2016 年第 6 期。

62. 郁建兴、黄飚：《超越政府中心主义治理逻辑如何可能——基于"最多跑一次"改革的经验》,《政治学研究》2019 年第 2 期。

63. 袁方成、余礼信:《法治化与现代化:城乡基层综合治理的取向与路径》,《探索》2015 年第 6 期。

64. 张丙宣:《城郊结合部综合执法体制改革:一个理论分析框架》,《中国行政管理》2017 年第 5 期。

65. 张京祥、赵丹、陈浩:《增长主义的终结与中国城市规划的转型》,《城市规划》2013 年第 1 期。

66. 张勇杰:《渐进式改革中的政策试点机理》,《改革》2017 年第 9 期。

67. 赵孟营:《社会治理精细化:从微观视野转向宏观视野》,《中国特色社会主义研究》2016 年第 1 期。

68. 赵玉洁、李海青:《经济发展的动力转变:从权力主导走向公民经济权利驱动——对四十年经济改革的一种审视》,《天津社会科学》2018 年第 4 期。

69. 中国行政管理学会课题组:《政务服务中心建设与管理研究报告》,《中国行政管理》2012 年第 12 期。

70. 周晓丽:《论社会治理精细化的逻辑及其实现》,《理论月刊》2016 年第 9 期。

71. 周振超:《构建简约高效的基层管理体制:条块关系的视角》,《江苏社会科学》2019 年第 3 期。

72. 竺乾威:《公共服务的流程再造:从"无缝隙政府"到"网格化管理"》,《公共行政评论》2012 年第 2 期。

73. Lin Ye, Sumedha Mandpe, and Peter B. Meyer, "What Is 'Smart Growth?' —Really?", *Journal of Planning Literature*, 2005, 19(3), pp.301-315.

74. Patrick G. Scott, "Assessing Determinants of Bureaucratic Discretion: An Experiment in Street-level Decision Making", *Journal of Public Administration Research and Theory*, 1997, 7(1), pp.35-57.

75. Rodney R. White, "Strategic Decisions for Sustainable Urban Development in the Third World", *Third Word Planning Review*, 1994, 16(2), pp.103-116.

76. Tom Ling, "Delivering Joined-up Government in the UK: Dimensions, Issues and Problems", *Public Administration*, 2002, 80(4), pp.615-642.

后　记

催生城市光荣与梦想并行、血与火交织的力量

生活经验告诉我们，人生之路并不平坦，有风平浪静、百花盛开的时刻，亦有惊涛骇浪、血雨腥风的来袭。由无数人和家庭的人生与日子型构的生生不息的城市社会生活，会是什么样的情景？五花八门、光怪陆离，热热闹闹、红红火火，美不胜收、目不暇给，等等，不一而足。我们目力所及，甚至能够想象到的景象，都不到大千世界的万分之一吧！

2022年春夏之交，生活在这座被称为"大上海"的超大城市的人们，遭遇了一场前所未有的"大病变"。近百个难以回首的艰难困苦而又充满希望的日子，记录了这座伟大的城市的人们在中共中央国务院的领导下，在中共上海市委、市政府的带领下，齐心协力，英勇奋战，应对世纪疫情，为这座光荣的城市增添了光荣与梦想并行、血与火交织的前行动力。

"大疫三年"，中国古人的生活智慧道出了抗疫之艰。回首过去三年国内国际的抗疫做法与抗疫成果，我们在看到既取得了确保最广大人民群众生命健康与家庭幸福、社会的平稳安定与经济的稳健发展等巨大绩效的同时，也需要重新检视集聚了近2 500万巨大规模人口、承载着国家经济发展重任和世界经济流通使命的超大城市所经受的各种考验折射出的种种不足乃至困境，尤其是是否将中国共产党领导人民城市过程中所体现的治理秩序力、体制管理力、机制组织力、民生服务力"四力"体系有机统合在城市治理的全过程

中，是观察、研究和推进超大城市治理现代化的重中之重。

城市是人类文明进化的结晶与象征，是人类文明创新活力集中涌流之地。当代中国城市发展正处于发展阶段的深刻变化、发展模式的深刻转型、治理范式的深刻转变、治理精细化的深刻展现"四大深刻"发展格局，各大城市走上了回应城市居民美好生活需求、建设幸福美好城市社会、创造中国式城市现代化发展范式的探索之路。人口超过千万的超大城市所内蕴的大规模性、高风险性、高流动性与无根性等特征，推动了融管理、服务与秩序于一体的超大城市精细化治理的实践逻辑的生成。超大城市精细化治理的理论逻辑，则通过网络化综合管理服务平台的打造，将城市专业化管理与基层综合性治理有机对接起来，形成"用'服务'肩挑'管理'与'秩序'格局"。其背后的发展实质是党建引领下城市治理的权力主体关系重构、运作要素重组和运作机制重塑的制度化过程。

2017年3月5日，习近平同志在参加第十二届全国人大五次会议上海代表团审议时指出，城市管理应该像绣花一样精细，上海走出一条符合超大城市特点和规律的社会治理新路子，是关系上海发展的大问题。过去五年来，在过往超大城市管理理念变革、组织体系变革、管理方式变革、服务资源配置变革等系统性变革的基础上，上海通过区域生态环境综合治理、交通综合整治、中小河道综合治理三大"补短板"领域的精细化治理创新，全面提升了城市基础设施与生活环境的秩序力；通过城市管理综合执法体制改革、基层市场综合监管体制改革、社会治安综合管理体制改革三大体制改革领域的精细化治理创新，全面提升了城市基层社会管理、市场管理、平安管理的管理力；通过运用信息化技术与数字化治理方式，推进城市网格化管理、政务服务管理、区域化党建三大综合平台领域的精细化治理创新，全面提升了城市社会以事为中心、以服务为导向、以凝聚人心为核心的组织力；通过生活垃圾分类、社区大脑建设、社区营造活动三大民生服务领域的精细化治理创新，全面提升了人民城市人民建、人民城市为人民的服务力。

后记　催生城市光荣与梦想并行、血与火交织的力量

适时补上超大城市治理的"制度短板",拉长超大城市治理的"体制长板",创新超大城市治理的"机制样板",创造超大城市治理的"发展模板",敲响超大城市治理的"合力鼓板",通过党建统筹与价值引领方式,以"权力-空间-规则-情感"四要素为中轴,有机统合组织、人、事、资源、技术(平台)、价值六大要素,实现"制度-组织-人-治理"四者的有机结合,形成超大城市治理的新型理论与实践范式,走出一条"良心＋良制＋良治"的超大城市现代化发展新路,是催生新时代当代中国超大城市光荣与梦想并行、血与火交织的力量的关键之举。

这本《城市治理的逻辑:城市精细化治理的理论与实践》是我们大都市治理研究中心研究团队的一项重要研究成果,也是我主编的"中国治理的逻辑丛书"六本中的第五本。2013年大都市治理研究中心成立时,城市治理还不像今天这般成为"显学"。近十年来,我和我的同事们、相关大学科研院所、政府机构与社会组织的朋友们及硕博士生们一起深耕"城市治理与区域一体化发展"研究领域,积极参与社会实验活动,努力把论文写在祖国的大地上,受到了一些关注,引发了一些反响,产生了一批成果。回首这些年走过的路、思考的大问题、形成的理论,还是令人欣慰的!

此书由我先写出研究大纲,然后研究团队结合多年的社会调查经验与社会实验经历,进行了反复的讨论和修改,并结合各自所长完成。在本书编辑出版过程中,编辑朱安奇老师、孙程姣老师付出了大量心血,老朋友邬红伟先生总是默默地提供智慧的建议,在此谨表达我及研究团队的衷心谢意!

任何批评和建议都会受到热烈的欢迎和衷心的感谢!

复旦大学　**唐亚林**

微信公众号:唐家弄潮儿

电子邮箱:tangyalin@fudan.edu.cn

2022年11月16日

图书在版编目(CIP)数据

城市治理的逻辑:城市精细化治理的理论与实践/唐亚林等著.—上海:复旦大学出版社,
2022.11
("中国治理的逻辑"丛书)
ISBN 978-7-309-15846-5

Ⅰ.①城… Ⅱ.①唐… Ⅲ.①城市管理-精细化-研究-中国 Ⅳ.①F299.23

中国版本图书馆 CIP 数据核字(2021)第 155985 号

城市治理的逻辑:城市精细化治理的理论与实践
CHENGSHI ZHILI DE LUOJI: CHENGSHI JINGXIHUA ZHILI DE LILUN YU SHIJIAN
唐亚林 等 著
责任编辑/朱安奇

复旦大学出版社有限公司出版发行
上海市国权路 579 号 邮编:200433
网址:fupnet@fudanpress.com   http://www.fudanpress.com
门市零售:86-21-65102580   团体订购:86-21-65104505
出版部电话:86-21-65642845
上海四维数字图文有限公司

开本 787×960 1/16 印张 15.75 字数 212 千
2022 年 11 月第 1 版
2022 年 11 月第 1 版第 1 次印刷

ISBN 978-7-309-15846-5/F·2819
定价:68.00 元

如有印装质量问题,请向复旦大学出版社有限公司出版部调换。
版权所有 侵权必究